Les secrets du Vatican

DU MÊME AUTEUR

Les Giscardiens (avec Christian Sauvage), Albin Michel, 1978.

L'Après-communisme de l'Atlantique à l'Oural (avec Jacques Lesourne), Robert Laffont, 1990.

La Vérité l'emportera toujours sur le mensonge (Comment le pape a vaincu le communisme), JC Lattès, 1991.

Le Bunker (Vingt ans de relations franco-soviétiques), JC Lattès, 1993.

Nadia (roman), éditions du Rocher, 1994.

Revue de presse (roman), JC Lattès, 1997.

Dictionnaire politique du XXe siècle (avec Patrick Ulanowska), Le Pré-aux-Clercs, 2000.

Histoire illustrée de la Droite française, Le Pré-aux-Clercs, 2002.

Jean-Paul II, coll. « Biographies », Gallimard, 2003.

La Bourgogne, quelle histoire ! (avec Jean-Louis Thouard), éditions de Bourgogne, 2004.

Aux Bourguignons qui croient au Ciel et à ceux qui n'y croient pas (entretien avec Mgr Roland Minnerath), éditions de Bourgogne, 2005.

Jean-Paul II, coll. « Folio » Gallimard, 2006.

Benoît XVI, le dernier pape européen, Perrin, 2006.

Le pape qui fit chuter Lénine, CLD, 2007.

J'ai senti battre le cœur du monde (conversations avec le cardinal Etchegaray), coll. « Témoignages pour l'histoire », Fayard, 2007.

Bernard Lecomte

Les secrets du Vatican

PERRIN
www.editions-perrin.fr

ISBN : 978-2-262-02416-1

A Evelyne

Introduction

Le Vatican. Les mystères, les musées, les finances, les caves, les fumées du Vatican. Voilà un des endroits les plus mystérieux du monde. Peut-être le plus fascinant. Non pas que les secrets qu'il recèle soient enfermés à double tour, ou qu'ils fassent peser quelque menace sur l'ordre de la planète. Mais le siège de l'Eglise catholique est un cas unique au monde : il ne s'est jamais plié aux règles médiatiques. On n'y enquête pas comme à la Maison-Blanche ou même au Kremlin. On n'y rencontre pas sur un coup de fil les personnages qui l'habitent. Et si un service bien huilé s'occupe d'informer les journalistes des faits et gestes du Saint-Père, des remaniements à la Curie, des décisions importantes prises par les dicastères, la Cité du Vatican n'a toujours pas fait sa *glasnost* : la transparence n'y est pas de règle, et n'y sera peut-être jamais.

Or, depuis le martyre de saint Pierre à l'endroit où se dresse aujourd'hui la basilique consacrée au premier pape, on ne saurait compter les événements qui ont jalonné l'histoire de 265 pontificats. Les grands moments, les conclaves, les couronnements, les fêtes, les canonisations, mais aussi les drames, les crimes, les intrigues, les infamies. Et les mystères, et les secrets. Quel palais, quel château, quel domaine au monde peuvent se vanter, comme le Vatican, d'avoir traversé deux mille ans d'histoire ?

Ce livre se limite aux Temps modernes. Il fallait bien opter pour une tranche de cette histoire bimillénaire qui nécessiterait de nombreux volumes. En outre, l'auteur n'est pas historien de formation, et l'on ne peut explorer le lointain passé du Vatican sans disposer de solides outils méthodologiques. Pour ces deux raisons, ce livre présente les principaux mystères de l'histoire du Vatican depuis un siècle, de l'apparition du grand rival du christianisme, le communisme, jusqu'à l'élection du dernier pape.

Pourquoi est-ce Mussolini qui fonda la Cité du Vatican ? Quels furent, en vérité, les « silences » de Pie XII face au nazisme ? Pourquoi l'Eglise a-t-elle sabordé l'expérience des prêtres ouvriers ? En quoi le concile Vatican II a-t-il frôlé la catastrophe ? L'affaire Lefebvre fut-elle vraiment un schisme ? De quoi est mort exactement Jean-Paul Ier ? Qui a voulu assassiner Jean-Paul II ? Que refermait le troisième secret de Fatima ? Sur ces sujets et quelques autres, beaucoup a déjà été écrit. Mais sur chacun d'entre eux, il reste des ombres, des interrogations, des tabous, qui méritent qu'on mène à nouveau l'enquête...

1

Un pape contre les Soviets

Comment Pie XI a voulu berner les bolcheviks russes

« C'est la première fois dans l'histoire qu'un pape conspire avec les jésuites ! »

Un cardinal, à Rome, en 1926.

« La foi catholique romaine, c'est là la grande espérance du monde entier. »

Svetlana Allilouieva (fille de Staline).

Petrograd, 18 mars 1917. L'Empire russe vient de basculer dans l'inconnu. Le 15, Sa Majesté le tsar Nicolas II a abdiqué. Un gouvernement provisoire l'a remplacé. Dans le foisonnement de réactions qui suit cet événement historique, une petite revue mensuelle de seize pages, *Slovo Istiny* (« La parole de vérité »), ne cache pas sa joie : « Gloire à la grande Russie libre ! Gloire à ses libérateurs ! Aux victimes de la Révolution, éternelle mémoire ! » S'agit-il d'un opuscule social-démocrate ? D'un périodique anarchiste ? D'une feuille militante bolchevique ? Point du tout : *Slovo Istiny*, fondée en 1913, est l'organe de liaison des catholiques russes.

Un peu plus loin dans la revue, une information de « dernière heure » révèle que le nouveau ministre russe des Affaires étrangères, Pavel Milioukov, a reçu un télégramme l'informant que le cardinal Gasparri, secrétaire d'Etat du Saint-Siège, lui avait exprimé « l'admiration et la joie » du souverain pontife pour cette révolution « qui a coûté si peu de victimes ». Benoît XV lui a même fait préciser « qu'à l'avenir, les relations entre le Saint-Siège et la Russie ne pourront que s'affermir et s'améliorer en se fondant sur le programme du nouveau Gouvernement provisoire... »

Le jour même où paraît cette étonnante profession de foi, un important prélat débarque à la gare de Nicolas, à Petrograd, où il est accueilli par un petit groupe de fidèles. Mgr Andreï Szeptitski, archevêque métropolite gréco-catholique de Lvov, en Ukraine occidentale, a reçu naguère du pape Pie X juridiction sur les catholiques russes de rite oriental. Arrêté le 15 août 1914 par l'armée du tsar, il a été transféré de prison en prison malgré les nombreuses interventions du Saint-Siège en sa faveur. C'est Kerenski, ministre de la Justice du Gouvernement provisoire, homme fort du nouveau régime, qui vient de le faire libérer. A son arrivée à Petrograd, le métropolite déclare à un journaliste du *Novoe Vremia* (« Temps nouveau ») que la révolution russe compte « parmi les plus beaux jours de sa vie ».

Le 18 juin 1917, le père Eugène Neveu, assomptionniste, en poste à Makievka, dans le bassin industriel du Donetz, écrit à sa communauté à Paris : « Que pensez-vous de notre révolution ? Voilà qui a été promptement fait ! Le soir où on me téléphona l'abdication de Nicolas II, il me fut impossible de dormir une seule minute : des rêves, des horizons, des espoirs et des luttes ! » Le père Neveu ne cache pas son sentiment : la révolution russe est le meilleur moyen, « Dieu aidant », pour que les catholiques progressent enfin dans le sauvetage des âmes russes égarées...

« *Quand il y a de l'orage...* »

Ainsi la révolution russe – au moins celle de février 1917 – fut-elle accueillie comme une bénédiction par les catholiques. Il faut dire que la situation des religions, sous le tsar, n'était pas brillante – si l'on excepte l'orthodoxie officielle, ultra-majoritaire et nationaliste, totalement soumise à la volonté du tsar *via* le procureur du Saint-Synode. Celle des catholiques était carrément tragique : « Jusqu'à l'abdication de Nicolas II, les portes de la Russie étaient fermées à double tour à l'apostolat catholique », écrit l'un des témoins de l'époque. Or, à la faveur des « partages » successifs de la Pologne, au XIXe siècle, la Russie avait intégré près de 6 millions de catholiques polonais, lituaniens, ukrainiens, biélorusses, etc. : un tiers de « latins », dirigés depuis Mohilev par un archevêque ; et deux tiers d'« uniates », de rite byzantin, dirigés depuis Lvov par un métropolite.

Tous ces fidèles, et leurs pasteurs plus encore, allaient de brimades humiliantes en persécutions meurtrières. Le catholicisme *latin* était pratiqué très majoritairement par des Polonais, donc assimilé par les Russes à l'ennemi héréditaire ; l'évêque de Vilna, Mgr de Ropp, un Allemand d'origine polonaise, avait bien du mal à gouverner ses deux millions de catholiques polonais, allemands, lituaniens ou petit-russiens, minés par leurs divisions farouches. Quant au catholicisme de *rite oriental*, que rien ne différenciait de l'orthodoxie sauf qu'il s'en était détaché pour « s'unir » à Rome (d'où son nom d'« uniate »), il était considéré par le pouvoir politique russe comme une religion étrangère (son siège était en Ukraine, sous tutelle austro-hongroise), et par le Patriarcat russe comme un « cheval de Troie » du pape de Rome en terre orthodoxe.

Ces rivalités nationales, linguistiques et culturelles ont mis à mal toutes les tentatives de développer et de structurer les catholiques locaux : chaque fois qu'un prêtre étranger – les assomptionnistes français en ont fourni plusieurs – tentait d'organiser les catholiques russes, il s'attirait les foudres des Polonais, convaincus que la reconquête religieuse de la Russie était leur affaire, celles des orthodoxes russes, jaloux de leur monopole impérial, et celles du gouvernement du tsar, hostile à l'idée que des citoyens russes puissent dépendre d'un métropolite étranger !

Le 7 novembre 1917, la révolution russe rebondit : les bolcheviks, jusque-là minoritaires, prennent le pouvoir – ou ce qu'il en reste – à Petrograd. Dans les pays occidentaux, catholiques compris, l'événement ne vaut que par ses conséquences sur la conduite de la guerre : si la Russie se retire du combat, le sort du conflit peut changer du tout au tout. A Paris, la première réaction du journal *La Croix*, le 9 novembre, est significative : « C'est la fin du blocus de l'Allemagne ! » Pour le quotidien catholique, « l'Allemagne a tout de suite vu le parti qu'elle pouvait tirer » de la dégradation de la situation russe : « Elle favorisa le passage sur son territoire des exilés avides de jouer un rôle à leur tour en Russie et envoya ses émissaires déguisés, selon un usage constant : ainsi Zederblum, sous le nom de Lénine, put traverser l'Allemagne avec toutes les facilités désirables et, sans doute, avec des "encouragements" en poche. » D'où vient ce nom de Zederblum ? Mystère. Mais un personnage aussi interlope ne pouvait qu'être juif. La revue de presse étrangère de *La Croix* est à l'unisson : « Depuis longtemps on a des preuves que Lénine et Trotski reçoivent des subsides directes de l'Allemagne », explique le *Daily Chronicle*. « Lénine, agent de l'Allemagne, a inscrit comme premier article la conclusion d'une paix immédiate », poursuit le *Morning Post*. « Petrograd n'est pas la Russie, c'est le quartier général de l'emprise allemande en Russie », complète le *Daily News*.

Le 11 novembre, avec une prudence extrême, *L'Osservatore Romano* souligne tranquillement que la situation russe était prévisible : « Quand il y a de l'orage, il faut que tombe la foudre [...] L'histoire, comme la vérité, ne peut pas satisfaire tout le monde », commente sentencieusement le quotidien du Vatican. Dans les semaines qui suivent, les informations venues de Russie sont tellement partielles et contradictoires qu'elles suscitent fort peu de commentaires. Quand il est acquis, un mois après la prise du Palais d'Hiver, que les bolcheviks refusent de continuer la guerre, c'est un tollé dans la presse européenne qui, unanimement, promet aux « maximalistes » en général, et à « Bronstein-Trotski » en particulier, que leur renoncement face à l'Allemagne est suicidaire.

Anarchie, révolution, trahison, confusion, désolation : les journaux européens sont sévères à l'égard des Soviets. Seul *L'Osservatore Romano* explique que, non, « la Russie n'a pas disparu », et que « les révolutions sont comme les pendules, elles oscillent entre deux extrêmes jusqu'à ce que, leur élan initial s'étant épuisé, elles s'arrêtent au juste milieu ». Fidèle à sa politique de neutralité qui lui vaut bien des avanies de la part des catholiques français et allemands, le pape Benoît XV ne condamne pas le « prévisible désengagement du conflit » d'une Russie « qui n'en disparaîtrait pas pour autant de la scène mondiale ».

Deux futurs papes en première ligne

A Rome, le souverain pontife est régulièrement informé de la situation russe par ses deux nonces en Pologne et en Allemagne. Ces deux prélats sont de tout premier ordre : le premier, Mgr Achille Ratti, est le futur Pie XI ; le second, Mgr Eugenio Pacelli, est le futur Pie XII. C'est par le truchement de celui-ci, qui est en contact avec le comte de Mirbach, ambassadeur de Prusse à Petrograd, que le pape propose d'accueillir au Vatican la famille impériale en danger de mort. La réponse ne viendra jamais : le pape apprendra, comme tout le monde, la nouvelle de la liquidation du tsar et de toute sa famille par les bolcheviks, à Ekaterinbourg, le 17 juillet 1918.

A part cette intervention humanitaire très ciblée, le Vatican ne dit mot. Même le décret pris par les bolcheviks le 23 janvier 1918, qui restreint brutalement les libertés religieuses, ne provoque aucune réaction à Rome. Seul l'évêque de Mohilev, Mgr de Ropp, proteste officiellement contre ces dispositions, qu'il qualifie d'« effrayantes » dans une lettre au pape. Lequel lui répond, fin mai 1918, que les choses finiront par s'arranger, et que Dieu fera se lever en

Russie « l'aurore d'un développement libre et vigoureux ». De son village du Donetz, le père Neveu, sans illusions excessives, souligne dans ses lettres les avantages que les catholiques peuvent tirer de la séparation de l'Eglise et de l'Etat. Il ne sait pas encore que toute sa correspondance finit sur le bureau du pape.

Pour Benoît XV, le chaos russe est d'abord un moyen inespéré pour la papauté d'opérer son grand retour sur la scène internationale. En mai 1915, l'Italie a accepté d'entrer en guerre aux côtés de l'Entente en exigeant secrètement l'exclusion du Saint-Siège des futures négociations de paix. Les Soviets se sont fait un malin plaisir, fin novembre 1917, de divulguer le mystérieux « article 15 » du pacte de Londres signé par les Russes, mais aussi par les Anglais et les Français, qui exclut le pape du grand jeu diplomatique. Or, dans ce jeu, le pape dispose désormais d'une carte maîtresse : la reconnaissance du nouvel Etat russe. Encore faut-il ne pas galvauder cet atout inattendu, en peser les dégâts collatéraux (à commencer par la fureur prévisible des catholiques polonais) et l'abattre au moment opportun.

D'où la réserve du Vatican. Le seul prélat romain qui parle un peu le russe, Mgr Ratti, vient d'être nommé visiteur apostolique en Pologne et en Lituanie, mais Benoît XV étend sa circonscription à l'Estonie, la Lettonie, la Géorgie et la Russie. Dès septembre 1918, Ratti contacte les Soviets et leur demande les garanties traditionnelles pour aller visiter les catholiques de Russie, évidemment dans un but « purement religieux » : libre circulation, inviolabilité de la correspondance, etc. La réponse est « *niet* ». Le voyage du futur pape au pays des Soviets ne se fera pas.

Mensonges, misères, massacres

A peu près au même moment, deux interventions du Saint-Siège déclenchent des réactions peu amènes de la part des nouveaux maîtres du Kremlin. D'abord, le 3 février 1919, un télégramme du cardinal Gasparri, secrétaire d'Etat, proteste contre l'arrestation injustifiée de Mgr de Ropp, archevêque de Mohilev : la réponse, sarcastique, explique que ce n'est pas le prélat mais son neveu qui a été arrêté, et pour « trafic de devises » ! Le 12 mars, un second télégramme est adressé à Lénine, déplorant l'assassinat du métropolite Vladimir de Kiev, d'une vingtaine d'évêques et de quelques centaines de prêtres orthodoxes : la réponse nie cyniquement toute exaction de ce genre, et, contre toute évidence, accuse les informateurs orthodoxes du pape de l'avoir induit en erreur. Les deux réponses seront publiées par *L'Osservatore Romano*, pour l'édification des lecteurs.

Deux ans après la prise du pouvoir par les bolcheviks, la Russie plonge dans une misère épouvantable, la famine fait quelque deux millions de victimes. Le 5 août 1921, le pape Benoît XV lance un appel à l'humanité tout entière en faveur de la Russie, et propose son aide pour aller secourir directement la population affamée. Proposition acceptée : Lénine lui dépêche son vieil ami Vaclav Vorovski, chef de la représentation commerciale des Soviets à Rome, pour autoriser une mission apostolique à se rendre en Russie même. Des responsables catholiques pourront donc aller au contact de la population russe ! Le 22 janvier, sur son lit de mort, le vieux pape s'enquiert encore auprès de son entourage :

— Les visas soviétiques sont-ils arrivés ?

C'est son successeur, l'ex-nonce Achille Ratti devenu Pie XI le 6 février, qui donne son feu vert à Mgr Giuseppe Pizzardo, sous-secrétaire aux Affaires extérieures de l'Eglise, pour signer avec le représentant de Lénine le premier et unique accord jamais conclu entre le Vatican et l'Etat soviétique.

L'heure eût été à la détente, si le même Lénine n'avait pas pris un décret, le 23 février 1922, ordonnant la saisie pure et simple, « avec la dernière énergie et sans pitié », de tous les biens précieux appartenant aux églises et aux couvents de Russie. Dans une lettre secrète envoyée le 15 mars au « camarade Molotov », Lénine révèle le double objectif de cette mesure : remplir rapidement les caisses de l'Etat à la veille des négociations économiques de Gênes, et en profiter pour « fusiller le plus grand nombre de représentants de la bourgeoisie et du clergé » afin d'éradiquer « toute idée d'opposition pendant plusieurs décennies » !

Lénine est déjà malade lorsque s'ouvre la conférence de Gênes, le 10 avril 1922, et c'est Gueorgui Tchitcherine, commissaire du peuple aux Affaires étrangères, qui mène la délégation soviétique. Intelligent et cultivé, polyglotte et mélomane, Tchitcherine n'est pas un bolchevik comme les autres. La conférence, tenue au palais Saint-Georges, rassemble vingt-neuf pays, vainqueurs et vaincus de 1914-1918, bénéficiaires et victimes du traité de Versailles, avec l'objectif de reconstruire, sur des bases saines, l'économie européenne d'après-guerre.

Le Saint-Siège n'est pas sur la liste, bien sûr, mais le pape Pie XI manœuvre pour tenir malgré tout un des premiers rôles dans cette pièce diplomatique à rebondissements où se joue le sort de l'Europe. L'archevêque de Gênes, Mgr Signori, ayant invité ostensiblement ses fidèles à prier pour le succès de la conférence et transmis un chaleureux message de paix de Pie XI, il est invité à la cérémonie d'ouverture, puis à un dîner de gala donné par le roi d'Italie sur le *Dante Alighieri* : les invités étant placés par ordre alphabétique, Signori se retrouve en face de Tchitcherine :

— Les extrêmes se rencontrent ! lance gaiement Victor-Emmanuel III en les invitant à lever leurs coupes de champagne.

La photo de ce toast fait le tour du monde. Le 5 mai, profitant de cette avancée médiatique, Pie XI dépêche à Gênes le jeune et brillant Giuseppe Pizzardo, un de ses meilleurs diplomates, porteur d'un mémorandum destiné aux chefs de délégation. Le pape, clairement, y souhaite la « réadmission de la Russie dans le concert des nations civilisées » en échange, bien sûr, du retour des libertés religieuses dans le pays. Le représentant du pape est reçu par Tchitcherine dans sa suite de l'Imperial Palace pour une conversation de plus de deux heures. Dans la conférence de presse qu'il donne trois jours plus tard, le représentant des Soviets vante, à l'étonnement général, « la haute autorité morale du pape ».

L'œil du Vatican

La glace est-elle brisée, cette fois, entre le Vatican et le Kremlin, malgré les nouvelles désolantes qui viennent battre le port de Gênes, comme celle de l'arrestation du patriarche Tikhon, premier responsable religieux de

Russie ? La mission pontificale d'aide voulue par Benoît XV, conduite par le jésuite Edmund Walsh et douze autres prêtres en civil dans la campagne russe en 1922 et 1923, contribuera bien à sauver des centaines de milliers de vies, elle permettra aussi au Vatican de recueillir de précieuses informations sur la situation de guerre civile permanente où la Russie se débat, mais elle n'aura aucun impact sur un contexte politique fait d'arrestations arbitraires, de procès truqués et de condamnations à mort : les évêques catholiques eux-mêmes sont arrêtés, jugés, expulsés voire exécutés, comme Mgr Konstantin Boudkievitch, passé par les armes dans les caves de la Loubianka, à Moscou.

Pas question, pour le Vatican, de précipiter la reconnaissance d'un régime aussi inhumain. Mais pas question non plus de perdre le contact avec lui : plus que jamais, malgré l'élimination systématique de tous ses canaux d'information, le pape Pie XI se tient au courant de l'évolution du régime : fin de la guerre civile, terreur policière, Nouvelle politique économique, début de la collectivisation forcée, famine...

Depuis 1918, le principal informateur du Vatican sur la réalité soviétique s'appelle Pie Neveu. Ce père assomptionniste est entré en Russie en 1906, à l'âge de 29 ans, pour devenir aumônier d'une école de jeunes filles à Saint-Pétersbourg. Il n'en est plus sorti. Envoyé à Makievka, une ville industrielle de 30 000 habitants dans le bassin du Donetz, berceau mythique des Cosaques du Don, pour y créer une paroisse française, il est le seul prêtre étranger à avoir échappé, par miracle, à l'expulsion ou à l'emprisonnement.

Un jour du printemps 1919, il rencontre dans le port

militaire de Taganrog, sur la mer d'Azov, un aumônier de la marine britannique, mi-bénédictin, mi-espion, qui lui transmet le souhait du délégué apostolique de Constantinople :

— Examinez bien ce qui se passe en Russie au point de vue de la religion, c'est important pour l'avenir. Rome a les yeux tournés vers ce pays !

Neveu, parfaitement russophone, a treize ans d'expérience. Il a connu le tsarisme, la guerre, la révolution, le bolchevisme. Doué d'une réelle faculté d'observation, d'un bon sens politique et d'une plume vive et précise, il écrit des centaines de lettres passionnantes sur la réalité soviétique des années 1922-1925 qui passeront toutes entre les mains du pape. En mai 1922, la famine le porte à hausser le ton : « Seigneur, il n'y aura donc personne pour secourir ce pauvre peuple ? On sait bien pourtant, en Europe, combien souffre la Russie ! »

Le père Neveu et le pape Pie XI, chacun à son niveau, partagent un souci, une angoisse : comment assurer la continuité pastorale sur cet immense territoire où des millions de fidèles sont privés de prêtres et de sacrements, et qui ne compte plus un seul évêque catholique, ni latin ni oriental, en fonctions ? Depuis sa paroisse de Makievka, Neveu lance en direction du Saint-Père d'émouvants cris d'alarme : « Si vous voyiez cette immoralité nauséabonde, cette infernale propagande d'athéisme, vous seriez étonné de trouver encore tant d'âmes fidèles au Dieu de leurs pères ! »

Lorsque le père Neveu demande respectueusement à Pie XI, à plusieurs reprises, de tout faire pour reconnaître les Soviets, ne serait-ce que pour bénéficier en retour du droit d'imprimer des livres pieux, son avis est écouté – et lui-même est ménagé, du coup, par les agents de la GPU qui, on s'en doute, lisent eux aussi la moindre de ses lettres.

Des négociations, pour quoi faire ?

Au printemps 1924, les Soviets décident d'extraire Mgr Jean Cieplak de la prison où il croupissait depuis plus d'un an, et de l'expulser *manu militari* vers la Lettonie. L'évêque auxiliaire de Mohilev, qui avait échappé de peu à une exécution sommaire, était le dernier évêque catholique vivant encore sur le territoire soviétique. Pie XI voit ainsi s'évanouir sa dernière possibilité de contact officiel avec les dirigeants de l'URSS.

Le pape décide alors d'engager des conversations secrètes mais directes avec le pouvoir soviétique. En marge de la conférence de Gênes, l'URSS et l'Allemagne ont signé un traité commun : le nonce apostolique en poste en Allemagne, Mgr Pacelli, semble l'intermédiaire le plus indiqué pour mener l'affaire. Le diplomate, qui vient de passer sept ans à Munich, s'installe à Berlin en août 1924.

Le 2 février 1925, comme prévu, l'ambassadeur soviétique Nicolas Krestinski fait savoir à Pacelli qu'il est d'accord pour discuter de la présence d'évêques catholiques en URSS : son gouvernement l'a chargé d'obtenir du Saint-Siège, en retour, la reconnaissance diplomatique. Les conversations Pacelli-Krestinski s'engagent, s'interrompent à la fin février, puis reprennent à l'automne. Le 6 octobre, en route vers Baden-Baden où il va faire une cure, le ministre Tchitcherine rencontre secrètement le nonce. Les termes de la négociation sont confirmés : liberté pour le pape de nommer des évêques catholiques, quitte à leur demander une déclaration de loyalisme envers le régime, contre la reconnaissance officielle de l'URSS. A Jean Herbette, l'ambassadeur de France qui vient de s'installer à Moscou, Tchitcherine fait savoir, entre la poire et le fromage, que le Vatican est un peu trop « exigeant » – mais ces propos, destinés à être rapportés, sont de bonne guerre.

Et puis... plus rien. Le silence. Les terribles luttes d'influence déclenchées par la mort de Lénine absorbent, sans doute, toute l'énergie des dirigeants de l'URSS. Krestinski, notamment, est suspecté de « trotskisme » par Staline, secrétaire général du Parti, dont le pouvoir s'affirme au fil des ans. En février 1926, à l'occasion d'une réception à Berlin, Tchitcherine fait savoir à son ambassadeur que l'affaire est en cours, que les différends ne semblent pas insurmontables, qu'une « circulaire » est en préparation...

Pour Mgr Pacelli, c'est la confirmation qu'on ne peut pas faire confiance aux communistes. Le nonce en réfère à Pie XI, qui s'impatiente. Le 4 mars, le pape convoque en grand secret le père Gervais Quenard, supérieur général des assomptionnistes, qui connaît bien la Russie pour y avoir été prêtre avant la révolution, et qui correspond régulièrement avec le père Neveu : le curé de Makievka ne serait-il pas plus utile à Moscou ? Et ne ferait-il pas un bon évêque ?

La réponse est positive. Encore faut-il pouvoir consacrer le futur évêque ! Précisément, le père Neveu a adressé une longue lettre à son supérieur, en janvier : si les catholiques continuent à manquer de pasteurs, de catéchismes, de séminaires, « ce sera la mort lente, mais sûre, du catholicisme latin ». Le ton est désespéré : « Je ne pense tout de même pas qu'à Rome, on veuille pareille défaite ! »

Un évêque chez les Soviets

Le pape prend alors une décision historique, sur laquelle on a eu très peu d'informations avant que le père Antoine Wenger, ancien rédacteur en chef de *La Croix* et grand connaisseur de la Russie, ne se plonge récemment dans cette incroyable affaire. Puisqu'on ne peut obtenir du gouvernement des Soviets qu'il favorise le rétablissement d'une hiérarchie catholique en URSS, décide Pie XI, faisons-le clandestinement !

C'est un drôle de défi que le pape lance ainsi, secrètement, au Kremlin. Un pari un peu fou, sachant que la GPU est omniprésente sur le territoire russe, que ses agents traquent le moindre pope de village, et que ses victimes « démasquées » paient leur audace ou leur naïveté d'une balle dans la tête. Le pape Ratti sait qu'il prend un risque énorme. Mais il connaît ces pays. Et l'enjeu est tel qu'il n'a pas vraiment le choix.

Le cardinal Gasparri, qu'il a mis dans la confidence, commence par lancer une rumeur : au cas où le gouvernement russe l'autoriserait à consacrer un nouvel évêque, le pape pourrait compter sur l'ancien évêque retraité de Tiraspol, Mgr Antoine-Jean Zerr, 77 ans, qui vit retiré en Crimée, non loin d'Odessa. L'information, répercutée par l'ambassade de France à Moscou, parvient aux oreilles du père Neveu, qui persifle :

— Ce n'est pas un jeune homme !

Mais l'âge du vénérable Mgr Zerr n'a aucune importance : c'est un leurre. L'homme du pape, le vrai, celui sur lequel Pie XI fonde tous ses espoirs secrets, s'appelle Michel d'Herbigny, il a 46 ans, et il n'est même pas évêque.

Michel d'Herbigny, né à Lille, est un brillant jésuite qui enseigne la philosophie à l'Université grégorienne, à Rome. Lors d'une audience auprès de Benoît XV, celui-ci lui suggéra de « travailler pour la Russie ». Herbigny a suivi cette voie, il est devenu un bon connaisseur du sujet, au point de se voir confier par la Compagnie de Jésus, en octobre 1922, la direction de l'Institut pontifical oriental. A ce titre, il a effectué plusieurs missions en Europe, notamment une à Berlin (où vivent environ 200 000 Russes émigrés) qui lui a permis de faire la connaissance du nonce Pacelli. En septembre 1925, il profite d'une occasion qui lui est offerte – une invitation officielle du Patriarcat – d'aller assister à Moscou au IIe concile de l'Eglise orthodoxe officielle. Cet opportun visa « de loisirs et d'études » lui permet de circuler régulièrement en URSS du 4 au 20 octobre. Histoire d'étudier le terrain, comme un parachutiste avant le grand saut de nuit...

Neveu lui-même ne se doute de rien. Pis, à l'automne 1925, recevant la petite brochure rédigée par le père d'Herbigny après son voyage, il écrit à l'un de ses correspondants « qu'il en a appris une bien bonne : le père d'Herbigny est venu faire un tour en URSS. Les jésuites n'y ont pourtant pas de maison ! » Et le curé de Makievka de se gausser de « ces informateurs qui restent quatre jours dans un pays et qui en font ensuite de longues tartines... ».

Le mardi 9 février 1926, le père d'Herbigny reçoit un ordre oral, du pape, avec interdiction de refuser. Sa mission est rigoureusement secrète. Un *motu proprio* du 10 mars lui donnera tous les pouvoirs nécessaires. C'est une mission « aux fins de nous connue », précise seulement le pape, qui a rédigé deux versions de son texte : pour qualifier le « délégué du pape pour la Russie », l'une parle du « père » d'Herbigny, l'autre de « Mgr » d'Herbigny. Le même jour, le secrétariat d'Etat publie, toujours en secret, le projet de réorganisation totale de la hiérarchie catholique en URSS, charge à Michel d'Herbigny de procéder à toutes les ordinations épiscopales prévues.

Le délégué secret de Pie XI faillit ne jamais partir : à Paris, le consulat soviétique refusa de lui donner un visa, non pas qu'il s'étonnât qu'un homme d'Eglise muni d'un passeport diplomatique fût envoyé en URSS pour une « inspection des biens religieux français nationalisés par les Soviets en 1918 » (*sic*), mais pour ne pas donner lieu à quelque acte officiel concernant un prêtre : séparation de l'Eglise et de l'Etat oblige ! Le consulat exigea que le père d'Herbigny dispose d'un passeport simple.

A la barbe de la GPU

Le lundi 19 avril, premier jour de la Semaine sainte, Michel d'Herbigny fait halte à Berlin, où Pacelli a tout organisé : à l'issue d'une messe dite dans la chapelle de la nonciature, toutes portes fermées, et en présence du secrétaire pour seul témoin, le futur pape procède à l'ordination épiscopale du visiteur, qui va reprendre le soir même le train de Moscou, *via* Riga. Dans la capitale soviétique, où il s'installe à l'hôtel Moskva, il met aussitôt dans la confidence l'ambassadeur de France, Jean Herbette, lequel comprend que la hiérarchie catholique en URSS ne sera pas restaurée par l'aimable vieillard dont on lui a parlé et qui coule des jours tranquilles en Crimée.

Herbette a convoqué le père Neveu à Moscou, sans lui révéler le but du voyage. De son côté, Herbigny a mandé deux personnes pour être témoins de l'ordination épiscopale : Alice Ott, gérante de l'église Saint-Louis-des-Français, ainsi que le lieutenant Bergera, attaché militaire de l'ambassade d'Italie, que lui a recommandé personnellement le pape : il fut un de ses meilleurs amis lorsqu'il était naguère nonce à Varsovie. Les portes de l'église sont soigneusement fermées. Saint-Louis-des-Français est située rue de la Loubianka, juste en face de l'immeuble de la GPU : s'il y a un endroit où il n'est pas recommandé de conspirer contre le régime, c'est bien dans cette église !

Tout est prêt pour la cérémonie. Mais Neveu n'arrive pas : les coups de fil répétés de l'ambassadeur ont attiré l'attention de la GPU, qui soumet le curé de Makievka à quelques interrogatoires de routine, retardant d'autant le voyageur. Inquiet, Herbigny se demande s'il n'a pas déjà été démasqué par la police politique. Le père Neveu débarque enfin à Moscou, le mercredi 21 avril au matin, en veste de cuir et pantalon : il est ordonné évêque avant d'avoir réalisé ce qui lui arrive ! « Pendant huit jours, je n'ai pu fermer l'œil », écrira-t-il, encore ému, au supérieur de l'Assomption – en ajoutant une petite croix épiscopale à sa signature, et en le priant de ne pas répandre le bruit de son ordination dans quelque article imprudent de *La Croix* !

L'envoyé spécial du Saint-Père part dès le lendemain pour Kharkov, en Ukraine, où il désigne le vieux père

Ilguine comme administrateur apostolique, puis pour Odessa, toujours sous le prétexte d'inspecter les églises françaises. Il visite Kiev, Mohilev, Vitebsk, Leningrad, où il met quelque temps à convaincre le jeune père Boleslas Sloskans, vicaire de la paroisse polonaise : lui et Alexandre Frison, curé de Simferopol, en Crimée, seront finalement consacrés lors d'une deuxième cérémonie en l'église Saint-Louis-des-Français, à Moscou, le 10 mai, dans la discrétion la plus totale. Repassant par Berlin et Zurich, Mgr d'Herbigny est reçu le 25 mai par Pie XI, qui veut tout savoir sur son périple...

Les deux hommes tombent d'accord : l'évêque clandestin doit repartir au plus vite en Russie pour terminer le travail avant qu'il ne soit trop tard. En juillet, Michel d'Herbigny reçoit un visa pour Moscou, d'où il file à Leningrad pour y consacrer le père Antoine Maletski, ancien vicaire général de Mohilev, en prétextant une visite de la foire de Nijni-Novgorod. La police politique est-elle dupe ? Peut-être. Mais pas pour longtemps. La stratégie de Pie XI, précisément, ne vise pas à jouer aux espions *ad vitam aeternam*. Le 15 août, fête de l'Assomption de la Vierge, Michel d'Herbigny célèbre à Moscou la grand-messe de Saint-Louis-des-Français en soutane violette, la mitre sur la tête, la crosse à la main. Il fait sensation, surtout quand il annonce la prochaine installation à Moscou d'un administrateur apostolique.

Bien entendu, la GPU est aussitôt informée qu'il se passe des choses étranges chez les catholiques de Moscou. Coïncidence ? Le 31 août, le père d'Herbigny se voit refuser l'autorisation de se rendre à Odessa (il voulait y installer un séminaire) et intimer l'ordre de quitter le territoire, son visa ayant expiré. Un fonctionnaire subalterne ayant prolongé le visa jusqu'au 6, il a tout juste le temps d'installer Mgr Neveu, qui se fait interpeller par la police, lui aussi, en gagnant la capitale. Une certaine nervosité a gagné les services chargés de surveiller ces deux hommes, mais aucune véritable réaction ne se fait sentir. Herbigny quitte finalement l'URSS le 8 septembre 1926. Il n'y remettra plus jamais les pieds.

Trois jours plus tard, à Berlin, Mgr Pacelli reçoit enfin de son homologue soviétique un projet de « circulaire » définissant la situation de l'Eglise catholique en URSS. Le résultat de ces longs mois de négociations feutrées est affligeant : l'Eglise catholique n'aura ni personnalité juridique, ni droit à la propriété immobilière, ni permission d'enseigner. Ainsi l'a décrété le gouvernement soviétique, décidément hostile à toute activité religieuse et étrangère sur son territoire.

L'ambassadeur Herbette mesurera la difficulté de sortir de l'impasse en rencontrant Alexéï Rykov, président du Conseil des commissaires du peuple, le 22 janvier 1927 :

— Le pape, sermonne Rykov, est complice des orthodoxes en exil et travaille à rétablir la monarchie en URSS !

— Le pape, riposte l'ambassadeur, veut surtout mettre fin à l'autorité religieuse exercée sur les fidèles soviétiques depuis l'étranger !

Peine perdue. Le dialogue peut bien continuer, à Berlin, entre Pacelli et Krestinski, c'est un dialogue de sourds. Ce piètre résultat diplomatique, à lui seul, justifie le coup d'audace décidé, l'été précédent, par le pape : comme au bon vieux temps du tsar, mais pour d'autres raisons, l'Eglise catholique ne jouit plus d'aucun droit en Russie soviétique, et pour longtemps. Au moins a-t-elle désormais des évêques dans la place pour préparer l'avenir.

Un avenir tragique, où tous ces pasteurs clandestins et courageux vont disparaître les uns après les autres : le père Ilguine est arrêté en décembre 1926 puis déporté au goulag ; Mgr Sloskans est arrêté en août 1927 et envoyé, lui aussi, en Sibérie ; Mgr Frison, assigné à résidence, est fusillé en juin 1937 ; le père Maletski est arrêté en mai 1927 puis envoyé au goulag ; Léonide Fedorov, exarque gréco-catholique, qui a déjà fait trois ans de prison, est condamné au goulag en juin 1926 et mourra d'épuisement en 1935. L'admirable Mgr Neveu lui-même, miraculeusement épargné par les autorités soviétiques, se fera plusieurs fois reprocher d'avoir été sacré évêque : parti pour un voyage à Paris et Rome en août 1936, il n'obtiendra pas son visa de retour et ne reverra plus jamais l'Union soviétique.

Cet avenir-là, dramatique, n'était évidemment écrit nulle part. A Rome, le 3 février 1937, Pie XI, pâle et affaibli par la maladie, reçoit un Mgr Neveu très ému en audience privée, dans un grand salon du palais apostolique. L'entretien dure plus d'une heure. Quand Neveu prend congé, à genoux, il est en pleurs. Le pape lui-même, qui sait pourtant dominer ses émotions, ne peut retenir ses larmes.

2

« Vive le pape ! Vive le Duce ! »

Pourquoi la Cité du Vatican a été fondée par Mussolini

> « L'Eglise de Pierre doit assumer son passé, ou alors elle creusera sa tombe. »
>
> Cardinal Eugenio Pacelli, 1936.

Rome, 11 février 1929. A midi, la grande cloche de la basilique Saint-Jean-de-Latran retentit, comme chaque jour. Mais en ce lundi pluvieux, elle donne le frisson aux centaines de personnes qui attendent fébrilement devant le palais apostolique, contenues par un cordon de *carabinieri*. Il y a là quelques prélats, des prêtres, de nombreux séminaristes et des badauds romains, tous très excités par ce qui se passe à l'intérieur du bâtiment.

A 10 h 45, le cardinal Pietro Gasparri, secrétaire d'Etat du pape Pie XI, a pénétré dans le palais flanqué de son collaborateur, Mgr Borgognini-Duca. Quelques autres éminents personnages, les uns coiffés du *galero* ecclésiastique, les autres du *cilindro* (haut-de-forme) de circonstance, les ont suivis. A 11 h 35, une grosse limousine s'est arrêtée devant le palais pour y déposer le président du Conseil, Benito Mussolini en personne, qui s'est engouffré à son tour dans l'édifice, accompagné de trois membres de son gouvernement dont Alfredo Rocco, garde des Sceaux. Après avoir traversé la salle du Musée missionnaire, ils sont entrés dans la salle du Concile, ont pris place derrière une longue table rectangulaire où ils vont lire, signer et échanger une série de documents. Un cierge fin brûle devant les deux signataires. A droite, le président du Conseil en cravate et col cassé ; à gauche, le secrétaire d'Etat portant mozette rouge et barrette cardinalice. Mussolini et Gasparri – « *il Duce e il Cardinale* », comme diront les journaux italiens – représentent respectivement le roi Victor-Emmanuel III et le pape Pie XI. Un caméraman et plusieurs photographes immortalisent l'instant, que le journal *Corriere d'Italia* qualifiera d' « heure solennelle ».

A l'issue des échanges de documents, le cardinal Gasparri essuie discrètement une larme – émotif, le vieux prélat pleure facilement – et offre solennellement à Mussolini la plume en or qui a servi au paraphe historique. La cérémonie a duré vingt minutes. Dehors, un journaliste explique aux badauds qu'il s'agit du « concordat ». Du fameux concordat espéré depuis si longtemps et régulant enfin les rapports entre l'Italie et le Saint-Siège ? Cela voudrait-il dire que le pape n'est plus « prisonnier » au Vatican ? Un séminariste, près de la balustrade, se met à lire un communiqué qu'on vient de lui passer. La foule s'agite, puis exulte. Des abbés tombent à genoux sur le pavé, les larmes aux yeux, en action de grâce. Bientôt, l'assemblée entonne un *Te Deum*. La joie est indescriptible :

— *Viva il papa ! Viva Savoia ! Viva Mussolini !*

C'est sous des applaudissements frénétiques que Gasparri et Mussolini, à 12 h 40, remontent dans leurs voitures. Le premier est solennel. Le second est radieux. Ils peuvent l'être. Les trois documents signés ce jour-là au Latran mettent fin à la « question romaine », qui marginalisait l'action publique du Saint-Siège et empoisonnait la vie politique italienne depuis soixante ans. Désormais, le pape est bel et bien doté d'un pouvoir temporel, symbolisé par une nouveauté : la *Citta del Vaticano*, la « Cité du Vatican ».

L'ombre de Constantin

Le pouvoir temporel du pape remonte au IVe siècle. Plus exactement au départ de Constantin le Grand pour Byzance, nouvelle capitale de l'Empire romain. Le pape, resté à Rome, loin de la protection des armées impériales, dut faire face, seul, aux invasions barbares, d'Alaric à Attila, quitte à appeler à la rescousse ses puissants voisins francs pour défendre son territoire contre les envahisseurs ostrogoths ou lombards. Charlemagne, protecteur du pape, y gagna d'être sacré empereur en l'an 800, reconnaissant en retour l'Etat du Saint-Siège, distinct et bientôt rival du « Saint » Empire romain germanique.

Deux pouvoirs suprêmes, c'est toujours un de trop. Ce sera le Sacerdoce ou l'Empire. La lutte à mort qui n'avait pas eu lieu entre le pape et Constantin, faute de combattants, voilà qu'elle s'engage contre les nouveaux candidats à la domination du monde – Othon le Grand, Frédéric Barberousse – jusqu'à ce que le pape Grégoire VII, défenseur de la Ville Eternelle, gardien des tombeaux des apôtres, impose à leur impérial successeur Henri IV de venir à Canossa pour se soumettre et implorer, à genoux, son pardon apostolique.

Le célèbre épisode de Canossa (1077) illustre à lui seul la conclusion tirée par les papes successifs : leur seule garantie de souveraineté, leur unique légitimité politique, c'est ce territoire dont ils disposent et dont la superficie, au fond, a peu d'importance : les nombreuses donations territoriales qui seront faites à la papauté en mille ans ne l'empêcheront pas d'être annihilé, en 1870, en une seule campagne...

Au mitan du XIXe siècle, le sentiment national s'étend partout en Europe. Dans la péninsule, la « Jeune Italie » de Giuseppe Mazzini multiplie les succès, et l'unification de l'Italie semble inéluctable. En 1846, le nouveau pape-roi élu sous le nom de Pie IX apparaît d'ailleurs comme un patriote libéral qui multiplie dans ses Etats les réformes allant dans le sens de l'histoire et du *Risorgimento :* large amnistie, autorisation des cercles politiques, liberté de la presse, assemblée consultative. Mais ce sont ses adversaires qui en profitent, notamment les sociétés secrètes, les *carbonari*, les francs-maçons, qui voient dans les Etats pontificaux le principal obstacle à l'unification italienne, et pour qui le pape est l'ennemi juré, l'homme à abattre.

Quand, par deux fois, l'insurrection gagne Rome, Pie IX ne doit son salut qu'aux troupes de l'Autriche impériale (en 1831) puis à l'armée du prince Napoléon (en 1849) : non que les Français rejettent le libéralisme des patriotes italiens, loin de là, mais ils ne veulent pas laisser l'empereur François-Joseph mettre la main sur ce qui reste des Etats pontificaux ! De cette rivalité entre grandes puissances sur l'échiquier international, le royaume de Piémont – son monarque Victor-Emmanuel et son ministre Cavour – va jouer pendant des années pour avancer ses propres pions.

Et quand, en septembre 1870, en plein déroulement du concile Vatican I, les troupes impériales françaises quittent précipitamment Rome après le désastre de Sedan, le roi du Piémont, qui est devenu « roi d'Italie » en 1861, proclame, presque malgré lui, qu'il est désormais le seul responsable de l'ordre sur tout le territoire italien, et, incidemment, « de la sauvegarde du Saint-Siège ».

A la lecture d'une lettre du roi lui confirmant ses bonnes intentions, le pape réagit :

— *Belle parole ma bruti fatti !*

Des « actes brutaux ». Il ne se trompe pas. Le 20 septembre 1870, sous le commandement du général Cadorna, près de 70 000 artilleurs et fantassins piémontais entrent dans la ville par la brèche de la Porta Pia. Le pape Pie IX ne résiste pas, ses troupes – 10 000 hommes sous le commandement du général Kanzler – hissent le drapeau blanc tandis que lui-même se réfugie dans le Vatican et se constitue prisonnier volontaire :

— Messieurs, vous êtes témoins que je cède à la violence. A partir de ce moment, le pape est prisonnier de Victor-Emmanuel !

Le même soir, le pape écrit quelques mots rapides à son neveu Luigi : « Cher neveu, tout est fini ! Sans liberté, on ne gouverne pas l'Eglise. Priez tous pour moi ! »

La « loi des garanties »

La « libération » de Rome est le dernier acte de l'unité italienne : le 2 octobre, un plébiscite fera de Rome la capitale du royaume d'Italie. Mais une question urgente se pose aux dirigeants de l'Italie réunifiée : que faire du pape ? Impossible d'expulser, d'enfermer ou de faire disparaître le chef de l'Eglise catholique, d'autant plus qu'il est l'évêque de Rome ! En outre, le plus antipapiste des républicains de la péninsule ne peut pas nier que Rome doive beaucoup, en civilisation, en prestige et en richesse, à la papauté.

Cavour – mort en 1861 – prônait naguère « une Eglise libre dans un Etat libre ». Très vite, le gouvernement, dirigé par Giovanni Lanza, rédige un texte inspiré de ces principes, modéré et respectueux, qui est bientôt mis en application par la « loi des garanties », publiée dans la *Gazetta Ufficiale* le 13 mai 1871.

Cette loi assure au pape, personne sacrée et inviolable, son indépendance ; au Saint-Siège il garantit l'exterritorialité ; l'immunité diplomatique est accordée aux diplomates près le Saint-Siège ; les communications entre le pape et le monde catholique se feront sans aucune ingérence du gouvernement italien ; le pape conserve la jouissance des palais du Vatican, y compris sa résidence estivale de Castel Gandolfo, qui sont tous placés sous la protection de la police, de l'armée et des tribunaux italiens ; une rente annuelle considérable (3,2 millions de lires) est affectée au Saint-Père pour ses besoins. Le Saint-Siège, indigné, a beau prendre à témoin le reste du monde de cette « scandaleuse usurpation », de cette « monstrueuse spoliation », on a connu dans l'Histoire des situations plus douloureuses ou plus expéditives !

Pourquoi Pie IX s'est-il donc enfermé dans une attitude aussi négative, excommuniant au passage le roi Victor-Emmanuel II, son gouvernement et son Parlement ? Parce que la « loi des garanties », pour avantageuse qu'elle se présente, a une faiblesse rédhibitoire : elle est octroyée, de façon unilatérale, par un pouvoir civil qui peut à tout moment revenir sur ses termes. Elle met le successeur de saint Pierre à la merci d'un changement de majorité parlementaire ou d'un sordide marchandage partisan. Elle est donc « inacceptable », ce que Pie IX proclame solennellement dès le 15 mai, deux jours après la publication de la loi, dans une encyclique intitulée *Ubi nos*.

Pour le pape, c'est une question de principe et de dignité. Pas question de fouler un sol dont la souveraineté lui a été ravie par la force ! Il restera donc replié sur ses appartements de Saint-Pierre. A la liberté théorique qui lui est offerte, le pape répond par une détention virtuelle. Mais ces symboles-là sont plus forts et plus contraignants que des escouades de soldats : pendant un demi-siècle, le gouvernement italien appliquera unilatéralement sa loi, et les papes ne cesseront, obstinément, de l'ignorer.

Pie IX interdit aux fidèles italiens toute participation à la vie politique de cet Etat impie et usurpateur : les catholiques ne seront « *nè eletti, nè elettori* ». Ni élus ni électeurs, ils ne détiendront ni mandats électifs, ni emplois publics. Le paradoxe de cette règle dite du « *non expedit* », c'est qu'elle laisse le champ politique italien aux seuls adversaires de l'Eglise, à une époque où les révolutions grondent dans toute l'Europe. Mais Pie IX n'a pas d'autre alternative.

Son successeur, Léon XIII, reformule fermement cette condamnation, quelques semaines après son élection, dans l'encyclique *Inscrutabili* du 21 avril 1878. Ce qui n'empêche pas ce pape très politique de faire jouer à l'Eglise mondiale un rôle diplomatique et œcuménique hors du commun – qu'on se rappelle le ralliement des catholiques français à la République, ou la proclamation de la doctrine sociale de l'Eglise – comme pour souligner que l'importance spirituelle du Saint-Siège ne tient pas à sa reconnaissance formelle par tel ou tel pouvoir terrestre. De Londres à Saint-Pétersbourg, l'habileté de Léon XIII fait merveille. Même en France, les seuls à prétendre encore que le Saint-Siège n'existe plus sont les députés radicaux les plus anticléricaux, comme François Raspail, ou... les enfants de la marquise de Plessis-Bellière, décédée en 1890 en léguant sa fortune au souverain pontife, au grand dam de ses héritiers !

A Rome, la bonne société est durablement coupée en deux : d'un côté le « monde blanc » (favorable au roi), de l'autre le « monde noir » (favorable au pape). Entre le Quirinal et le Vatican, les périodes de rapprochement succèdent aux périodes d'hostilité, les bouffées d'anticléricalisme aux gestes de bonne volonté. Le gouvernement italien arrache la croix dominant le Capitole, dissout plus de cent communautés religieuses, ferme deux cents églises, inaugure tapageusement la statue du moine rebelle Giordano Bruno, multiplie les gestes vexatoires. Le 13 juillet 1881, il encourage la population de Rome à précipiter dans le Tibre les restes de Pie IX, qui seront sauvés de justesse ! Mais quel sentiment profond éprouve aussi le petit peuple romain, quelques années plus tard, le jour où, massé au bord du Tibre et tout au long du Borgo, il voit Sa Majesté l'empereur Guillaume II rendre visite au souverain pontife en grande pompe et avec escorte militaire !

Les papes Pie X (1903-1914) et Benoît XV (1914-1922) resteront sur cette même ligne revendicative et intransigeante, envers et contre tout, en précisant chaque fois qu'elle est « exempte de tout esprit d'ambition, de tout esprit de domination ». Ce que tout le monde, toutes polémiques mises à part, a compris depuis longtemps : ce n'est pas la crainte d'un retour au Moyen Age qui bloque toute *conciliazione*, mais l'obstination des uns et l'intransigeance des autres.

Le tournant de la guerre

La guerre 1914-1918 est un drame pour l'Italie qui ne peut préserver sa neutralité plus d'un an. En mai 1915, alliée à la Triple Entente, l'Italie déclare la guerre à l'Autriche. Le conflit fait 600 000 morts et 850 000 « gueules cassées », blessés ou mutilés, dans la population italienne. Mais il constitue aussi un tournant psychologique et politique, car les catholiques de la péninsule se montrent, tout au long du conflit, excellents patriotes.

Pourtant, malgré les pressions de toute sorte, le Saint-Siège lui-même reste neutre. Benoît XV, Italien de cœur et pacifiste de principe, appelle à la cessation des hostilités, envers et contre tous les puissants de l'heure : Clemenceau le traite de « pape boche », Ludendorff de « pape français » ! Mais la *neutralité* du Saint-Siège ne s'est jamais confondue avec le *défaitisme*, y compris à l'égard de l'ancien allié autrichien, et n'implique pas – subtile distinction – la neutralité de l'Eglise italienne. D'ailleurs, c'est avec la bénédiction du pape, et en accord avec les dirigeants politiques, qu'un « évêque aux armées » est nommé en Italie.

L'heure est à l'entente, non aux arguties juridiques. Néanmoins, le pape rappelle que sa situation personnelle – dont la précarité est encore plus manifeste en temps de guerre – reste intolérable. Et le gouvernement italien continue de s'opposer fermement à ce que le Saint-Siège soit invité à toute négociation internationale, notamment au Congrès de la paix qui clôturera un jour les hostilités...

Mais le conflit mondial a changé la donne. Par l'encyclique *Pacem Dei munus*, le pape annonce qu'il lève le veto qu'avait mis Pie IX à toute visite officielle à Rome de princes catholiques : Albert Ier, roi des Belges, et Alphonse XIII, roi d'Espagne, ne tardent pas à profiter de cette ouverture. Il annonce surtout la levée du *non expedit* et encourage, en 1919, la constitution du Parti populaire italien, ancêtre de la Démocratie chrétienne, par le prêtre sicilien don Luigi Sturzo. Des milliers de catholiques, que la guerre a réconciliés avec leur patrie, s'engagent en politique. Parmi eux, bien peu étaient déjà de ce monde en 1870. La bagarre entre l'Eglise catholique et l'Etat italien commence à sentir le moisi : qui se rappelle exactement pourquoi le pape et l'Italie n'ont aucun contact ?

Lorsque, en mai 1921, après des années de vacance diplomatique, le gouvernement français envoie le sénateur catholique Jonnart, ancien ministre et futur académicien, représenter la République auprès du Saint-Siège, le journal *Il Messagero*, pourtant très anticlérical, lance le débat :

pourquoi l'Italie n'a-t-elle pas, elle aussi, un ambassadeur auprès du Saint-Siège ? L'Italie, qui figure parmi les vainqueurs de la Grande Guerre, n'a-t-elle pas suffisamment mûri pour ne plus considérer le pape comme une menace pour son unité ? Réponse du journal libéral *Il Tempo* : certes, mais pour résoudre « cette vieille et encombrante question romaine », il faudrait un « espace » nécessaire pour asseoir l'autorité temporelle du pape, « fût-il d'un centimètre carré ». *Il Messagero* l'admet : contrairement aux vieux espoirs de Mazzini et Garibaldi, « non seulement la papauté n'est pas tombée en décadence, mais elle a singulièrement renforcé son prestige moral et son autorité spirituelle », et « aucun démocrate défenseur de l'Etat laïque ne devrait s'alarmer » qu'on débatte à nouveau de la souveraineté du pape. *L'Osservatore Romano*, prudent, enregistre : « Nous prenons acte. »

Quelques mois plus tard, le 6 février 1922, le cardinal Ratti, archevêque de Milan, est élu pape sous le nom de Pie XI. Contrairement à ses quatre prédécesseurs, le nouveau pontife bénit le peuple *urbi et orbi* depuis la loggia extérieure de Saint-Pierre – non sans souligner « toutes les réserves nécessaires quant aux droits inviolables de l'Eglise et du Saint-Siège ». Dans sa première encyclique, *Ubi arcano Dei*, Pie XI l'Italien parle de « sa très chère patrie ». L'opinion est mûre, le temps de la « conciliation » est proche. Encore faudrait-il se mettre autour d'une table et négocier sérieusement.

Dans l'ombre, le cardinal Gasparri – dont la réconciliation avec l'Etat italien a toujours été le rêve caché – sonde officieusement tel ou tel ministre républicain, en général fermé à toute négociation, mais aussi, un jour, un simple député nommé Benito Mussolini. L'échange a lieu chez un sénateur catholique, le comte Santucci, près de la piazza del Gesù. L'élu fasciste se déclare en faveur d'une souveraineté temporelle du pape sur une parcelle du territoire romain, s'attirant la réplique navrée du cardinal :

— Mais, monsieur le député, vous ne pourrez pas faire voter cela par la Chambre !

— Eh bien, répond Mussolini, on changera la Chambre !

— Mais si vous changez la Chambre sans changer la loi électorale, les électeurs vous renverront la même Chambre !

— Eh bien, on changera la loi électorale !

Mussolini « protégé de Dieu »

Ce dialogue était prémonitoire. En octobre 1922, la « marche sur Rome » de Mussolini bouleverse le paysage politique italien, mais ne modifie pas ses rapports avec l'Eglise : les deux pouvoirs s'observent d'un œil favorable, voire bienveillant. Les fascistes raccrochent les crucifix dans les écoles et les tribunaux, rétablissent l'instruction religieuse à l'école, renforcent l'institution du mariage, favorisent les célébrations de l'Année sainte en 1923. En retour, Pie XI et son entourage se fient aux déclarations engageantes des nouveaux dirigeants. Ils ne protestent pas beaucoup quand, cette année-là, Mussolini fait interdire le Parti populaire de don Sturzo, lui-même contraint à l'exil. Et ne se privent pas de rappeler leur revendication principale, comme dans *L'Osservatore Romano* lors de la visite à Rome du roi Alphonse XIII : « La blessure ouverte le 20 septembre 1870 ne se soigne pas avec des cataplasmes.

Elle est et restera ouverte aussi longtemps qu'on n'y aura pas pourvu [...] La question romaine demeure sans solution... »

Appels du pied, propos conciliants, danse du ventre. Reçu à Assise pour la fête de saint François, le 4 octobre 1926, avec les honneurs souverains, le cardinal Merry del Val, légat de Pie XI, n'hésite pas à remercier chaleureusement « celui qui tient en main les rênes du gouvernement » et qui, « visiblement protégé de Dieu », a « sagement relevé les destinées de la nation ». Mussolini, sans doute, n'en demandait pas tant. Mais c'est ce jour-là, précisément, que le Duce lance le processus des négociations sur la question romaine par une lettre adressée au professeur Domenico Barone, conseiller d'Etat, qui fut un des rédacteurs de la constitution fasciste.

En réalité, le conseiller Barone avait déjà invité chez lui, le 6 août, le jeune frère du nonce apostolique à Berlin, l'avocat consistorial Francesco Pacelli, marquis de son état, pour tâter le terrain. Dans la plus grande discrétion, plusieurs entretiens eurent lieu entre les deux juristes, vite convaincus qu'un accord était possible. Tandis que Barone recevait la lettre de Mussolini, Pacelli en recevait une du cardinal Gasparri, secrétaire d'Etat, l'autorisant à poursuivre les négociations dans le plus grand secret.

Un mois plus tard, un avant-projet de traité est rédigé. Avec l'aide du secrétaire de la Sacrée congrégation des Affaires ecclésiastiques extraordinaires, Mgr Borgognini-Duca, une première mouture du futur concordat est rédigée en avril 1927. Mais il est un sujet qui fâche : le régime fasciste entend garder le monopole du contrôle des organisations de jeunesse, lesquelles constituent, aux yeux de l'Eglise, un des piliers de l'Action catholique.

Des dizaines de conversations, quelques suspensions, la mort imprévue de Barone : il faudra encore dix-huit mois pour que l'avocat Pacelli, officiellement délégué par le cardinal Gasparri, entame les dernières conversations avec Mussolini en personne au palais Chigi, le domicile du Duce, à partir du 8 janvier 1929. Chaque matin, Francesco Pacelli rendait compte personnellement au Saint-Père des conversations de la veille.

Le 3 février, tout est conclu. Le 7, par courtoisie, Gasparri en informe secrètement les missions diplomatiques auprès du Saint-Siège. L'ambassadeur de France, M. de Fontenay, est le premier à présenter au pape les félicitations de son gouvernement. Et le 11, les signatures sont échangées dans le palais apostolique du Latran – là où, seize siècles plus tôt, l'empereur Constantin offrit pour résidence au pape de l'époque, Miltiade, le palais de l'impératrice Fausta, qui fut sa première parcelle de territoire...

Les accords du Latran

Les accords dits du Latran comportent trois volets, à commencer par un *traité politique* assurant au Saint-Siège une souveraineté pleine et indépendante sur l'Etat de la « Cité du Vatican ». Celui-ci est constitué de l'ensemble fortifié de l'antique cité du Vatican, du palais de Castel Gandolfo, des trois basiliques patriarcales de Saint-Jean-de-Latran, Sainte-Marie-Majeure et Saint-Paul-hors-les-Murs et de quelques autres dépendances. En contrepartie, le

Saint-Siège reconnaît le royaume d'Italie et renonce définitivement à toute prétention sur les anciens Etats pontificaux.

Les accords comportent aussi une *convention financière* attribuant des indemnités au Saint-Siège (750 millions de livres par an) en dédommagement de la perte de territoires et de revenus depuis la constitution de l'Etat italien.

Enfin, le concordat instaure le catholicisme comme religion d'Etat en Italie. Il attribue le pouvoir de nommer les évêques au seul souverain pontife, les nouveaux évêques devant prêter serment de fidélité devant le roi. D'autres décisions sont prises, très favorables à l'Eglise : l'enseignement religieux devient obligatoire dans les écoles primaires et secondaires ; le divorce est interdit ; les congrégations religieuses sont dotées d'une personnalité juridique leur permettant d'acquérir des biens, etc.

L'innovation la plus spectaculaire, c'est évidemment ce minuscule territoire de 44 hectares qui fait du Vatican le plus petit Etat du monde : alors que les terres du pape, en 1859, s'étendaient sur 18 000 hectares, la Cité du Vatican se réduit désormais au tiers de la principauté de Monaco ! Mussolini avait d'ailleurs proposé d'y adjoindre quelques autres domaines du côté du Janicule, y compris plusieurs quartiers habités, mais le cardinal Gasparri a décliné cette offre :

— Nous ne voulons pas avoir à nous occuper d'une grève de tramways !

Au lendemain de la signature des accords, Pie XI écrira, dans une lettre aux curés et prédicateurs de Rome : « Il nous plaît de voir le domaine foncier réduit à de si minimes proportions qu'il puisse et doive être lui-même considéré comme spiritualisé par l'immense, sublime et vraiment divine puissance spirituelle qu'il est destiné à soutenir et servir. »

Mussolini aura, de son côté, ce bref commentaire :

— La Cité du Vatican est grande par ce qu'elle représente, et non pour un kilomètre carré de plus ou de moins !

C'est lui qui a trouvé la formule *Cité du Vatican*, alors que plusieurs éminences avaient proposé *Roma vaticana*, la « Rome vaticane ». Pour les uns comme pour les autres, ce territoire recouvré est plus qu'un symbole : c'est toujours le Saint-Siège, naturellement, qui est personne de droit international et qui retrouve ainsi une légitimité politique aux yeux du reste du monde.

Une bien courte entente

En ce 11 février 1929, après la signature au Latran, une autre foule se rassemble devant le Quirinal, résidence du roi, manifestant, elle aussi, un enthousiasme débridé. Les prêtres en soutane n'y sont pas les moins excités :

— *Viva l'Italia ! Viva il Re !*

Une foule plus grande encore se regroupe bientôt place Saint-Pierre, malgré une pluie torrentielle. Le pape apparaît à la loggia de Saint-Pierre, bénit le peuple, l'armée, l'Italie, puis agite joyeusement son chapeau sous les acclamations de la foule en liesse :

— *Viva il Papa ! Viva il Re ! Viva Mussolini !*

Pour le pape, c'est un succès historique. Pie XI peut désormais envisager d'accomplir sa première sortie le 25 juillet – une procession au Saint-Sacrement autour de la colonnade du Bernin – puis de se rendre à Saint-Jean-de-Latran pour y célébrer, le 20 décembre, la messe anniversaire de son ordination. Un pape en manteau écarlate traversant tranquillement la Ville Eternelle en automobile, qui l'eût cru ? Le pape n'est plus un exilé dans son propre Etat. Il renoue avec l'Histoire.

Pour le Duce, c'est une victoire politique considérable. En Italie, la grande majorité des chrétiens et des anticléricaux l'encensent à l'unisson. A l'étranger, démocrates et républicains louent le « grand Mussolini » que le journal *La Croix* va jusqu'à comparer à l'empereur Constantin. Il suffit de contempler l'image du Duce à cheval sur la fresque dont le peintre Nincheri a orné le plafond de l'église Notre-Dame-de-la-Défense, à Montréal, pour mesurer l'extraordinaire impact des accords du Latran !

Pourtant, cette unanimité ne va pas durer longtemps, du fait même du dictateur. Certes, dans l'exposé des motifs accompagnant le projet de loi que la Chambre devait entériner le 14 mai 1929, Mussolini fait patte de velours : « Nulle hostilité, nulle défiance envers l'Eglise et envers la religion [...] La presque totalité du peuple italien étant catholique, le catholicisme étant une gloire et une tradition italiennes très anciennes, l'Etat, qui est l'organisation juridique de la nation italienne, le représentant de son esprit et de ses traditions, n'est et ne peut être que catholique ! »

Mais déjà, le 13 mai, veille du vote au Parlement, piqué au vif par son aile anticléricale, le même Mussolini prononce un discours d'une violence inattendue à l'égard de l'Eglise, encensant Garibaldi et Cavour, et persiflant la papauté :

— Mais quel barbare nierait le caractère sacré de

Rome ? [...] Messieurs, nous n'avons pas ressuscité le pouvoir temporel des papes, nous l'avons enseveli ! Nous lui avons laissé autant de terre qu'il en faudra pour l'enterrer une fois pour toutes ! [...] L'Etat fasciste est catholique, mais il est fasciste ! Bien plus, il est exclusivement, essentiellement fasciste !

Il réitérera ces attaques le 25 mai devant le Sénat. C'est le retour du militant Mussolini qui invitait naguère le pape, non sans véhémence, à « déménager de Rome pour rentrer en Avignon » !

Le 5 juin, la *Gazetta Ufficiale* annonce que les accords du Latran sont enfin promulgués. Le même jour, *L'Osservatore Romano* publie une lettre du pape répondant point par point aux attaques et aux insultes de Mussolini, et lui disputant – c'est décidément la pierre d'achoppement entre les deux protagonistes – le monopole de l'éducation de la jeunesse. Cinq mois plus tard, le pape protestera en voyant le régime interdire, d'un trait de plume, plus de 5 000 cercles de jeunes catholiques...

Entre le Duce et le pape, l'entente est déjà brisée. Elle n'a porté que sur le règlement de la « question romaine », que les deux parties avaient intérêt à résoudre en diplomates et non en idéologues. Plus tard, après la chute du régime fasciste, les accords du Latran seront intégrés, tels quels, à la Constitution italienne de 1947. Sans que personne, au Vatican, ne songe plus à comparer Mussolini à un nouveau Constantin.

3

L'encyclique interrompue

Quand le pape faillit condamner le racisme et l'antisémitisme

> « Quiconque tend à diviniser par un culte idolâtre la race, le peuple et l'Etat, viole l'ordre divin des choses. »
>
> Pie XI, *Mit brennender Sorge* (1937).

Castel Gandolfo, 22 juin 1938. Ce matin-là, un simple prêtre en soutane pénètre, le pas alerte et le cœur serré, dans l'antichambre du palais d'été où le pape Pie XI est venu fuir la chaleur étouffante qui accable la ville de Rome. Le visiteur s'appelle John LaFarge. Il a 38 ans. Il est jésuite. Il ignore encore le motif de l'invitation qu'il a reçue du Saint-Père, quelques jours plus tôt, alors qu'il préparait déjà son départ pour les Etats-Unis. Il est loin d'imaginer qu'il va être associé à un des projets les plus importants de l'histoire de la papauté moderne.

John LaFarge est américain. Son grand-père breton servit sous Napoléon avant de traverser l'Atlantique, sa mère descend directement de Benjamin Franklin. Diplômé de

Harvard, exceptionnellement doué pour les langues, cet étudiant brillantissime est parti faire son grand séminaire à Innsbruck, en Autriche, où il a été ordonné prêtre en 1905 avant d'entrer dans la Compagnie de Jésus. Quinze ans d'apostolat dans diverses paroisses du sud du Maryland et dix ans de collaboration à l'hebdomadaire jésuite *America* en ont fait un spécialiste de la situation des Noirs américains, à une époque où la ségrégation raciale sévit aux Etats-Unis.

En 1934, il a fondé le *New York Catholic Interracial Council*, association de lutte contre la discrimination raciale, et, en 1937, il a rassemblé son expérience et ses réflexions dans un livre, *Interracial Justice*, publié aux éditions America Press à New York. Il ne pouvait imaginer que le pape en personne lirait un jour son ouvrage – Pie XI, ancien préfet de bibliothèque, est resté un lecteur insatiable – et qu'il y retrouverait nombre de ses propres intuitions. Notamment celle que la *race* n'a aucun fondement scientifique, aucune base biologique ; et que le nazisme, dans ses développements racistes, contredit ce qui est un des fondements du christianisme : l'unité du genre humain.

John LaFarge a débarqué en Angleterre le 2 mai 1938, avec 800 dollars en poche et l'intention de passer trois mois sur le Vieux Continent. La Compagnie de Jésus a toujours eu à cœur la formation de ses membres : non seulement le rédacteur en chef d'*America*, le père Talbot, lui a commandé un reportage sur le Congrès eucharistique de Budapest, mais il lui a aussi demandé de faire un tour d'Europe – il ira à Coblence, Prague, Budapest, Zagreb, etc. – et de resserrer les liens avec les autres revues dirigées par les jésuites, comme *The Month* (en Angleterre), *Etudes* (en France) ou la *Civilta cattolica* (en Italie), tâche dont il s'acquitte avec passion.

C'est le 5 juin, de passage à Rome, qu'il a rencontré le général des jésuites de l'époque, le père Wladimir Ledochowski, et qu'il a participé à une audience publique du pape Pie XI dans la salle des Suisses du palais de Castel Gandolfo, au milieu d'une foule de pèlerins, en compagnie d'un ami recteur de l'Université pontificale grégorienne, la célèbre Gregorianum, dirigée par les jésuites.

Quelques jours plus tard, alors qu'il boucle sa valise pour Paris, il reçoit une invitation aux armes du Saint-Père pour une audience le 22 juin, sans autre explication. Il avouera, dans ses souvenirs, que cette invitation aussi mystérieuse qu'inattendue l'a « médusé », et que ce jour-là, « le roc de Saint-Pierre » lui est « tombé sur la tête » !

A l'heure dite, le jeune jésuite se présente dans la cour du palais pontifical. Mgr Mella di Sant'Elia, « maître de chambre » de Sa Sainteté, l'introduit dans le bureau du vieux pape, affaibli par le diabète et malade du cœur, qui le regarde avec sympathie derrière ses bésicles d'or :

— Soyez le bienvenu !

LaFarge a raconté cette entrevue dans ses Mémoires, publiées en 1954 : « Le Saint-Père me reçut fort aimablement », raconte-t-il en taisant l'essentiel, c'est-à-dire l'extravagante demande que lui fit Pie XI, et pour cause : le pape lui fit promettre le secret total !

— On dit qu'un secret du pontife romain est un secret de Polichinelle, peut-être, mais ce ne doit pas être le cas pour celui-ci : c'est un vrai secret que Nous vous disons !

Il faut donc aller chercher dans le mémorandum personnel que LaFarge a adressé confidentiellement au père

Joseph Murphy, l'assistant de son provincial new-yorkais, pour apprendre que son hôte éminent lui a demandé, sans détour, de rédiger un projet d'encyclique sur le thème « qu'il tient le plus brûlant en ce moment » : le racisme et l'antisémitisme. « Il m'a dit que c'est Dieu qui m'avait envoyé vers lui », raconte LaFarge auquel le pape a donné un seul conseil d'écriture :

— Dites tout simplement ce que vous diriez si vous étiez pape vous-même !

Des encycliques explosives

La méthode n'est pas surprenante. Il est rare qu'un pape écrive directement une encyclique. Il peut en confier la préparation à un chef de dicastère, ou à l'un de ses conseillers, voire à une personnalité extérieure. Sauf indiscrétion inattendue, le brouillon de ces textes, leurs auteurs, tout comme la méthodologie retenue, resteront secrets. Certaines encycliques ont demandé des années de discussions et des aller et retour entre les services ou les rédacteurs concernés, sans compter le temps d'en réaliser et d'en relire les diverses traductions.

Par ailleurs, ce n'est pas la première fois que Pie XI, depuis son élection le 6 février 1922, songe à publier un texte à résonance « politique ». En dix-sept ans de pontificat, il aura publié plus d'interventions liées aux événements internationaux qu'aucun de ses prédécesseurs.

Dès 1926, le pape avait condamné l'Action française et sa « conception païenne de la Cité et de l'Etat », ce qui fut un drame pour toute une partie des catholiques français. Le

29 juin 1931, Pie XI avait publié un autre texte de combat sous la forme solennelle d'une encyclique, *Non abbiamo bisogno*, rédigée en italien, « contre la conception totalitaire du droit et du rôle de l'Etat propagée par le fascisme ». Comme il fallait déjà déjouer la police mussolinienne, il avait confié les premiers exemplaires du texte à des émissaires chargés de le publier à l'étranger. C'est ainsi qu'un matin, Mgr Gaston Vanneufville, correspondant de *La Croix* au Vatican, fut invité à prendre le premier train pour Paris avec le précieux texte dans sa sacoche, tandis que son jeune collègue américain Francis Spellmann, futur archevêque de New York, s'envolait pour les Etats-Unis avec un autre exemplaire caché au fond de sa valise...

Le 19 mars 1937 (jour de la saint-Joseph, patron des travailleurs) est parue l'encyclique *Divini Redemptoris* condamnant le communisme « bolchevique et athée », que son prestigieux auteur qualifie d'« intrinsèquement pervers ». Un texte très fort, mais qui étonna peu d'observateurs, tant l'Eglise considérait alors le communisme comme le plus grave danger pour le monde en général et pour le christianisme en particulier. Une fois n'est pas coutume, la presse allemande, à la botte de son Führer, encensa le pape à l'unisson !

Or, le surlendemain, à la surprise générale, le pape rendit publique une autre encyclique, *Mit brennender Sorge*, datée du dimanche 14 mars (fête de la Passion du Christ), écrite directement en langue allemande, et portant condamnation du nazisme. Le 16 janvier précédent, cinq archevêques allemands – dont les cardinaux Faulhaber, Bertram et Schulte – étaient venus à Rome en visite *ad limina*, et avaient demandé au pape un document condamnant la doctrine hitlérienne. Le souverain pontife, très malade, les avait reçus dans sa chambre à coucher. Peu se doutaient que Pie XI irait jusqu'à publier une encyclique, préparée avec la collaboration de l'un d'entre eux, le cardinal Michael von Faulhaber, archevêque de Munich, qui en rédigea lui-même un brouillon à la main pour ne pas avoir à le donner à dactylographier. Le cardinal Eugenio Pacelli, secrétaire d'Etat, à l'issue d'un travail de sept semaines, relut le texte et durcit encore certains passages de ce qui restera comme la condamnation la plus stricte que le Saint-Siège ait portée contre un régime politique dans toute son histoire.

Cette fois encore, le secret avait été bien gardé. L'entourage immédiat du pape avait relu, imprimé et acheminé quelques exemplaires de l'encyclique vers la nonciature de Berlin – *via* la valise diplomatique – pour que l'archevêque de Berlin pût l'envoyer, parfois au prix de dangereux stratagèmes, à tous les évêques allemands, lesquels imprimèrent dans douze ateliers typographiques, à la barbe de la Gestapo, des dizaines de milliers d'exemplaires de l'encyclique.

Le 21 mars, celle-ci fut lue en chaire dans toutes les églises et distribuée aux fidèles de toute l'Allemagne au moment même où, à Rome, *L'Osservatore Romano* rendait publique cette dénonciation du nazisme et de son système de déification de l'Etat, de mécanisation de la personne humaine, d'endoctrinement de la jeunesse, etc. Y était également fustigé le racisme en tant que « doctrine du sang et du sol », mais pas l'antisémitisme. Pas encore.

L'horreur de la guerre

Pie XI n'était pas un révolutionnaire, ni même un pape de combat, mais il voyait loin et clair. Peu d'hommes d'Eglise ont prévu le déclenchement de la guerre mondiale avec autant de perspicacité que lui :

— J'avais espéré mourir sans avoir revu la guerre, dit-il en 1938, maintenant je n'y compte plus !

La guerre, il l'avait vécue en 1917-1918 comme visiteur apostolique envoyé sur les fronts polonais et russe. En 1919, nommé nonce à Varsovie, il était resté dans sa nonciature, malgré le danger, lors du conflit russo-polonais. De multiples discours et homélies, mais aussi beaucoup de petites interventions improvisées à la fin de telle ou telle audience particulière, attestent qu'il observait la montée des tensions avec horreur. Non sans condamner, quelquefois avec force, les idéologies et les régimes poussant à l'affrontement.

Ainsi lors de l'Anschluss, le 14 mars 1938, lorsque le chancelier Hitler vint personnellement à Vienne proclamer le rattachement de l'Autriche au Reich. Après avoir rendu visite à Hitler, le cardinal archevêque de Vienne, Mgr Theodor Innitzer, fait allégeance au Führer et invite les catholiques autrichiens – tout particulièrement les chefs des organisations de jeunesse – à se ranger « sans conditions derrière le grand Etat allemand et son Führer ». Et le cardinal, enjôlé, de faire précéder sa signature d'un mot écrit de sa main : « *Und heil Hitler !* » Stupéfaction au Vatican ! Le 1er avril, *L'Osservatore Romano* condamne la déclaration d'Innitzer, lequel est convoqué d'urgence à Rome, où il est tancé par le cardinal Pacelli puis par le pape en personne : sans égard pour sa dignité cardinalice, il est prié de se rétracter dans une déclaration officielle qui fait le tour de la planète !

Le 7 avril, le pape reçoit Bonifacio Pignatti, l'ambassadeur du régime fasciste auprès du Saint-Siège, et déplore à haute voix « l'apothéose de M. Hitler » qui se prépare sous la forme d'un voyage à Rome : le 3 mai, le chancelier allemand doit venir saluer spectaculairement Mussolini, flanqué de son nouveau ministre des Affaires étrangères, Joachim von Ribbentrop. Dûment averti par Pignatti des sentiments de Pie XI à son endroit, Hitler renonce à demander une audience au Saint-Père. Quelques jours avant la visite, le pape, se référant aux accords du Latran, interdit qu'on hisse le drapeau à croix gammée sur tout édifice romain appartenant à l'Eglise, puis décide de quitter ostensiblement le Vatican pour Castel Gandolfo. Il le fait même annoncer dans *L'Osservatore Romano*, pour que chacun sache que l'air de Rome est soudain devenu « trop malsain » pour le chef de l'Eglise catholique.

Pour Pie XI, qui l'exprime dès le lendemain devant les représentants de l'Académie d'archéologie sacrée, la croix gammée est une « croix ennemie de la croix du Christ ». Pour lui, les choses sont claires : Hitler, c'est « l'antéchrist ».

Et le racisme ?

Mais ce sont le racisme et l'antisémitisme, sujets relativement « mineurs » dans le brouhaha politico-militaire de ces années de plomb, qui préoccupent de plus en plus le pape vieillissant. A l'heure où toute l'Europe s'inquiète des velléités expansionnistes de Hitler, des dérives meurtrières de la dictature nazie, de l'alignement de l'Italie mussolinienne sur le Reich, du risque d'expansion de la révolution russe, des méthodes dictatoriales du camarade Staline, des risques de conflagration mondiale, peu de commentateurs considèrent comme essentielles la ségrégation raciale et les mesures antijuives.

Ces mesures sont évidemment condamnables, mais elles paraissent secondaires. Les propos tenus par les plus fins observateurs de l'époque, du journaliste Albert Londres au diplomate Léon Noël, ambassadeur de France à Varsovie, montrent que personne, à l'époque, n'imaginait que la question juive aboutirait à la Shoah. A la veille du conflit mondial, résume l'historien Emile Poulat, « les Juifs, ce n'était pas vraiment le problème ». Et les Noirs, encore moins. Sauf pour quelques esprits prophétiques comme Edith Stein, philosophe, juive convertie, qui s'en ouvrit au pape Pie XI dans une correspondance privée à la veille de son entrée au carmel en avril 1933. « Trop tôt », commente sobrement le professeur Poulat.

Les catholiques eux-mêmes, s'ils sont majoritairement convaincus de l'« unité du genre humain » dont saint Paul fut le premier exégète, restent porteurs d'une tradition « antijudaïque » aussi vieille que l'ère chrétienne. La seule apparition du christianisme, dissidence organisée d'un judaïsme qui n'aurait pas reconnu le Messie, contient en elle-même le ferment d'une hostilité réciproque qui débouchera bientôt sur le mépris, voire la haine, et qui expliquera, en grande part, le manque d'intérêt des chrétiens d'Europe pour la politique antijuive de Hitler.

Mais cet antijudaïsme théologique, sociologique et culturel, dont les catholiques auront tant de mal à se défaire, n'est pas du « racisme » au sens idéologique et biologique du terme. Il n'implique aucune exclusive raciale, contrairement à l'antisémitisme, qui lui est postérieur, et dont les fondements sont ontologiques, voire génétiques. Si le nazisme peut prospérer sur le terreau de l'antijudaïsme traditionnel, il va se couper, à cette époque, de nombreux chrétiens allemands en prônant un antisémitisme racial aux antipodes du message évangélique.

Le 3 mai 1938, *L'Osservatore Romano* publie en première page le texte d'une lettre adressée par le pape aux recteurs de toutes les universités catholiques du monde – notamment au cardinal français Baudrillart, recteur de la « Catho » de Paris – condamnant avec vigueur toutes les théories nazies sur l'inégalité des races, la pureté de la race, la supériorité de la race sur la religion, l'instinct racial, etc. Par référence au célèbre *Syllabus* de Pie IX contre le modernisme, la presse catholique française parle d'un « syllabus contre le racisme ».

La riposte de Hitler est violente. Les pressions se multiplient contre les catholiques allemands. Le jour même où John LaFarge est reçu par le pape à Castel Gandolfo, le journal *La Croix* signale dans ses colonnes les incessantes attaques lancées par la presse nazie contre le pape, qualifié d'« adversaire éternel » qui prétend « empêcher les vingt millions de catholiques allemands vivant hors du Reich de reconnaître leur communauté raciale avec tous les autres Allemands ». Le pape, principal obstacle à la réunion de la race allemande !

Mais c'est en Italie que la visite de Hitler à Rome, en mai 1938, provoque une flambée de racisme, inédit dans ce pays. Des « conseillers » du Führer s'installent à Milan et assistent le Parti fasciste dans la confection de lois raciales, qu'ils annoncent par une campagne de propagande sans précédent. Le 14 juillet, un groupe d'universitaires italiens publie une *Dichiarazione della Razza* (« Déclaration de la Race ») en dix points définissant la conception fasciste du racisme, expliquant qu'il existe désormais une « race italienne » pure, « d'origine aryenne », qu'il n'est pas question d'« altérer » par des mariages mixtes, surtout avec des Juifs !

« Nous sommes des sémites ! »

Pie XI, choqué, va réagir à trois reprises. Le 15 juillet, quelques heures après la publication du manifeste des universitaires, il profite d'une audience accordée au chapitre général des sœurs de Notre-Dame-du-Cénacle pour protester contre cette forme d'« apostasie » contraire à la foi chrétienne. Le 21 juillet, il s'adresse à cent cinquante aumôniers de la jeunesse italienne de l'Action catholique pour condamner le racisme et lui opposer l'« universalité » de la race humaine telle que la définit le christianisme. Enfin, le jeudi 28 juillet, jour anniversaire de Mussolini, devant les élèves du collège de la Propagation de la Foi reçus à Castel Gandolfo, Pie XI prononce un long discours que le comte Ciano, ministre des Affaires étrangères et gendre du Duce, qualifiera de « violemment antiraciste » :

— Catholique veut dire universel, non raciste, non nationaliste ! [...] Le genre humain, tout le genre humain est une seule et grande race universelle humaine ! On se demande pourquoi, par une malheureuse imitation, l'Italie a eu besoin de suivre l'exemple de l'Allemagne ! [...] La réalité humaine et la dignité humaine exigent une seule et grande famille, le genre humain, la race humaine !

Le lendemain, en Allemagne, le pape est brocardé par toute la presse, plus encore qu'à l'ordinaire. On ne lui pardonne pas, en particulier, d'associer dans son opprobre le nazisme et le bolchevisme. Le samedi 30 juillet, c'est Mussolini qui lui répond personnellement en visitant un camp de jeunes fascistes à Forli. Ce qui a surtout vexé le Duce, c'est que Pie XI l'accuse de plagier Hitler. Et le dictateur d'assurer qu'il n'est nullement impressionné par les propos du pape. En matière de racisme comme ailleurs, s'écrie-t-il, *« noi tireremo dirito ! »* (« Nous irons de l'avant ! »).

Le 4 août, les journaux italiens annoncent que les jeunes juifs, à la rentrée scolaire, ne seront plus admis dans les établissements d'enseignement. Le 1er septembre, le Conseil des ministres annonce l'expulsion des « non-aryens » du territoire italien. Le lendemain, le Conseil décide la radiation de tous les enseignants « de race non aryenne ». La situation des Juifs italiens devient intenable.

Le 6 septembre, le jour même où s'ouvre en Allemagne le congrès nazi de Nuremberg, Pie XI reçoit à Rome les participants au pèlerinage de la radio catholique belge, qui lui ont offert un missel ancien. En feuilletant l'ouvrage, le pape s'arrête à un passage sur le sacrifice d'Abraham qu'il se met à lire lentement, à voix haute, avant de commenter ce « texte sublime » avec une vive émotion :

— Par le Christ et dans le Christ, nous sommes de descendance spirituelle d'Abraham. Non, il n'est pas possible aux chrétiens de participer à l'antisémitisme [...] qui est inadmissible ! Nous sommes spirituellement des sémites !

Le pape n'a pu se retenir de pleurer en lançant cette diatribe. Ces propos improvisés ne seront pas repris par les journaux italiens. Mais le pape a encouragé l'un des pèlerins, Mgr Louis Picard, à les reproduire de façon officieuse dans *La Libre Belgique* du 14 septembre. Pie XI veut que sa condamnation porte !

Un été studieux

A peine sorti de Castel Gandolfo, le 22 juin 1938, John LaFarge rentre à Rome et va consulter le général de sa Compagnie, le père Wladimir Ledochowski, qui tombe des nues. Vexé de n'avoir pas été prévenu, le révérend ira même le dimanche suivant à Castel Gandolfo pour obtenir confirmation de la mission.

Le lundi 27 juin, LaFarge passe une partie de l'après-midi dans le bureau de son supérieur général. Il lui demande notamment l'autorisation d'aller travailler à Paris, par souci de discrétion, et d'être aidé dans sa tâche par un ou deux collaborateurs : il se voit aussitôt flanqué des jésuites français Gustave Desbuquois, 68 ans, et allemand Gustav Gundlach, 45 ans.

Le premier est proche des Semaines sociales de Joseph Folliet, et conseiller de la JOC. Le second, qui a participé aux cercles intellectuels catholiques de la république de Weimar, était un ami personnel du nonce à Berlin, Mgr Eugenio Pacelli. Engagés dans le catholicisme social tel que Léon XIII le préconisait dans *Rerum novarum*, ils ont déjà été associés à des projets d'encyclique – ils ont collaboré ensemble à *Quadragesimo anno* (1931), et le père Desbuquois a planché sur *Divini redemptoris* (1937).

Dans les tout premiers jours du mois de juillet 1938, les trois jésuites se retrouvent à Paris, au siège des *Etudes,* puis à Vanves, rue Raymond-Marcheron, dans un pavillon où sont installés depuis 1922 les bureaux de l'Action populaire. Le trio investit trois chambres et la bibliothèque, assez richement pourvue. Un quatrième jésuite, le père Heinrich Bacht, les rejoindra en août avec la mission précise de traduire le texte proposé en latin d'Eglise.

Pour déjouer la Gestapo, dont les agents filent le père Gundlach depuis que celui-ci, en avril, s'est violemment élevé contre l'Anschluss sur les ondes de Radio Vatican, le secret et la discrétion sont plus que jamais de rigueur. Le père Ledochowski écrit même à LaFarge, le 17 juillet, pour le lui rappeler. Il le prévient aussi qu'il devra rester à Paris jusqu'à la fin du travail. LaFarge, confiné dans cette banlieue sinistre et étouffante, se languit des Etats-Unis, et désespère de ne pas pouvoir « quitter sa prison » dès la fin de juillet.

Il ne reprendra finalement le bateau, à Boulogne, que le 1er octobre. Dix jours plus tôt, il s'est rendu à Rome pour remettre en main propre à Ledochowski le brouillon de l'encyclique. Au siège de la Compagnie de Jésus, au Borgo Santo Spirito, l'anxiété générale monte face aux velléités expansionnistes de Hitler sur la Tchécoslovaquie. Pour beaucoup, la guerre est, malgré les accords de Munich, imminente. Les plus lucides ne croient pas à cette fausse paix. A commencer par Pie XI.

Le « pape noir » fait barrage

Est-ce en raison de cette atmosphère tendue que Ledochowski tarde à transmettre le document au pape, gravement malade, dit-on ? Ou bien le général des jésuites a-t-il sciemment repoussé le moment où Pie XI viendrait à l'entériner et à le publier ? Le 8 octobre, Ledochowski passe une version « abrégée » du texte en français au père Enrico Rosa, de la *Civilta cattolica,* principale revue jésuite italienne. « Pour expertise », prétend-il.

Wladimir Ledochowski, 82 ans, général des jésuites depuis 1915, est une personnalité d'exception. Mais le « pape noir », comme on l'appelle, est nettement plus sensible à l'avenir de la Russie et au danger « bolcheviste » – son propre frère Ignacy fut général de division dans l'armée polonaise pendant la guerre contre la Russie soviétique – ainsi qu'à l'imminence du conflit mondial, qu'à la situation des juifs et à la discrimination raciale, sujets à ses yeux beaucoup moins urgents. Il partage l'espoir des « colonels » au pouvoir à Varsovie quant à la fragile alliance entre l'Allemagne et la Pologne, vitale pour cette dernière, qu'il importe de ne pas mettre en péril par quelque manifestation trop hostile aux nazis...

C'est à l'insistante demande du pape lui-même – à qui LaFarge a écrit en secret depuis les Etats-Unis – que le père Ledochowski transmet finalement le dossier au Vatican le 21 janvier 1939. Pie XI, que l'on disait mourant, va mieux et prépare un important discours à l'attention de tous les évêques d'Italie qu'il a convoqués pour le samedi 11 février.

Ce jour-là sera célébré le dixième anniversaire des accords du Latran. C'est une bonne occasion de dénoncer, en présence de Mussolini, tout ce qui, dans la pratique du régime fasciste, viole l'esprit de ces accords. A commencer par les nouvelles lois raciales qui, contraires au droit canon, dénaturent grossièrement le concordat établi en 1929, et contredisent l'union à venir « de tous les peuples, de toutes les nations, de toutes les races, toutes unies et devenues consanguines dans le lien commun de la grande famille humaine... » Vers la fin, le brouillon écrit de la main du pape se dilue en des lignes confuses et tremblantes, presque illisibles.

Epuisant ses dernières forces dans la préparation de son discours, Pie XI est mort brusquement, à 5 h 30, dans la nuit du 9 au 10 février 1939. Son état s'était dégradé depuis trois jours. Le mardi 7, son médecin personnel, inquiet de sa faiblesse extrême, lui avait fait décommander toutes ses audiences, relançant les rumeurs. Le mercredi, le cardinal Pacelli avait proposé au vieil homme fébrile d'ajourner les cérémonies anniversaires du 11 février et s'était heurté à un net refus. La mort lui ravira pourtant ce rendez-vous avec l'Histoire.

Dans les archives secrètes

Selon son entourage, le pape, très affaibli, avait pris froid et ne s'était pas soigné. Selon d'autres, il est mort d'une banale crise cardiaque, peu étonnante chez un homme de 81 ans depuis longtemps malade du cœur. Le cardinal Tisserant, qui fut son jeune collaborateur, s'est, quant à lui, dit convaincu, au soir de sa vie, en février 1972, que Pie XI avait été assassiné sur ordre de Mussolini par le Dr Francesco Petacci, médecin agréé au Vatican et père de la maîtresse du dictateur, qui lui aurait injecté une piqûre fatale !

Toujours est-il que le défunt laisse, sur son bureau, en sus de son projet de discours, le brouillon de l'encyclique *Humani generis unitas* qui l'attend depuis vingt jours. Selon toute vraisemblance, il est mort sans avoir eu le temps de l'étudier. Le camerlingue, qui ordonne de ranger les différents papiers restés sur le bureau du pape après avoir constaté sa mort, est le cardinal Pacelli. Est-il plausible que le pape ne lui ait pas parlé de son projet d'encyclique ? Interrogé par l'ambassadeur italien Mario Pignatti-Morano, qui a eu vent de ce texte par une rumeur venue d'outre-Atlantique, Pacelli aurait répondu :

— Cela restera lettre morte, nous le mettrons dans les archives secrètes.

C'est la tradition : un texte qui ne porte pas formellement la signature du pape est considéré comme nul, cela pour éviter toute manipulation de dernière heure. Pacelli l'a-t-il lu ? Mystère. Il est vrai que l'heure n'est pas à éplucher les dossiers en cours : le camerlingue doit accompagner personnellement dans la chapelle Sixtine les plus hautes personnalités venues s'incliner devant la dépouille de Pie XI, et il doit surtout préparer au plus vite le conclave – un conclave dont il est, en outre, le principal favori !

Le 2 mars, c'est bien Eugenio Pacelli qui est élu pape, dès le troisième tour de scrutin, sous le nom de Pie XII. Interrogé par un proche, deux jours après son élection, sur le sujet du projet d'encyclique, le nouveau pontife confirme qu'il ne sait pas de quoi il retourne, mais qu'il va se renseigner auprès de Ledochowski. Selon toute vraisemblance, Ledochowski mentionne le dossier, parmi d'autres, à Pie XII, lequel a alors bien d'autres soucis en tête, et le transmet, logiquement, aux archives secrètes. Dans l'hypothèse – que nul ne peut écarter – où il aurait pris connaissance du document, il y a fort à parier que le nouveau pape n'aurait pas agi différemment : ce pape très politique, farouchement attaché à ne pas laisser Mussolini rejoindre Hitler dans sa folie guerrière, n'aurait pas risqué de braquer définitivement le Duce contre l'Eglise.

Le lundi de Pâques, le père Mahler, adjoint américain de Ledochowski, informe John LaFarge qu'il va lui rendre « les versions française et anglaise » du projet, et qu'il pourra s'en servir, le cas échéant, pour une publication sur le sujet *à condition de ne faire aucune allusion aux intentions de Pie XI*. Le 10 mai, le père Gustav Gundlach reçoit de sa hiérarchie la version allemande du manuscrit, avec la même faculté de l'utiliser sans en révéler la genèse.

Les deux hommes comprennent alors que « l'affaire a été enterrée », comme l'écrit Gundlach à LaFarge. Et que l'encyclique ne verra jamais le jour.

4

Les silences de Pie XII

Ce qu'on peut vraiment reprocher au pape pendant la guerre

Quid est quod ultra debuimus facere, et non fecimus ?
(Qu'eussions-nous pu faire que Nous n'ayons fait ?)

Pie XII (1952).

Rome, samedi 16 octobre 1943. Il pleut sur la Ville Eternelle occupée, depuis cinq semaines, par l'armée allemande. Le jour n'est pas encore levé. Les rues sont désertes, à l'exception du Lungotevere, au bord du Tibre, où ronflent les moteurs d'une colonne de véhicules bâchés de la SS et de la Waffen-SS. Ces mystérieux préparatifs sont placés sous le commandement du Hauptsturmführer Theodor Dannecker, ancien chef du contre-espionnage nazi à Paris, lui-même aux ordres d'Adolf Eichmann, chef du Département B4 de la Gestapo chargé des affaires juives, et particulièrement, après janvier 1942, de l'acheminement des juifs vers les camps d'extermination. Objectif de la manœuvre : l'élimination physique des 12 000 juifs de Rome.

A 5 h 30, les premiers camions s'ébranlent en direction de l'ancien ghetto de la ville, vers le théâtre Marcello, en face de l'île Tibérine. D'autres partent vers les quartiers du Trastevere et de Testaccio. Munis de listes établies huit jours plus tôt, quelque trois cents soldats vont ouvrir ou enfoncer les portes de centaines d'appartements occupés par des familles juives, tirant du lit hommes, femmes et enfants hébétés. A cette heure matinale, un jour de shabbat, peu de juifs échappent à la rafle. Rares sont ceux qui ont le temps de fuir chez des voisins ou dans une église du quartier, comme San Bartolomeo sur l'île Tibérine.

Entassés dans les camions, 1 259 malheureux – 363 hommes, 689 femmes, 207 enfants – sont bientôt regroupés dans une aile du Collegio Militare, via della Lungara, au pied du Janicule. Ils passeront tout le dimanche dans ce bâtiment sinistre qui côtoie la célèbre prison Regina Cœli, à quelques rues du Vatican. Après vérification d'identité, 237 détenus seront relâchés. Dans la nuit du dimanche au lundi, les mêmes camions emmèneront les 1 020 autres jusqu'à la gare de Roma-Tiburtina, au nord-est de la ville, où ils seront embarqués par groupes de 50 ou 60 dans une vingtaine de wagons de marchandises fermés de l'extérieur. A 14 h 05, le convoi s'ébranlera en direction d'Auschwitz.

Avertie par le coup de téléphone d'une amie ayant assisté à l'arrivée des camions sur les quais du Tibre, la princesse Enza Pignatelli Aragona, une jeune aristocrate ayant ses entrées au Vatican, se précipite très tôt au palais apostolique, ce samedi-là, pour informer le pape. Le valet de chambre la conduit au troisième étage du bâtiment, où Pie XII est en prière dans sa chapelle privée. Le pape, raconte-t-elle, fut « frappé de consternation et révolté » :

— Les Allemands m'avaient pourtant promis qu'ils ne toucheraient pas aux juifs de Rome !

Et Pie XII de téléphoner aussitôt à son secrétaire d'Etat, le cardinal Maglione, pour qu'il convoque en urgence l'ambassadeur allemand Ernst von Weizsäcker, afin de lui demander de stopper ces arrestations. A la surprise de Maglione pris de court, Weizsäcker lui-même suggéra, en toute confidence, que le pape devrait protester contre ce qui se passait : nombre d'Allemands en poste à Rome, sans pouvoir le dire, étaient hostiles à cette radicalisation d'une guerre devenue atroce, et notamment à la déportation des juifs...

— Je ferai ce que je pourrai, dit le pape avant de remercier la princesse et de s'enfermer dans son bureau.

Après réflexion, Pie XII décida de ne pas protester personnellement, mais de le faire par le truchement de l'évêque Aloïs Hudal, recteur de Santa Maria dell'Anima, la paroisse allemande de Rome, qu'il contacta par son neveu Carlo Pacelli. Mgr Hudal, proche des nazis, écrivit aussitôt au général Rainer Stahel, chef du haut commandement militaire à Rome, pour qu'il « donne l'ordre d'arrêter immédiatement ces arrestations ». Stahel transmit l'injonction à Himmler, chef suprême des SS, qui... révoqua aussitôt le général pour faiblesse et l'expédia sur le front de l'Est ! Weizsäcker, de son côté, envoya un télégramme à son ministère berlinois, soulignant que la prise de position de Hudal exprimait bien « la réaction du Vatican face à la déportation des juifs de Rome », et que la prochaine fois, c'est le pape lui-même qui risquait d'intervenir – Maglione le lui avait assuré – et de jeter, devant le monde entier, l'opprobre sur le IIIe Reich...

Vaine menace. Cette intervention musclée de Pie XII, brandie comme un avertissement par le diplomate allemand, n'aura jamais lieu. Certes, le pape est bouleversé de ce qui se passe, mais il a décidé de ne pas engager la papauté dans ce combat. Une protestation spectaculaire, ce jour-là, aurait-elle sauvé la vie des malheureux en partance ? Pie XII aurait-il pu faire reculer Hitler dans sa folle entreprise d'élimination des juifs d'Europe ? Ses détracteurs, aujourd'hui, assurent que oui. Ses défenseurs soutiennent le contraire. Le pape a-t-il, comme l'a dit un diplomate britannique, « sous-estimé sa propre autorité morale » ? Ou bien, plus grave, avait-il des sympathies secrètes pour les nazis ?

Dieu et le droit

Toute sa vie, Eugenio Pacelli eut deux références : Dieu et le droit. Né le 2 mars 1876 à deux pas de la place Saint-Pierre, juste de l'autre côté du Tibre, le futur Pie XII a grandi dans une famille où l'on servait la papauté depuis trois générations : son grand père n'était-il pas le fondateur de *L'Osservatore Romano* ? Quand, à 18 ans, il choisit d'entrer au séminaire, personne ne s'en étonne. Sa sœur Elisabetta dira de lui : « Il est né prêtre. » Si elle avait osé, elle aurait pu ajouter : « Il est né pape. » La vocation de ce surdoué – intelligence aiguë, mémoire exceptionnelle, grande puissance de travail – était bien de servir l'Eglise, au plus haut niveau.

Mais Eugenio Pacelli a aussi été, toute sa vie, un juriste. Comme son grand-père Marcantonio, qui fut avocat à la *Sacra Rota* du temps de Pie IX ; comme son père Filippo, spécialiste du droit canon, qui fut doyen des avocats du Saint-Siège ; comme son frère Francesco, le principal négociateur civil des accords du Latran *(voir chapitre 2)*. En 1901, c'est d'abord un jeune et brillant juriste de 25 ans que recrute le futur cardinal Pietro Gasparri, sous-secrétaire d'Etat au département des Affaires extraordinaires, spécialiste du droit canon, ancien professeur de droit international à l'Institut catholique de Paris.

A cette brillante recrue, Gasparri confie le suivi du dossier français de séparation entre l'Eglise et l'Etat en 1905, puis la préparation du nouveau code de droit canon, mis en chantier secrètement en 1904 et entré en vigueur en 1917. Objectif : coordonner nombre de législations locales, mettre de l'ordre dans un droit concordataire disparate, conforter les Eglises minoritaires en situation difficile, et redonner au pape, privé de toute assise territoriale depuis 1870, une autorité incontestable sur l'ensemble de l'Eglise. Cette idée que la papauté, mise à mal tout au long du XIXe siècle, doit gouverner l'Eglise, ne quittera jamais Pacelli, qui a toujours considéré le pape comme le « vicaire du Christ » sur la terre.

Gasparri lui confie la mise au point du concordat avec la Serbie (1914), l'un des quarante concordats conclus par le Saint-Siège dans le premier tiers du XXe siècle. Devenu nonce à Munich, puis à Berlin, Pacelli négociera trois autres concordats avec la Bavière (1924), la Prusse (1929) et le

Bade (1932). Stimulé cette année-là par la signature des accords du Latran avec l'Italie, il lancera le projet d'un concordat avec le Reich qu'il conclura après sa nomination comme secrétaire d'Etat, le 20 juillet 1933, avec un tout nouveau chancelier allemand désigné le 30 janvier : Adolf Hitler.

Un pacte avec le diable

Le nouveau maître du Reich n'est pas encore le diable. Eugenio Pacelli a passé douze ans en Allemagne, il en parle la langue, il est sensible à sa culture, il en connaît les hommes. Pour lui, Hitler est un personnage peu ragoûtant, mais moins hostile à l'Eglise catholique que ne le fut Bismarck lors du *Kulturkampf*, un demi-siècle plus tôt. Il est convaincu, en outre, que le nouveau chef du Reich a intérêt à pactiser avec l'Eglise catholique et ses 23 millions de fidèles : il convient d'en profiter pour obtenir un maximum d'avantages formels, à la fois pour les chrétiens allemands et pour le Saint-Siège. Quitte à ne pas s'opposer à l'élimination du Parti démocrate-chrétien Zentrum, seul véritable obstacle politique à la progression électorale des nazis. N'est-ce pas le lâchage de son équivalent italien, le Parti populaire de don Sturzo, qui a permis la signature des accords du Latran ?

Hitler accède, par son négociateur von Papen, à toutes les demandes du Vatican. Pour le chancelier, qui n'a aucunement l'intention d'appliquer ces accords, le paraphe de Pacelli vaut reconnaissance de son régime, et c'est l'essentiel. L'encre des signataires n'est pas sèche que Hitler se félicite cyniquement du résultat devant son Conseil des ministres : le concordat crée, dit-il, une confiance « qui sera particulièrement significative dans la lutte pressante contre la juiverie internationale » ! Le 22 juillet, dans une lettre au parti nazi, il explique que le concordat signifie que l'« Eglise catholique reconnaît l'Etat national-socialiste ».

C'est en juriste minutieux, en revanche, que le cardinal Pacelli a géré cet accord fondamental. Le secrétaire d'Etat avait peu d'illusions sur son respect par les nazis, mais il a souvent expliqué qu'un tel concordat, précisément, « constituait une base pour fonder nos protestations ». Dans *L'Osservatore Romano* des 26 et 27 juillet, il répond aux rodomontades du Führer, assurant que c'est l'Etat allemand, par sa signature, qui « reconnaît et accepte sans réserve la loi de l'Eglise ». Croit-il à ce qu'il dit ? A l'ambassadeur britannique Ivone Kirkpatrick, qu'il reçoit en août, il ne cache pas sa « répugnance » à l'égard de Hitler, déplore à haute voix « la persécution des juifs », et admet avoir signé le concordat sans marge de manœuvre, « un pistolet braqué sur la tempe ».

C'est clair : le futur pape considère qu'il faut chercher à tout prix l'accord avec le nouveau pouvoir allemand. Il n'en démordra pas pendant les six années de tensions, de coups de force et de lâchetés qui mèneront à la guerre. Pendant ces six années, comme le raconte dans ses Mémoires l'ambassadeur français François Charles-Roux, le pape Pie XI et son secrétaire d'Etat ne cesseront de polémiquer avec les dirigeants du Reich sans se priver, parfois, de gestes forts – comme la mise à l'index du livre d'Alfred Rosenberg, doctrinaire du régime, en février 1934, ou la publication de l'encyclique *Mit brennender Sorge* condamnant le nazisme, en mars 1937. Les catholiques français entendent le cardinal Pacelli, à Lourdes, en 1935, s'en prendre aux idéologies « possédées par l'idolâtrie de la race et du sang ». A Notre-Dame de Paris, en 1937, il parle de « cette grande et noble nation que de mauvais bergers égarent sur les chemins dévoyés de l'idéologie de la race ». Pour Pacelli, la ligne est claire : il s'agit de dire les choses avec fermeté, mais sans provoquer la rupture avec le Reich.

Empêcher la guerre

Le 1er mars 1939, lorsque vient l'heure de remplacer feu le pape Pie XI, la plupart des diplomates français et britanniques ne cachent pas leur préférence pour la candidature du cardinal Pacelli qui, effectivement, est élu très rapidement, à l'âge de 63 ans. « Le choix du cardinal Pacelli est excellent », télégraphie François Charles-Roux à son ministre Georges Bonnet. En revanche, en Allemagne, le *Berliner Morgenpost* n'est pas le seul à écrire : « L'élection de Pacelli n'est pas reçue avec faveur en Allemagne, car il a toujours été hostile au national-socialisme. » A la grandiose cérémonie du couronnement de Pie XII, à Rome, l'Allemagne est le seul pays à ne pas envoyer de représentant.

Une fois élu, Pacelli n'a qu'une idée : tout faire pour empêcher la guerre. Avant même d'être couronné, le nouveau pape a convoqué les quatre principaux prélats de langue allemande (les cardinaux Faulhaber, Innitzer, Bertram et Schulte) pour leur signifier qu'il entend s'occuper personnellement des relations avec le Reich. Il concocte avec eux le télégramme par lequel il redit à Hitler sa « profonde et bienveillante amitié envers le peuple allemand ». La tactique est limpide : ce n'est pas en provoquant Hitler qu'on le ramènera à la raison.

C'est d'autant plus vrai que Pie XII, en mai 1939, croit encore pouvoir empêcher la guerre par des moyens diplomatiques. Dans ses Mémoires, l'ambassadeur Charles-Roux raconte qu'il y consacre l'essentiel de son temps : contacts tous azimuts, mobilisation des nonces, proposition d'une conférence des cinq gouvernements concernés – Italie, Allemagne, Pologne, France, Grande-Bretagne – qui pourrait même, si ceux-ci le souhaitaient, être hébergée par le Vatican. Pour des raisons différentes, les cinq réponses furent aussi courtoises que négatives. La réponse du chancelier Hitler, en particulier, est totalement rassurante sur les objectifs de l'Allemagne : celle-ci, explique personnellement le Führer au nonce Cesare Orsenigo, n'a aucunement l'intention de déclencher la guerre...

Un « chef-d'œuvre d'hypocrisie », commente Charles-Roux. Le pape n'est pas dupe. Il connaît trop les Allemands pour baisser la garde. Si le Reich n'envisage pas la guerre, alors pourquoi conclut-il, le 22 mai, un traité d'alliance militaire avec l'Italie, spectaculairement intitulé « Pacte d'acier » ? La conviction du pape, c'est que les Italiens ne veulent pas de la guerre, mais qu'ils risquent fort d'y être entraînés malgré eux. Dans son message radiophonique du 24 août 1939, prononcé depuis Castel Gandolfo, Pie XII en appelle encore aux cinq gouvernements – il veut surtout convaincre l'Italie que la guerre n'est pas inéluctable – pour qu'ils résolvent leurs conflits par des tractations loyales :

— Par le sang du Christ, il est encore temps ! Rien n'est

perdu tant que la paix subsiste. Par la guerre, tout peut être perdu !

Le pape croit que s'il a encore une petite chance de sauver la paix, c'est à la condition de rester au-dessus des belligérants. Il se rappelle parfaitement qu'en 1914-1918, son prédécesseur Benoît XV s'était arc-bouté, lui aussi, sur sa position de neutralité, gardant ainsi sa liberté d'intervenir – au prix de mille critiques et insultes de la part des uns et des autres. Lui aussi subit pressions et reproches, mais il ne cède pas.

Après le début de la guerre, en septembre 1939, le pape poursuit deux objectifs. D'une part, il lance l'Eglise dans un vaste programme d'aide aux victimes civiles du conflit : réfugiés, déportés, internés, etc. Il avait été en première ligne, sur ce terrain, lors de la guerre précédente. Et il entend que la neutralité du Saint-Siège lui facilite cette tâche. Pie XII aligne d'ailleurs sa position sur celle de la Croix-Rouge internationale qui sera maintenue, elle aussi, jusqu'au-delà du raisonnable : lorsque, à l'automne 1942, les dirigeants du CICR seront dûment informés des atrocités nazies et des déportations de juifs, ils décideront de rester neutres coûte que coûte et de ne pas faire de déclaration publique, de peur de compromettre leur action humanitaire.

D'autre part, sur le plan diplomatique, Pie XII fait tout ce qu'il peut pour dissuader Mussolini d'entrer en guerre aux côtés du Reich, à coup de lettres ronflantes vantant outrageusement l'infinie sagesse du Duce ! Peine perdue, là encore. Pie XII, dira le diplomate britannique Andrew Noble, tentait « d'exorciser le diable avec des mots doux ». Ses protestations mesurées, ses condamnations feutrées, ses dénonciations ambiguës – comme ce « poignant cri de douleur » que lui inspire « la Pologne, nation bien-aimée », glissé dans son encyclique *Summi pontificatus* d'octobre 1939 – n'auront servi à rien. Non plus que la spectaculaire et solennelle visite qu'il rend au roi d'Italie le 28 décembre, au Quirinal, dont il sort en souhaitant que l'Italie puisse contribuer à « ramener la paix » en Europe...

Un complot contre Hitler

Pie XII a-t-il manqué de lucidité ? Peut-être. De courage ? Certes, non. Il lui est même arrivé de prendre de grands risques. Ainsi, dans les premiers jours de novembre 1939, le pape apprend de la bouche de son secrétaire, le jésuite Robert Leiber, qu'un groupe d'officiers et de soldats de l'Abwehr réunis autour du général Ludwig Beck, ancien chef d'état-major de l'armée allemande, nourrit le projet de renverser Hitler. Les conjurés entendent déposer le dictateur, arrêter la guerre et revenir progressivement à un Etat de droit. Encore leur faut-il l'assurance que les Alliés n'en profiteront pas pour écraser le Reich ainsi décapité, et qu'ils ne reviendront, au moins dans un premier temps, ni sur l'annexion de l'Autriche ni sur les accords de Munich. Dans l'équipe des comploteurs figure un agent de l'ombre, Hans Oster, qui a connu Pacelli quand il était nonce à Munich. C'est lui qui propose d'utiliser secrètement le pape comme intermédiaire, *via* un avocat catholique bavarois, Joseph Müller, qui contactera un des rares confidents du pontife, l'ancien politicien allemand Ludwig Kass, ecclésiastique de son état et proche du père Leiber.

Informé par Leiber et Kaas le 5 novembre, le pape ne prévient personne, pas même son secrétaire d'Etat Luigi Maglione, et fait savoir à Müller, dès le lendemain, qu'il est prêt à « faire tout ce qu'il peut ». Le représentant britannique auprès du Saint-Siège, D'Arcy Osborne, est sondé une première fois par Kaas le 1er décembre, puis à nouveau le 8 janvier 1940. Son ministre, Edward Halifax, dûment informé le 17 janvier, demande des éclaircissements. Le 6 février, dans le plus grand secret, Osborne est reçu personnellement par Pie XII, qui lui confirme les informations sur le complot, mais lui fait aussi comprendre qu'il serait fou, pour lui et pour l'Eglise, d'aller plus avant, et que son rôle s'arrête là. Le 17 février, par lettre à Osborne, Halifax temporise et exige à nouveau du pape des informations plus précises...

Les hésitations des Britanniques, sceptiques, et leur souhait d'associer les Français à leur réflexion sur les garanties à donner aux mystérieux comploteurs, laisseront l'affaire s'enliser quelque part entre Londres et Berlin. Au grand soulagement du secrétaire du pape, le père Robert Leiber, qui considérait – non sans raison – que le risque pris par le Saint-Père était beaucoup trop grand : quelle eût été la réaction de Hitler en apprenant que Pie XII trempait personnellement dans un complot fomenté contre lui ?

Il est un autre épisode de la guerre où Pie XII montra un incontestable courage personnel. Le 19 juillet 1943, les dirigeants alliés ordonnent une opération militaire risquée que le pape redoutait depuis des mois : le bombardement de Rome. Ce matin-là, à partir de 11 heures, quelque cinq cents bombardiers américains fondent sur la capitale italienne – sur ses gares ferroviaires, ses dépôts de matériels, mais aussi ses immeubles civils, ses églises, ses rues – faisant des centaines de victimes civiles.

A 16 h 30, Pie XII se rend en voiture dans le quartier de l'antique basilique Saint-Laurent à demi détruite – un état-major allemand avait installé son QG à cent mètres de la basilique – et se mêle à la foule hébétée, flanqué de Mgr Montini en soutane noire. Max Bergerre, correspondant de l'agence Havas – qui ne s'appelle pas encore l'AFP – auprès du Saint-Siège, raconte : « Alors que, près de la gare centrale, je vis les premiers rescapés du quartier Saint-Laurent, le visage noirci par la fumée, et traînant des chars à bras où ils avaient entassé des matelas et quelques pauvres objets, j'appris que le pape était sorti, accompagné de Mgr Montini, pour aller sur les décombres fumants bénir les morts et les mourants [...]. Il en revint, comme on sait, les vêtements maculés de sang. » Ce jour-là, des femmes en pleurs apostrophent le pape :

— *Padre Santo, dateci la pace ! La Pace ! Non ne possiamo piu !* (Saint-Père, donnez-nous la paix ! La paix ! Nous n'en pouvons plus !)

Cette image restera dans les esprits, tout comme les efforts accomplis par le pape, en mai et juin 1944, pour que le gouvernement italien proclame Rome « ville ouverte », renonçant à la défendre par les armes, mais lui épargnant mille et une destructions lors de sa reconquête par les Alliés. Le 5 juin, alors que l'armée du général Juin pénètre dans Rome, plusieurs centaines de milliers de Romains confluent vers la place Saint-Pierre pour célébrer Pie XII, nouveau *defensor civitatis*, sauveur de la Ville Eternelle.

« Enlevez le pape ! »

Ce n'est donc pas la peur qui explique les silences de Pie XII. La « prudence » du pape, qui lui vaudra plus tard tant de critiques, tient à une première raison majeure : la crainte des représailles. Non pas pour lui-même, on l'a compris. Encore que, en ce sinistre automne 1943, l'hypothèse d'un déferlement de soldats de la SS dans les couloirs du Vatican ne fût pas une fiction.

Trois mois plus tôt, au lendemain de l'éviction de Mussolini par le Grand Conseil fasciste, le 25 juillet, Adolf Hitler, très énervé, a réuni son conseil militaire pour lui annoncer qu'il entendait désormais occuper Rome, libérer Mussolini et... enlever le pape Pie XII. La brutale mise à l'écart de Mussolini, selon lui, est due à un complot du Vatican aidé par la Maison de Savoie. Le pape est devenu un ennemi, il faut donc s'en débarrasser :

— Pensez-vous que le Vatican m'impressionne ? [...] Nous mettrons dehors cette bande de porcs ! [...] Et puis nous nous excuserons après coup, je m'en fiche complètement !

Hitler craignait surtout que les Alliés, s'ils devaient reprendre la ville, n'utilisent le pape à leur profit. Les deux premiers points de son programme furent remplis le 10 septembre : Rome, occupée ; Mussolini, libéré. Trois jours plus tard, le général Karl Friedrich Otto Wolff, 43 ans, commandant en chef de la SS et de la police allemande en Italie, est convoqué au QG de Hitler, en Prusse-Orientale. Ordre du jour de l'entretien : « Occupation du Vatican et transfert du pape Pie XII, ainsi que la Curie, au Liechtenstein. » Un projet ultraconfidentiel, pour lequel Wolff ne devra en référer qu'à Himmler.

Le général de la SS explique alors à son Führer que ses hommes, à Rome, ont déjà beaucoup de travail, et qu'il ne peut envisager l'opération « avant quatre à six semaines ». A son retour, Wolff se met au travail et imagine l'invasion nocturne de la Cité du Vatican par des SS déguisés en soldats italiens sur lesquels porterait, le cas échéant, la responsabilité de la mort du pontife.

Début décembre 1943, Hitler rappelle Wolff à l'ordre : où en est le projet d'enlèvement du pape ? Le chef de la SS lui explique que tout est prêt, mais qu'il a des réserves : l'Eglise catholique est « la seule autorité incontestée et inattaquée en Italie », enlever le pape « causerait une réaction extrêmement négative » qui gênerait l'effort de guerre des nazis en braquant la population contre les soldats, etc. Hitler, perplexe, finit par abandonner le projet – au grand soulagement de l'officier de la SS.

Le pape savait tout cela. Inquiet des conséquences vertigineuses d'une telle opération, Wolff avait décidé d'alerter secrètement sa victime par le biais du recteur du Collège allemand, le père jésuite Ivo Zeiger. Dans la plus grande discrétion, Pie XII avait convoqué quelques cardinaux pour les avertir du danger. Quelques amis du pape, mis dans le secret, réfléchirent à une exfiltration vers l'Espagne. Quelques membres de son entourage se préoccupèrent de microfilmer les documents les plus brûlants et de les expédier au nonce à Washington, Mgr Amleto Cicognani. Mais surtout, une règle fut émise : en cas d'enlèvement, le pape serait automatiquement démissionnaire et redeviendrait cardinal, afin de ne pouvoir être utilisé contre son gré par ses geôliers.

La peur des représailles

Les représailles qui hantent alors le sommeil du pape sont d'une autre nature et d'une autre ampleur. Son plus vif souvenir, d'abord, remonte au mois de juillet 1934. A l'époque où Hitler envisage de rattacher l'Autriche au Reich, Pacelli mène, pour le compte de Pie XI, une diplomatie active pour que l'« Autriche reste l'Autriche ». Il est bien le seul : Français et Anglais se détournent pudiquement de ce qui s'annonce comme un véritable hold-up international, et les sociaux-démocrates autrichiens sont favorables à l'Anschluss. Seuls les catholiques locaux résistent aux sirènes du Reich et obtiennent, par l'action du chancelier Dollfuss, proche du Vatican, que l'affaire soit soumise à référendum. Hitler riposte par une série d'attentats spectaculaires et meurtriers, contre lesquels le Vatican s'insurge : *L'Osservatore Romano* dénonce ce « terrorisme de marque nazie » qu'il attribue à « des hypocrites du patriotisme, des pirates, des bandits, des citoyens détestables, des hors-la-loi » et des « crapules qui, par rage, entendent imposer leur doctrine politique par la violence ». Le 25 juillet, un nouvel éditorial de *L'Osservatore Romano* fustige « la barbarie érigée en méthode de politique internationale ». Trois jours plus tard, les nazis font descendre leurs partisans dans les rues de Vienne, et assassinent le chancelier Dollfuss. Stupeur au Vatican où, « avec la plus profonde amertume et la plus vive douleur », Pacelli dénonce solennellement cet « abominable assassinat ». L'événement marquera durablement le futur pape.

Le deuxième souvenir date de juillet 1942. Lorsque les

informations sur la Solution finale ont commencé à affluer de façon concordante, au début de cet été-là, la question s'est posée, une fois encore, d'une protestation solennelle du pape. Quelques ecclésiastiques avaient commencé à faire pression sur le Saint-Siège. Les représentants des Alliés résidant au Vatican, le Britannique Francis D'Arcy Osborne et l'Américain Harold Tittmann, tout en confirmant les premières révélations sur la déportation massive des juifs d'Europe dans des camps d'extermination, avaient poussé en ce sens :

— Cela ne ferait qu'empirer les choses, leur avait répondu le secrétaire d'Etat Maglione.

Aux Pays-Bas, on ne l'entendait pas de cette oreille. Le dimanche 26 juillet 1942, Mgr Johannes De Jong, archevêque d'Utrecht et primat de l'Eglise hollandaise, fit lire dans toutes les églises de son territoire une lettre pastorale protestant avec force contre les premières déportations de juifs aux Pays-Bas. Cette lettre provoqua aussitôt une sévère vague de représailles : le 2 août, les nazis arrêtèrent et déportèrent tous les catholiques hollandais « non aryens », c'est-à-dire d'origine juive – dont une certaine Edith Stein, philosophe, carmélite et future sainte, qui meurt ainsi, avec sa sœur Rosa, dès son arrivée à Auschwitz le 9 août 1944.

Selon sa gouvernante, sœur Pasqualina, le pape était sur le point de transmettre à *L'Osservatore Romano* un document de deux feuillets « condamnant l'action de Hitler » lorsque lui parvint la nouvelle de la déportation brutale de « 40 000 » personnes (le chiffre était nettement exagéré) en Hollande à la suite de l'intervention de l'archevêque d'Utrecht. « Pâle comme la mort », le pape renonça à toute protestation solennelle et demanda à son collaborateur Giovanni

Battista Montini de détruire son brouillon de texte, au cas où les fascistes, un jour, investiraient le palais apostolique.

Le message radiophonique de Noël 1942

A partir de l'été 1942, les chancelleries européennes disposent d'informations de plus en plus précises sur les camps d'extermination. En juillet, le nonce à Vichy a dûment informé le Saint-Siège des rafles ayant touché 42 000 juifs sur le territoire français. En octobre, l'agent polonais Jan Karski fait parvenir aux gouvernements des Etats-Unis et de Grande-Bretagne, *via* le général Sikorski, émigré à Londres, un rapport très documenté sur l'extermination des juifs en Pologne.

Mais à Washington comme à Londres, personne ne réagit. Pis : les informations convergentes sur le drame des juifs en Europe inquiètent les dirigeants et stratèges alliés qui craignent de voir parasiter leur effort de guerre. Ni Roosevelt, ni Churchill – pas plus que le général de Gaulle – n'ont jamais imaginé que cette affaire juive, pour horrible qu'elle fût, pourrait les détourner de leur but : d'abord, et avant tout, vaincre l'Allemagne ! Pour la totalité des chefs occidentaux, le drame vécu par les juifs d'Europe s'inscrit dans cette logique toute simple :

— Si on gagne la guerre, la question des juifs sera résolue !

Il reste que, dans l'esprit de Roosevelt et Churchill, une intervention du pape contre les horreurs perpétrées par Hitler ne pourrait qu'affaiblir celui-ci. Les informations persistantes sur le drame juif pourraient servir à cela. Le

19 septembre 1942, l'industriel Myron Taylor, envoyé spécial du président américain au Vatican, est reçu par le pape auquel il s'adresse sans ambages : l'heure n'est plus aux compromis, il ne faut plus rien laisser passer aux nazis, tout doit être subordonné, désormais, à un seul but commun : gagner la guerre ! Le pape ne pourrait-il pas, dans cet esprit, condamner avec force les atrocités commises par les nazis ? Mgr Tardini, secrétaire de la Congrégation des affaires extérieures, qui assiste à l'entretien, lève les yeux au ciel :

— Que le Saint-Père condamne le nazisme ? Mais il ne ferait que se répéter !

De son côté, le 18 décembre, l'ambassadeur britannique Osborne remet un dossier complet sur les camps à Mgr Tardini, en lui suggérant que le pape s'en inspire pour son traditionnel message de Noël, radiodiffusé dans le monde entier. Dans les jours qui suivent, Pie XII rédige plusieurs brouillons avant de lire au micro son message radiophonique du 24 décembre, un texte de vingt-six feuillets à la fin duquel il fait allusion aux « centaines de milliers de personnes qui, sans aucune faute de leur part, parfois seulement en raison de leur nationalité ou de leur race, sont vouées à la mort ou à l'extinction progressive »...

Aux yeux du pape et de son entourage, l'essentiel est dit : « Ce fut court, mais cela a été bien compris », écrira plus tard Pie XII à Mgr von Preysing, l'archevêque de Berlin, qui le pressait de sortir de sa « réserve ». Aller plus loin, estime le pape, ce serait « prendre parti ». Ce serait engager l'Eglise pour les uns, contre les autres. La problématique est cruciale : si le pape peut encore éviter de s'engager explicitement auprès des Alliés contre les Allemands, peut-il ne pas prendre position pour les juifs contre leurs bourreaux ? Pie XII le juriste, Pie XII le diplomate, s'en tient à ses propos génériques et à sa position de neutralité internationale, sûr qu'elle sera utile à tout le monde quand le conflit sera terminé. Il n'ira pas au-delà de ce que commande la raison politique.

Américains et Britanniques le confortent dans sa prudence, *a contrario*, lorsqu'ils réunissent le 19 avril 1943, aux Bermudes, une conférence internationale sur le « problème des réfugiés » – c'est-à-dire sur les populations juives déplacées ou en fuite. Car ce jour-là, délibérément, leurs représentants décident... de ne pas porter assistance aux juifs, ni financièrement, ni matériellement. Sans tambour ni trompette, les délégués se séparent en adoptant la consigne du Département d'Etat : aucune mesure concrète, aucun plan de sauvetage, pas même l'assouplissement des restrictions à l'immigration aux Etats-Unis ou en Angleterre. Surtout, ne rien faire.

Le jour même où s'ouvrait la conférence des Bermudes, les résistants juifs du ghetto de Varsovie déclenchaient l'insurrection de leur communauté sacrifiée, jouant le tout pour le tout. Ils périront presque tous dans l'indifférence du monde. Membre du Conseil polonais en exil, envoyé spécial du Bund, le dirigeant juif Szmul Zygielbojm se suicide à Londres le 12 mai 1943, non sans expliquer son geste par l'immobilisme des Alliés face au drame de ses coreligionnaires.

A Rome, le pape est bien informé. Et sur le drame du ghetto de Varsovie, et sur les conclusions de la conférence des Bermudes. De nouvelles informations venues de Pologne, le 5 mai, l'ont convaincu de la terrible réalité des chambres à gaz. Le 2 juin 1943, devant l'assemblée des cardinaux, Pie XII exprime à nouveau sa « compassion » envers ceux qui « à cause de leur nationalité ou de leur race, se trouvent livrés à des mesures d'extermination ». Il ne prononce pas le mot « juif ».

Quelques mois plus tard, à Rome, c'est sous ses fenêtres, ou presque, que les SS opèrent la rafle du 16 octobre 1943. C'est l'occasion ou jamais, pour le pape, de sortir de sa « réserve ».

Des milliers de juifs cachés au Vatican

Or, précisément, les conséquences de la grande rafle de Rome renforcèrent le pape dans son angoisse des représailles dramatiques qu'il pourrait provoquer en attaquant directement et publiquement Hitler. Dès le début de la rafle, des milliers de juifs italiens se cachèrent dans les innombrables institutions religieuses de Rome dépendant du Vatican en espérant que les Allemands en respecteraient l'exterritorialité comme ils l'avaient fait jusqu'alors. Notamment après la « Déclaration de la race » de l'été 1938 et ses suites législatives qui virent des centaines de juifs romains chassés de leurs postes : Pacelli, alors secrétaire d'Etat, avait permis à nombre d'entre eux de retrouver du travail à l'ombre de l'institution, à la Bibliothèque vaticane ou à Radio Vatican. Ce fut le cas du cartographe Roberto Almagia, du juriste Giorgio del Vecchio ou de l'islamologue Tullio Levi-Civita. Il en aida d'autres, munis des certificats d'immigration nécessaires, à retrouver un poste en Amérique, comme le médecin Guido Mendes ou le physicien Vito Volterra.

Autres temps, autres mœurs : cette fois, la guerre fait rage, l'armée allemande occupe l'Italie, et c'est toute la communauté juive qui est visée. De nombreux témoignages attestent que Pie XII encouragea personnellement les monastères, séminaires, églises, congrégations, bibliothèques, hôpitaux, universités ou refuges de pèlerins à ouvrir leurs bâtiments, y compris certains couvents cloîtrés. Des institutions comme les Sœurs de l'Assomption ou Notre-Dame-de-Sion accueillirent des dizaines de mères juives avec leurs filles et parfois, discrètement, leurs petits garçons. Le grand rabbin de Rome, Israel Zolli, qui avait souvent mis en garde sa communauté contre le danger qui la guettait, se précipita dans un refuge catholique avec sa femme et sa fille, avant d'être hébergé dans l'enceinte du Vatican.

Au total, selon l'historien Michael Tagliacozzo, 477 juifs furent hébergés à l'intérieur du Vatican, et plus de 4 000 dans des institutions et bâtiments appartenant à l'Eglise. Dans l'enceinte de Castel Gandolfo, la résidence d'été du pape, qui domine le lac d'Albano, près de 3 000 autres juifs trouvèrent refuge jusqu'à la fin de la guerre. Environ 80 % de la communauté juive de Rome fut ainsi préservée du pire.

Nombre de prélats proches de Pie XII imitèrent son exemple et déployèrent une grande énergie pour protéger des familles juives, tels l'archevêque de Gênes, l'évêque d'Assise ou le nonce à Istanbul, un certain Angelo Roncalli dont personne n'imaginait alors qu'il succéderait à Pie XII, sous le nom de Jean XXIII.

Pie XII craignait avant tout qu'une intervention ostentatoire de sa part ne provoque en représailles le déferlement des SS dans tous ces établissements surveillés de près par la Gestapo. L'attentat communiste de la via Rasella, le 23 mars 1944, qui coûta la vie à 33 soldats allemands, n'avait-il pas été aussitôt suivi par l'exécution sommaire de 335 Italiens dans les fosses Ardéatines ? Le pape savait qu'une seule colère d'Adolf Hitler pouvait déclencher une catastrophe : que pèse la clôture d'un couvent ou la porte d'une église face à un commando d'hommes en armes, appuyés par quelques chars ?

Il fit partager son inquiétude, par courrier, à plusieurs nonces directement concernés par le sujet, en leur enjoignant de ne pas provoquer inutilement les nazis par des déclarations trop violentes. En Hongrie, où le pape ménagea jusqu'au bout l'amiral Horthy, cette stratégie fut payante et permit au nonce en poste à Budapest, Mgr Angelo Rotta, d'éviter à plus de 3 000 juifs locaux une déportation sans retour. Mais comment tirer le bilan global de cette stratégie insoutenable ?

Dans une de ses nombreuses lettres personnelles à Mgr von Preysing, évêque de Berlin, Pie XII avait expliqué clairement, en avril 1943, son attitude cornélienne : « Rarement Dieu avait imposé une charge aussi lourde sur les épaules d'un pape [...]. Jour après jour parviennent à notre connaissance des actes inhumains qui n'ont rien à voir avec les nécessités de la guerre et qui nous remplissent de stupeur et d'effroi. [...] En ce qui concerne les déclarations épiscopales, nous laissons aux pasteurs en fonction sur place le soin d'apprécier si, et dans quelle mesure, le danger de représailles et de pression [...] conseillent la réserve – malgré les raisons qu'il y aurait d'intervenir – afin d'éviter des maux plus grands. C'est l'un des motifs pour lesquels, nous-mêmes, nous nous imposons des limites dans nos déclarations. »

Tels sont les faits. Il est regrettable que les polémiques outrancières, souvent haineuses, qui accompagnent aujourd'hui toute évocation de Pie XII soient, en général, très éloignées de ces données historiques, tout comme le fut en 1963 la pièce *Le Vicaire*, du jeune auteur allemand Rolf Hochhuth, qui changea durablement l'image de ce pape.

Pie XII ne fut ni pronazi ni antisémite, comme le laissent entendre ses détracteurs. Ses déclarations, ses gestes l'attestent. Mais en des temps particulièrement troublés où tout acte politique pesait son poids en vies humaines, ce pape fut davantage diplomate que prophète. Dès 1951, l'écrivain catholique François Mauriac avait posé la question, dans ses termes les plus justes, dans sa préface au livre *Le Bréviaire de la haine*, de Léon Poliakov : « Nul doute que l'occupant n'ait eu des moyens de pression irrésistibles et que le silence du pape et de sa hiérarchie n'ait été un affreux devoir ; il s'agissait d'éviter de pires malheurs. Il reste qu'un crime de cette envergure retombe pour une part non médiocre sur tous les témoins qui n'ont pas crié, et quelles qu'aient été les raisons de leur silence. »

5

L'affaire Finaly

Quand le pape et les juifs se disputaient les enfants de la guerre

> « C'est une nouvelle affaire Dreyfus que vous m'apportez là ! »
>
> Cardinal Gerlier (septembre 1952).

Paris, 20 juillet 1946. A l'angle de l'avenue du Président-Wilson, une agitation inhabituelle gagne le premier étage de l'immeuble cossu qui fut naguère l'hôtel du prince de Monaco, et qui est devenu, vingt ans plus tôt, l'ambassade du Saint-Siège. Le nonce apostolique, Mgr Angelo Roncalli, vient de recevoir une lettre provenant du Consistoire central des juifs de France. Elle est signée de Léon Meiss, président, et Isaïe Schwartz, grand rabbin. Cette missive, à elle seule, est un événement : à cette époque, les contacts officiels entre juifs et chrétiens sont quasiment inexistants.

Le propos de la lettre est avenant. Les deux responsables de la communauté juive transmettent au représentant du pape en France les remerciements du grand rabbin de Palestine, Izaac Herzog, pour tous les prêtres et les catholiques en général qui ont sauvé des vies juives pendant l'Occupation. Puis le ton change : deux ans après la Libération, s'indignent les signataires, des enfants israélites sont toujours hébergés dans des institutions religieuses catholiques qui se refusent à les rendre aux œuvres juives...

Le nonce est au courant. Les années qui ont suivi la fin de la guerre – et pas seulement en France – ont vu bien des imbroglios opposer des familles, déchirer des consciences et mobiliser des tribunaux à propos d'enfants juifs cachés par des catholiques et laissés sans nouvelles de leurs vrais parents disparus dans les camps nazis. Certains de ces enfants devenus orphelins ont été adoptés par leur famille d'accueil. Parfois ils ont été baptisés alors qu'ils étaient tout petits. Parfois ils ont adhéré consciemment au christianisme. Certains, privés d'horizon, sont restés dans leur couvent ou leur monastère et ont embrassé la voie religieuse. D'autres ont fait l'objet de vives tractations entre leurs sauveteurs et ce qui restait de leur famille d'origine.

Roncalli a demandé l'avis du Saint-Siège. La « sainte et suprême congrégation » du Saint-Office lui a envoyé, datée du 23 octobre 1946, la traduction française d'une note confidentielle rédigée un mois plus tôt par Mgr Domenico Tardini, secrétaire aux Affaires extérieures du Saint-Siège. Le document, qui a été « soumis à l'auguste approbation du souverain pontife », appelle d'abord à la « prudence » dans les contacts avec les juifs, mais précise clairement que « les enfants qui ont été baptisés ne peuvent être confiés aux institutions qui ne seraient pas à même d'assurer leur éducation chrétienne » et, plus loin, que « si leurs parents les réclament, pourvu que les enfants n'aient pas reçu le baptême, ils pourront être rendus ».

A contrario, le baptême est un sacrement qui implique *obligatoirement* une éducation chrétienne. La doctrine de l'Eglise, sur ce point, date du concile de Tolède en 633. A lire la note de Mgr Tardini, elle n'a pas varié.

Les deux baptisés de La Tronche

Parmi les dossiers cités dans la lettre des deux éminents dirigeants juifs figure celui des frères Finaly. Robert (né en 1941) et Gérald (né en 1942) sont les fils de Fritz et Anni Finaly, un couple de juifs autrichiens qui avaient fui le Reich après l'Anschluss et s'étaient provisoirement installés à La Tronche, près de Grenoble. Les parents, qui ont circoncis leurs deux bébés alors prénommés Ruben et Guedalya, les ont cachés dans la pouponnière de Meylan juste avant leur départ forcé pour Drancy le 14 février 1944. Peu de temps après, ils ont été embarqués dans un train pour Auschwitz. Ils n'en sont pas revenus.

Les deux enfants, restés seuls, ont été transférés par une amie des Finaly chez les religieuses de Notre-Dame-de-Sion, à Grenoble, mais ils sont trop petits pour être élevés dans un couvent : les sœurs les envoient à la crèche municipale de la ville dont elles connaissent bien la directrice, Mlle Antoinette Brun. Cette femme au caractère bien trempé, aussi généreuse que courageuse, a déjà adopté cinq enfants avant la guerre, et caché neuf enfants juifs – au péril de sa vie – dans le château de Vif, où les deux petits Finaly resteront jusqu'à la Libération.

Aussitôt après la fin de la guerre, deux sœurs de Fritz Finaly – Margarete Fischl, résidant en Nouvelle-Zélande, et

Hedwige Rosner, qui habite en Israël – s'adressent au maire de La Tronche et demandent à récupérer Robert et Gérald par le truchement de l'Œuvre de secours aux enfants (OSE), l'une des organisations juives qui recherchent assidûment les enfants cachés ou disparus, dont elle estime le nombre à 3 000. Certaines de ces institutions, comme le Service d'évacuation et de regroupement des enfants (SERE), ne cachent pas que leur but est de faire partir tous ces jeunes pour la Palestine, où le nouvel Etat juif a besoin de bras. La question du sionisme, très controversée à l'époque, divise les juifs de France et heurte le monde catholique.

Les deux tantes obtiennent une réponse dilatoire. Puis une belle-sœur de Fritz Finaly, Augusta, qui rentre en Autriche, fait un détour par Grenoble et rend visite aux enfants, accompagnée par une représentante de l'OSE. Mlle Brun lui explique qu'elle entend continuer d'élever les petits. En novembre 1946, elle se fait nommer légalement tutrice des deux gamins « à titre provisoire » et fait traîner les choses, espérant que le temps jouera en sa faveur, que les tantes du bout du monde abandonneront leurs démarches, et qu'elle finira par adopter ceux qu'elle a inscrits à l'école sous le nom de Robert et Gérald « Brun ».

Que ces deux petits garçons qui l'appellent « maman » soient destinés à embarquer avec des inconnus pour Israël, un petit pays en guerre où ils n'ont aucune attache et dont ils ne parlent pas la langue, voilà qui révolte la brave Mlle Brun, comme tout son entourage. A l'époque, la grande majorité des Français – catholiques ou non – estime que tous ces enfants juifs qui ont connu l'insouciance, la sécurité et l'amour dans des familles d'accueil ne devraient pas être renvoyés à la misère, à la précarité et au malheur qu'incarnent aussi bien les rescapés des camps que leurs familles souvent ruinées et dispersées.

En mars 1948, au motif d'assurer le salut de ses petits protégés, la très croyante demoiselle prend, seule, une décision lourde de conséquences : à l'insu de leurs tantes lointaines qui, pendant ce temps, multiplient les démarches administratives pour qu'on leur rende enfin les deux garçons, elle fait baptiser ceux-ci dans la religion catholique. Elle sait, pourtant, qu'ils ont été circoncis à la naissance. Elle leur choisit une marraine catholique, épouse d'un fourreur juif qu'elle a caché, lui aussi, pendant la guerre : Mme Eliascheff n'a rien à refuser à celle qui a permis à son mari d'échapper aux rafles et à la déportation. Les enfants sont baptisés dans l'église de Vif le 28 mars 1948.

Baptiser des enfants juifs, en soi, n'a rien de choquant. A l'époque, les chrétiens – catholiques et protestants confondus – sont convaincus, dans leur grande majorité, que le salut des juifs passe par leur conversion au christianisme. Baptiser un enfant juif et l'élever dans la religion chrétienne, c'est assurer le salut de son âme. La congrégation des sœurs de Notre-Dame-de-Sion, fondée un siècle plus tôt, a justement pour vocation première la conversion des israélites. Paradoxalement, c'est cette longue proximité avec les diverses communautés juives qui amènera cette congrégation – à Lyon et à Grenoble, mais aussi à Anvers, Rome, Budapest ou Bucarest – à cacher et à sauver des milliers d'enfants juifs pendant la guerre. Nul n'incarne mieux que les religieux et religieuses de Notre-Dame-de-Sion la différence entre *antijudaïsme* et *antisémitisme*. Tous ces chrétiens-là réprouvent l'antisémitisme comme théorie biologique ou raciale. Il faudra attendre le concile Vatican II – convoqué en 1962 par l'ancien nonce Roncalli devenu le pape Jean XXIII – pour abandonner aussi cette vieille idée antijudaïque qu'un bon juif est un juif converti.

Deux orphelins en fuite

En janvier 1949, une âpre bataille juridique s'engage entre une demoiselle Brun de moins en moins disposée à rendre « ses » enfants et un ami grenoblois de la famille Finaly, Moïse Keller, devenu le mandataire des tantes. Plusieurs « conseils de famille » sont constitués, en application de la loi, et plusieurs décisions de justice, d'ailleurs contradictoires, sont cassées tour à tour, jusqu'à ce que Mlle Brun, le 18 juillet 1952, se voie contrainte par un arrêt de la cour d'appel de Grenoble de remettre les enfants à Moïse Keller. L'avocat d'Antoinette Brun a beau interjeter en cassation, l'arrêt est exécutoire. L'ingénieur Keller va donc chercher les deux gamins à la crèche municipale de Saint-Bruno, rue Henri-Le-Chatelier. Une mauvaise surprise l'y attend : les enfants ont disparu.

Robert et Gérald ont été promptement et discrètement emmenés dans une colonie de vacances à Tierbach, en Alsace, par la supérieure du couvent de Notre-Dame-de-Sion, mère Antonine, proche de Mlle Brun. La religieuse les abritera ensuite dans sa congrégation à Paris, rue Notre-Dame-des-Champs, puis les transférera à Marseille où elle les inscrira – sous le faux nom de « Quadry » qu'on leur avait donné pendant l'Occupation – au collège Notre-Dame-de-la-Visite. But de la manœuvre : mettre les enfants en lieu sûr en attendant le jugement de la Cour de cassation.

Mère Antonine n'a pas agi sur un coup de tête. Elle a consulté le cardinal Gerlier, à Lyon, qui lui a donné le feu vert :

— Ces enfants sont baptisés, il faut faire l'impossible pour qu'ils soient élevés dans la religion chrétienne !

Faire l'impossible, mère Antonine a montré qu'elle en était capable, pendant l'Occupation, quand elle assura à Lyon – où elle dirigea l'institution Notre-Dame-de-Sion jusqu'en 1944 – l'hébergement de centaines de familles juives et la liaison avec les prisonniers du fort Montluc, la sinistre prison de la Gestapo lyonnaise. Le cardinal peut lui faire confiance, elle appliquera la consigne !

Le cardinal Gerlier, primat des Gaules, est un personnage ambigu mais sincère. Patriote, ancien combattant, il a très aimablement reçu Pétain à Lyon en novembre 1940 :

— Pétain c'est la France, et la France, aujourd'hui, c'est Pétain !

Mais il fut aussi un des premiers à dénoncer solennellement, dès le 21 janvier 1942, les « persécutions hideuses » qui frappent les juifs, et à couvrir nombre d'activités clandestines dans la région lyonnaise, notamment la mise en sécurité de centaines d'enfants juifs. Ce qui lui vaudra d'être traité par la presse collaborationniste de « talmudiste délirant ».

Il connaît le dossier de ces enfants réclamés par leur communauté. Alerté dès septembre 1946 sur un certain nombre de cas similaires, il s'est adressé à la nonciature à Paris, qui lui a envoyé une copie de la fameuse note du Saint-Office. Le prélat, comme beaucoup d'évêques à l'époque, ne fait qu'appliquer la règle édictée par sa hiérarchie romaine. Il hésite d'autant moins qu'il constate que les juifs eux-mêmes sont divisés sur l'affaire : il y a ceux qui veulent simplement retrouver les enfants – parmi lesquels le rabbin Jacob Kaplan ou le professeur Jules Isaac – et ceux qui veulent les envoyer travailler dans un kibboutz du tout jeune Etat d'Israël. Si les deux garçons s'envolent pour la Palestine, c'en est clairement fini de leur baptême ! Le cardinal est formel : il faut mettre à l'abri les frères Finaly en attendant que la justice se prononce.

L'avis du Saint-Office

Traduite devant le tribunal par Hedwige Rosner et son avocat, Me Maurice Garçon, pour « non-présentation d'enfant », Antoinette Brun est d'abord relaxée (aucune instance judiciaire n'avait confié la « garde » des enfants à leur tante), mais le parquet fait appel : un nouveau procès est prévu pour le 8 janvier 1953.

Coïncidence : ce jour-là, le cardinal Gerlier est à Rome où il effectue une visite *ad limina*, ce qui lui permet de soumettre le problème au pape Pie XII en personne. Si la justice donne tort à Mlle Brun, devra-t-on se soumettre au risque de violer le caractère sacré du baptême, ou bien maintenir les enfants cachés au risque de voir déferler sur l'Eglise une campagne de presse sans précédent ? La réponse de Pie XII est double : d'abord, on n'aurait pas dû baptiser ces enfants ; ensuite, la doctrine de l'Eglise ne varie pas en fonction des campagnes de presse, même virulentes. Et le pape de demander un dossier plus complet, que

Gerlier lui envoie le 14 janvier en posant clairement la question : « Doit-on conseiller de refuser, quoi qu'il advienne, de rendre les enfants qui appartiennent à l'Eglise par leur baptême et dont la foi ne pourrait guère résister, selon toute vraisemblance, à l'influence du milieu israélite, s'ils y restent ? Ou peut-on, au contraire, en sécurité de conscience, considérer que la gravité du scandale créé par la campagne de presse qui commence et va devenir internationale, en s'appuyant sur des raisons humaines qui impressionneront certainement l'opinion publique, constitue un motif suffisant pour tolérer, sous la pression d'une décision de justice définitive et pour éviter un plus grand mal, la restitution des enfants à leur famille naturelle ? » Et le cardinal d'ajouter : « L'affaire est extrêmement urgente ! »

Quatre jours plus tard, alors qu'il attend la réponse du Saint-Siège, l'archevêque de Lyon reçoit une note que son vieux collègue grenoblois Mgr Caillot, 94 ans, a commandée à un groupe de professeurs du séminaire de Grenoble. Pour ceux-ci, Mlle Brun n'aurait pas dû arguer de sa tutelle provisoire pour faire baptiser les enfants : le baptême des petits Finaly, dit la note, est « sacramentellement valide et gravement illicite ». Caillot et ses conseillers grenoblois plaident pour dissocier la position de l'Eglise de celle de Mlle Brun, et se disent favorables à la restitution des enfants. Le cardinal, sceptique, note la formule : *sacramentellement valide et gravement illicite*, c'est un beau résumé du dossier.

Le 23 janvier 1953 – délai exceptionnellement rapide au sein de l'Eglise – le Saint-Office, sous la signature du cardinal Giuseppe Pizzardo, son très conservateur secrétaire, répond à Gerlier :

— que le baptême des enfants, qui ont l'âge de raison, est valide ;

— que l'Eglise a le devoir de défendre le libre choix de ces enfants qui, par le baptême, lui appartiennent ;

— que Mlle Brun devra résister à l'ordre de livrer les enfants, mais pas au point de « causer de graves dommages à elle-même ou à l'Eglise ».

Le Saint-Office a parlé. Ainsi soit-il.

Cette lecture met l'archevêque de Lyon mal à l'aise. Il faut dire que l'affaire prend une nouvelle tournure. La presse s'en est emparée. Le journaliste Alexis Danan a été le premier, en novembre 1952, à sortir l'affaire dans le journal *Franc-Tireur*. Le sujet a été repris par le chroniqueur Wladimir Rabinovitch, dit « Rabi », dans *La Terre retrouvée,* un journal sioniste. Et puis par d'autres, plus ou moins bien informés, plus ou moins militants, plus ou moins excessifs.

L'opinion s'enflamme. Libres penseurs, athées, francs-maçons et agnostiques dénoncent à l'envi le « complot des soutanes », l'« internationale noire », le « retour de l'Inquisition » et du « fanatisme convertisseur », tandis que *Le Canard enchaîné* titre joliment : « LE NŒUD DE VICAIRES ». En face, nombre d'intellectuels chrétiens comme les pères Riquet, Yves Congar, Henri-Irénée Marrou ou Joseph Folliet se lancent dans la polémique. François Mauriac, qui ose suggérer dans *Le Figaro* qu'on laisse les deux garçons décider de leur propre destin, se fait agonir d'injures ! Il est bien le seul, dans cette ahurissante guerre des mots, à s'intéresser aux enfants...

Les juifs, religieux ou laïcs, ne sont pas en reste. Moïse Keller demande et obtient des fonds considérables du

Congrès juif mondial pour mener une véritable campagne d'opinion : « Si les enfants ne sont pas rendus, nous allons faire une nouvelle affaire, pire que l'affaire Dreyfus ! » Des « comités Finaly » relayés par le Fonds social juif unifié, l'OSE, le Consistoire central ou le CRIF lui-même organisent meetings et conférences, participent à des centaines de manifestations contre « l'Eglise voleuse d'enfants », alimentent quotidiennement *Le Monde*, *The Times* et nombre d'autres journaux en informations, communiqués, rapports, démentis, témoignages, photos, etc.

En six mois, *Le Monde* consacrera soixante-deux articles au dossier Finaly qui, de simple fait divers, est devenu une affaire nationale. Très vite, les grands rabbins Henri Schilli et Jacob Kaplan sont publiquement interpellés, accusés de faire le jeu des catholiques. L'Eglise subit de plein fouet une vague inédite d'anticléricalisme. La polémique enfle. Mlle Brun est traitée de « despotique vieille fille imbue de son catéchisme » et Moïse Keller de « sergent recruteur de l'Etat d'Israël ». Les arguments fusent. Les contrevérités et les injures aussi.

D'autres évoquent l'affaire Mortara, qui avait fait scandale sous Pie IX, un siècle plus tôt : un petit garçon juif malade, Edgardo Mortara, secrètement baptisé par une servante, avait été enlevé à sa famille pour ce motif théologique établi au VIIe siècle et qui fit longtemps jurisprudence : le laisser revenir à la religion de ses parents eût été le pousser vers l'apostasie, donc le condamner à l'Enfer. Sujet des Etats pontificaux de l'époque, le petit Edgardo devint prêtre de l'Eglise catholique. Dans chaque meeting, les cris fusent :

— Non à une nouvelle affaire Mortara !

La fuite en Espagne

Le 29 janvier 1953, ce que redoutait le cardinal Gerlier se produit : la cour d'appel de Grenoble demande le renvoi de Mlle Brun, coupable de « rapt d'enfants », devant la cour d'assises. L'ex-tutrice des deux enfants est écrouée à la prison de Grenoble. Pour le cardinal comme pour mère Antonine, il n'y a pas à hésiter : les enfants doivent rester cachés. Mais la presse publie une photo des deux gosses, volée chez Mlle Brun par un journaliste indélicat. Mère Antonine retrouve ses réflexes de la Résistance. Elle file à Marseille, cache un moment les deux frères chez l'abbé Mollard, curé de la paroisse Saint-Michel, puis les fait conduire – sous un nouveau nom et avec de faux papiers confectionnés sur place – au collège Saint-Louis-de-Gonzague de Bayonne, où enseigne l'abbé Barthélemy Sétoain, frère d'une de ses amies grenobloises qui enseigne à Notre-Dame-de-Sion. Mais le supérieur du collège, l'abbé Silhouette, a vu les photos dans le journal et reconnaît les enfants : il s'en ouvre au vicaire général, l'abbé Narbaïtz, qui, croyant bien faire, prévient le parquet de Bayonne, lequel avertit Moïse Keller à Grenoble.

Or, mère Antonine, plus rapide que Moïse Keller, arrive à Biarritz le 2 février. Elle rencontre l'évêque du lieu, Mgr Terrier, à qui elle expose les consignes du cardinal Gerlier validées par Rome – « mettre les enfants à l'abri » – puis retrouve l'abbé Sétoain qui se charge de faire disparaître ceux-ci en les confiant à deux prêtres connus et respectés à Bayonne, les pères Laxague et Pagola. C'est l'abbé Ibarbaru, curé de Biriatou, qui leur fera traverser la frontière espagnole, par des sentiers enneigés, dans la nuit du 12 au 13 février en direction de Saint-Sébastien. Quand Keller arrive au palais de justice de Bayonne accompagné du vicaire général du diocèse, il n'en croit pas ses yeux : les deux oiseaux, à nouveau, se sont envolés.

Repartie le jour même par le train de Paris, mère Antonine est arrêtée par la police dès son retour à Grenoble le 4 février, et incarcérée à la prison Saint-Joseph. Elle et plusieurs complices sont inculpées pour « séquestration de mineurs », article 341 du Code pénal. La photo de l'arrestation de la religieuse fait scandale et déchaîne les passions : mère Antonine est connue pour son engagement dans la Résistance lyonnaise, et toutes ces femmes incarcérées, religieuses ou laïques, ont été des résistantes actives, elles ont sauvé des juifs pendant la guerre, elles sont tout sauf antisémites !

Le grand rabbin Jacob Kaplan sait tout cela, et pour cause : ses propres fils ont été cachés, pourvus de faux papiers et sauvés pendant l'Occupation par des religieuses des Amitiés chrétiennes de Lyon que le cardinal couvrait de son autorité et qui avaient leur siège rue Pierre-Robin, à la maison de Sion ! C'est la raison pour laquelle il cherche, par tous les moyens, à éviter la guerre judéo-catholique qui se profile – c'est l'époque où le Saint-Siège, pour de tout autres raisons, refuse de reconnaître l'Etat d'Israël – et à négocier avec l'Eglise. Mais négocier quoi ?

Le 5 février, Jacob Kaplan va rendre visite à Mgr Feltin, archevêque de Paris, qui lui ménage aussitôt un rendez-vous avec mère Marie-Félix, supérieure générale de Notre-Dame-de-Sion. Au même moment, de l'autre côté de la Seine, le nonce Roncalli se voit prier par le président de la République, Vincent Auriol, de recevoir Me Garçon, avocat de la famille Finaly. Il n'est pas jusqu'au garde des Sceaux qui ne propose son propre compromis. Peut-on rendre les gamins et les confier à une personne neutre ? Leur garantir la liberté religieuse tout en leur dispensant un enseignement juif ? Abandonner les poursuites contre Mlle Brun en échange du retour des enfants ?

Le 10 février, Mgr Caillot, le vieil évêque de Grenoble, lance un appel, *via* l'AFP, pour qu'on retrouve les enfants au plus vite. Gerlier lui a donné son feu vert, pour montrer la bonne volonté de l'Eglise. Mais le cardinal n'en pense pas moins. En réalité, une question taraude secrètement Roncalli, Feltin, Gerlier, Caillot, ainsi que Kaplan et nombre de juifs français : en cas de restitution, comment empêcher le départ immédiat et sans retour des deux gosses pour Israël ? La famille ne cache pas cet objectif, qui propose, elle aussi, un compromis : inscrire les deux frères au collège français de Jérusalem ! Le 27 février, le secrétaire du nonce confirme au cardinal Gerlier que Rome demande « le retour en France des enfants », mais souhaite « que des précautions soient prises pour qu'ils ne soient pas poussés à devenir israélites ».

D'Ottaviani à Montini

Sur le terrain, la situation évolue. Le 19 février, la brigade mobile de Bordeaux a arrêté l'abbé Ibarbaru et le passeur Joseph Susperreguy qui avouent avoir emmené les enfants en Espagne, et dénoncent sans barguigner leur commanditaire : l'abbé Laxague, professeur au grand séminaire de Bayonne. Celui-ci est arrêté à son tour, ainsi que trois autres prêtres basques et un laïc suspectés d'avoir couvert la fuite des gamins. D'autres inculpations sont prononcées contre des prêtres et des religieuses de Marseille et de Grenoble. Au total, près de quinze personnes se retrouvent en prison, toutes catholiques ferventes et ayant agi en conscience, mais aussi toutes, ou presque, résistantes notoires !

Le 6 mars 1953, à Lyon, un accord en six points est passé entre un représentant de l'Eglise (le père Chaillet) et la famille (Hedwige Rosner), qui stipule notamment que toutes les plaintes en cours seront retirées, que les enfants seront restitués à leur tante Rosner, mais qu'ils ne partiront pas pour Israël, quoi qu'il arrive, avant quatre mois. Le compromis, alambiqué, est entériné par Gerlier et Kaplan. Le cardinal n'est pas fier : il écrit directement au prosecrétaire du Saint-Office, son collègue Alfredo Ottaviani, pour lui expliquer que la ligne radicale du Vatican était impossible à tenir.

A Rome, on commence à s'inquiéter. Les attaques contre l'Eglise agacent plus d'un cardinal de la Curie. L'attitude intransigeante d'Ottaviani est contestée au plus haut niveau, c'est-à-dire à la secrétairerie d'Etat. Et voilà que le dossier change de mains. Le 23 mars, ce n'est plus le dogmatique Ottaviani qui répond, *via* le nonce Roncalli, à un cardinal Gerlier suppliant de recevoir le feu vert pour aller chercher les deux frères, mais Mgr Giovanni Battista Montini, substitut de la secrétairerie d'Etat, véritable numéro 2 du Vatican. Montini – futur Paul VI – n'est pas sourd aux arguments de l'ambassadeur de France Wladimir d'Ormesson : que le Saint-Siège ne souhaite pas être impliqué dans cette inextricable affaire de baptême, soit, mais qu'il intervienne au moins auprès de l'Eglise espagnole pour faciliter le retour des enfants...

Mgr Montini, qui s'en est ouvert à Pie XII, veut faciliter les choses. Son télégramme suggère en substance que Gerlier envoie son représentant à la nonciature de Madrid, Rome se fait fort de convaincre les Espagnols ! Le soir même, l'archevêque de Lyon envoie Germaine Ribière à Madrid. La célèbre résistante, unanimement respectée, est, plus que toute autre, une habituée des missions secrètes. Elle n'imagine pas que celle-ci va durer trois mois.

Car l'incroyable partie de poker menteur est loin d'être terminée. Il faut maintenant compter avec le gouvernement espagnol – Franco suit personnellement l'affaire – qui s'oppose à toute extradition et couvre ostensiblement la détention des deux garçons : le Caudillo charge même son ministre des Affaires étrangères de proposer au Quai d'Orsay d'échanger les deux Finaly contre des militants basques républicains en exil à Tarbes. Le ministre Georges Bidault se doute-t-il que Franco bluffe ? Sur la note qui lui est transmise, il écrit « non » en lettres rouges.

Quant à l'Eglise espagnole, par la voix du cardinal primat Pla y Deniel, archevêque de Tolède, elle ne lève pas le petit doigt pour faciliter les choses. Le pro-nonce apostolique à Madrid, Mgr Cicognani, proche des franquistes au pouvoir, fait preuve d'une passivité ostentatoire. Au Pays basque, le consul de France à Saint-Sébastien reçoit Germaine Ribière, mais il ne bouge pas, lui non plus. Nombre d'observateurs accusent l'Eglise de France de passivité et de complicité avec l'Eglise espagnole, évidemment liée au général Franco !

L'embrouille basque

La réalité est amère : ni le gouvernement franquiste ni le primat de l'Eglise espagnole – qui reçoit de Montini, le 5 mai, un télégramme comminatoire – ne savent réellement où sont les enfants ! Par des prêtres basques de Bayonne, Germaine Ribière a appris que les enfants n'ont pas été conduits à Madrid, comme c'était prévu, mais au monastère bénédictin de Lazcano, dans la province de Guipúzcoa, avant d'être confiés, séparément, à des particuliers. Robert racontera plus tard qu'il a séjourné incognito chez un ingénieur de Guétaria sous le nom de « Jean Etcheverry », et qu'il souffrait surtout d'être séparé de son petit frère.

Mais voilà que les Basques sont encore moins arrangeants que les Espagnols ! Quand elle se rend à Lazcano, Germaine Ribière se fait courtoisement éconduire par le frère prieur, dom Maur Elizondo, que cette extraordinaire agitation diplomatico-ecclésiastique laisse absolument de marbre. Nationalistes, antifranquistes, ces Basques-là n'ont d'ordre à recevoir de personne...

Comment faire comprendre aux prélats de la Curie, aux juifs français, aux comités Finaly et à la presse anticléricale que ce mutisme est une façon, pour les nationalistes basques, de faire la nique au gouvernement de Franco ? Le 5 juin, Kaplan, poussé par les diverses institutions juives qu'il entend fédérer autour du Consistoire central, dénonce devant la presse l'accord du 6 mars et accuse l'Eglise de double jeu. Tous les journaux reviennent brusquement sur l'affaire, multipliant faux scoops, informations tronquées et commentaires indignés, sans rien savoir de ce qui se trame du côté de Saint-Sébastien...

Le 11 juin, le cardinal Gerlier tape du poing sur la table. Il réunit à Lyon Germaine Ribière, mère Antonine, les abbés basques Aritzia et Laxague, le jeune secrétaire de l'évêque de Bayonne – qui n'est autre que le futur cardinal Etchegaray – et quelques autres protagonistes pour définir l'objectif final et unique : faire céder la poignée de prêtres basques irréductibles et les contraindre à rendre les frères Finaly. Les deux prêtres basques et le secrétaire de Mgr Terrier repartent embarrassés mais convaincus. Fort de leur soutien, Germaine Ribière repend sa course, d'intermédiaire en intermédiaire...

Mais les religieux basques sont têtus, notamment le prieur de Lazcano. « On » lui a demandé de protéger les deux petits baptisés, cette cause est sacrée, il la défendra jusqu'au bout ! Il faut un ordre explicite de Mgr Montini, à Rome, le 15 juin, et une lettre du chef du gouvernement basque en exil, le très respecté José Antonio Aguirre, réfugié en France depuis 1946, pour que Germaine Ribière soit enfin aiguillée vers le père abbé du monastère bénédictin de Belloc, en territoire français. L'abbaye est liée à celle de Lazcano. Le père supérieur, ancien déporté, cousin de l'abbé Laxague, lui promet d'aller chercher les enfants « là où ils sont » et de les lui remettre le 25 juin, à 11 heures, au consulat de France à Saint-Sébastien. Le père Inda tient parole. Germaine Ribière les accueillera et les convoiera ensuite jusqu'à la frontière où les attend une voiture du ministère français de l'Intérieur. Enfin !

Le 23 juin, la Cour de cassation a rejeté le pourvoi de Mlle Brun et confirmé la tutelle de Hedwige Rosner. Celle-ci attendra que les passeports des enfants lui soient remis en main propre par le préfet de police en personne, le 18 juillet, pour retirer toutes ses plaintes contre Mlle Brun et les religieux emprisonnés. Il n'est plus question d'élever les enfants dans la foi catholique, de leur ménager un temps de réflexion ou de les laisser quelques mois en France.

Le 25 juillet, Robert et Gérald Finaly, accompagnés par M. et Mme Rosner, s'envolent pour Israël. Définitivement.

6

Le drame des prêtres-ouvriers

Pourquoi Pie XII coupa les ponts avec le monde des prolétaires

« Un mur sépare l'Eglise de la masse des ouvriers. Ce mur, il faut l'abattre ! »

Cardinal Suhard (5 décembre 1948).

Paris, mercredi 23 septembre 1953. Il va être 15 heures lorsque la voiture du nonce apostolique, aux armes du Vatican, entre lentement dans la rue Barbet-de-Jouy et se gare devant l'hôtel Rambuteau, au numéro 32, siège de l'archevêché de Paris. L'illustre visiteur aux lunettes sombres est accueilli par les cardinaux Achille Liénart, président de l'Assemblée des cardinaux et archevêques de France (A.C.A.), évêque de Lille, et Maurice Feltin, archevêque de Paris, flanqués d'une vingtaine d'évêques et supérieurs de congrégations. A l'exception du secrétaire de l'A.C.A., le jeune Jean Villot, tous ces ecclésiastiques, séculiers et réguliers, ont un point commun : ils comptent parmi leurs ouailles des prêtres-ouvriers. Des usines de Lille aux docks de Marseille, du port du Havre aux barrages des Alpes, ils sont alors une centaine de prêtres et de religieux à s'être investis totalement, pour y témoigner de l'Evangile, dans la vie prolétarienne. Au risque de s'y perdre.

C'est bien de cela que vient les entretenir, dans cette démarche peu habituelle, l'éminent représentant du pape. Le nonce Paolo Marella est un proche parent du cardinal Ottaviani, pro-secrétaire de la Sacrée congrégation du Saint-Office. Ancien délégué apostolique au Japon puis en Australie, il a succédé en juin à Angelo Giuseppe Roncalli dans l'hôtel particulier de l'avenue du Président-Wilson qui abrite, depuis 1923, la nonciature apostolique. Par sa voix, c'est le pape lui-même qui s'exprime :

— Les prêtres-ouvriers sont un scandale pour les chrétiens et font courir un grave péril à l'Eglise !

De sa voix rocailleuse, le nonce fait valoir « l'abondance d'informations dignes de foi, orales et écrites, qui sont parvenues au Saint-Siège ». Un prêtre est un prêtre, un ouvrier est un ouvrier, il n'y a pas à revenir là-dessus ! Le prélat n'évoque même pas la mission en elle-même, ni la relation entre l'Eglise et le monde du travail. Il n'est pas là pour discuter, mais pour transmettre un ordre. Puisque l'expérience est négative, il faut y mettre un terme. Point final.

Jamais, en quarante ans, un silence aussi lourd n'a régné dans les salons de l'hôtel Rambuteau. C'est une des pages les plus denses de l'histoire de l'Eglise qui se referme ainsi, de façon autoritaire et brutale. Trente années d'expériences, d'efforts, d'initiatives et d'aventures mêlant générosité et naïveté, folie et sacrifice, grandeur et illusion, viennent d'être effacées d'un coup de crosse.

« Un monde où on ne connaît pas le Christ »

C'est dans la mouvance de l'Action catholique, la grande œuvre de Pie XI, que l'abbé Joseph Cardijn, en 1925, avait fondé en Belgique la Jeunesse ouvrière chrétienne (JOC), relayé en France par l'abbé Georges Guérin, à Clichy-sous-Bois, en 1927. Objectif : pallier le désintérêt que l'Eglise éprouve, depuis le milieu du XIXe siècle, pour le monde ouvrier – lequel incarne pourtant, à cette époque, la « pauvreté » par excellence. Pie XI lui-même avait qualifié cet abandon de « plus grand scandale du XIXe siècle ».

Bientôt, quelques aumôniers de la JOC (Albert Bouche, Bernard Rouzet) descendent dans la mine, travaillent aux Halles, font un stage chez Renault : on les appelle « apôtres-ouvriers » ou « missionnaires du travail ». L'influence de la JOC s'étend chez les jeunes catholiques, mais ces expériences restent encore très marginales.

La Seconde Guerre mondiale change la donne. A partir de la débâcle de mai 1940, nombre d'hommes d'Eglise se trouvent précipités, comme toute la population française, dans la tourmente. Ils découvrent des milieux sociaux qu'ils ne connaissaient pas. Des centaines, puis des milliers de prêtres se retrouvent bientôt prisonniers de guerre en Allemagne, à côtoyer des dizaines de milliers d'ouvriers majoritairement déchristianisés. Le Service du travail obligatoire (STO) d'abord, le maquis ensuite accentuent ce brassage de populations diverses.

En 1941, Mgr Rodhain, aumônier général des prisonniers de guerre, envoie clandestinement vingt-cinq prêtres, puis deux cents autres, se mêler aux 800 000 travailleurs du STO. Beaucoup témoigneront de cette expérience inédite.

Certains, au sens propre, n'en reviendront pas. L'un de ces clandestins courageux, le père Victor Dillard, un jésuite qui périra à Dachau, a raconté dans une de ses lettres : « J'avais le sentiment de leur être étranger, d'appartenir à une autre culture. Mon latin, ma liturgie, ma théologie, ma messe, mes prières, mes ornements sacerdotaux, tout cela faisait de moi un séparé, un curieux phénomène, quelque chose comme un pope ou un bonze japonais... »

Un homme, en cette année 1941, va faire œuvre de pionnier : le cardinal Emmanuel Suhard, 67 ans, nouvel archevêque de Paris. Déjà, douze ans plus tôt, jeune évêque de Bayeux et Lisieux, il avait été impressionné par toutes ces usines « où on ne connaît pas le Christ », et où il rêvait, déjà, d'envoyer des « missionnaires », comme l'Eglise en envoie au cœur de la brousse africaine ou dans les îles du Pacifique. Avoir été naguère, à Rome, le condisciple d'Eugenio Pacelli (devenu le pape Pie XII) et de Luigi Maglione (devenu son secrétaire d'Etat) confère une certaine crédibilité. Suhard convainc l'Assemblée des cardinaux et archevêques de France d'organiser une formation spéciale de prêtres destinés aux secteurs les plus déchristianisés de la société française. Le 5 octobre 1942, il ouvre à Lisieux un séminaire de la Mission de France destiné aux futurs prêtres volontaires pour aller évangéliser le monde ouvrier, qu'il confie au chanoine Louis Augros, sulpicien, ancien supérieur du séminaire d'Autun.

C'est là, à la maison Saint-Jean de Lisieux, que vient s'installer l'abbé Henri Godin, un aumônier fédéral de la JOC dont les livres, alors dévorés par les jeunes militants chrétiens, dénoncent une religion catholique faite « pour les riches ». Avec l'abbé Yvan Daniel, autre aumônier de la

JOC, Godin rédige un opuscule polycopié de 58 feuillets intitulé *Mémoire sur la conquête chrétienne dans les milieux prolétaires*, qui propose de faire de la mission « pour nos prolétaires sans religion ».

France, pays de mission

Le 26 avril 1943, un lundi de Pâques, le cardinal Suhard déjeune tranquillement à l'archevêché de Paris avec son secrétaire, l'abbé Le Sourd, qui lui recommande la brochure de Godin et Daniel. Bouleversé par sa lecture, l'archevêque convoque aussitôt les deux auteurs, et décide de tirer le document à quatre-vingts exemplaires afin de le faire circuler en milieu fermé, et avec discernement. L'opuscule circule, en effet, de main en main, avec fièvre, dans les paroisses, les séminaires et les couvents. « Une bombe va éclater dans l'Eglise de France », note l'un des théoriciens de l'Action catholique, Mgr Pierre Tiberghien, lui aussi impressionné par la brochure.

Après avoir obtenu le *nihil obstat* de la censure ecclésiastique le 23 mai, le document sort finalement en librairie le 12 septembre 1943, enrichi de nombreux développements et exemples nouveaux. Il est publié aux éditions de l'Abeille, à Lyon – c'est la succursale des éditions du Cerf, que les dominicains utilisent en zone libre pour continuer leur travail, sous un titre provocateur : *La France, pays de mission ?* Que la France, fille aînée de l'Eglise, pays des saints, des cathédrales et des théologiens, pût être considérée comme un pays à évangéliser au même titre que la Haute-Volta ou la Papouasie, c'était, en effet, une vraie provocation.

Le livre connaît un succès considérable : en quelques années, il dépassera le seuil des 100 000 exemplaires. Il pose déjà les deux questions qui feront grincer puis capoter l'expérience des prêtres-ouvriers :

— Quel rapport y a-t-il entre une « mission » en terre prolétarienne et une paroisse de quartier ? L'autonomie de cette mission spécifique n'en fait-elle pas, en gestation, une nouvelle « paroisse » sans aucun lien hiérarchique ou structurel avec la paroisse traditionnelle ? Le risque couru par ces nouveaux « missionnaires », n'est-ce pas l'isolement et la rupture avec l'Eglise institutionnelle ?

— Le christianisme est-il soluble dans le monde ouvrier ? « Que nous le voulions ou non, écrivent les auteurs, notre christianisme est lié à une culture. » Or, la culture ouvrière présente, pour sa part, une cohérence particulière indéniable. A vouloir se faire « peuple avec le peuple », ne va-t-on pas inventer une culture « indigène », comme les missionnaires y sont poussés en Afrique, une culture nouvelle, rivale de celle qui nourrit le christianisme ?

Les auteurs ne cachent pas les risques pris individuellement par les prêtres-ouvriers. Ainsi, avancent-ils, « la conquête du prolétariat est un travail austère, qui peut rester longtemps aride, aussi demande-t-il à tous ceux qui l'entreprennent qu'ils s'y abandonnent tout entiers [...] C'est pourquoi ces missionnaires doivent s'attendre à être *compromis,* même aux yeux de leurs confrères. » Ils doivent abandonner « l'espoir de se reprendre jamais ». Des propos prémonitoires, qui seront dramatiquement confirmés dix ans plus tard.

Quelques semaines après avoir reçu Godin et Daniel, le cardinal Suhard crée, le 1er juillet 1943, la Mission de Paris.

Il en propose la direction à l'abbé Georges Michonneau, curé du Sacré-Cœur du Petit-Colombes, qui s'illustre alors par ses innovations liturgiques à l'intention des simples gens n'ayant aucune culture religieuse. Mais qui décline l'offre. Il se tourne alors vers le père Hollande, curé de Polangis, un quartier ouvrier de Joinville-le-Pont. Qui accepte.

Le jour de l'inauguration, le 14 janvier 1944, le cardinal Suhard n'y va pas par quatre chemins :

— Le but direct de la Mission est de convertir les païens. Son but indirect est de montrer aux chrétiens qu'il faut adopter une attitude nouvelle, qu'il y a un choc à produire !

Une attitude nouvelle, un choc à produire. Tout est là. Après les discours, les premiers prêtres volontaires, dont Godin et Daniel, prêtent serment :

— Je m'engage à consacrer toute ma vie à la christianisation de la classe ouvrière de Paris...

Cet engagement-là n'est pas banal. Il allie le don de soi et le romantisme, il fait bouger les lignes. La preuve en est le succès du roman *Les saints vont en enfer* de Gilbert Cesbron, en 1952, qui se vend à 800 000 exemplaires. Le personnage du prêtre anonyme qui plonge dans la réalité sociale est dans l'air du temps.

Menace sur le sacerdoce

Les évêques français sont attentifs et plutôt bienveillants face aux initiatives de ce genre qui se multiplient. L'Action catholique est en effervescence. En décembre

1941, à Marseille, un dominicain, Jacques Loew, ancien avocat, converti à 25 ans, a décidé de se faire docker parmi les dockers, avec l'autorisation de l'archevêque d'Aix-en-Provence, Mgr de Provenchères. Au même moment, à Lyon, Louis-Joseph Lebret, un ancien officier de marine devenu dominicain, fonde le groupe Economie et Humanisme, qui popularise l'aide au tiers-monde. En 1943, à La Houssaye-en-Brie, le père Epagneul fonde les Frères missionnaires des campagnes. En 1947, à Aix-en-Provence, le père Voillaume, à l'origine des Petits frères de Jésus, fonde la première fraternité ouvrière inspirée du père Charles de Foucauld...

La guerre et l'Occupation ont stimulé les imaginations, révélé les personnalités, exacerbé les divergences. La Libération décuple cette ébullition pastorale : après cette guerre qui a provoqué les plus grandes horreurs de tous les temps, les chrétiens ne sont pas les derniers, loin de là, à penser que le monde est à refaire.

Toutes les innovations intéressent. Elles font de la France ce laboratoire de l'Eglise que Rome observe toujours avec appréhension, mais que le monde chrétien regarde avec envie. A preuve la visite de ce jeune prêtre polonais à Marseille, le 8 juillet 1947 : à la paroisse Saint-Trophime, dans le quartier de La Cabucelle, il vient s'enquérir de l'expérience menée par le père Loew. Le jeune homme, qui a dévoré le livre de Godin et Daniel, s'appelle Karol Wojtyla. Il est si passionné par ce qu'il découvre qu'il en tirera, à son retour en Pologne, un article qui fera date – et que les journaux ressortiront des tiroirs, trente ans plus tard, quand il sera élu pape sous le nom de Jean-Paul II.

De 1944 à 1947, des équipes de prêtres-ouvriers se

constituent à Lyon, Rouen, Marseille, Limoges, Saint-Etienne, Bordeaux et Lyon – où le cardinal Gerlier, primat des Gaules, confie à la Mission de France une paroisse ouvrière à Givors. Dans la capitale, la Mission de Paris passe de sept à vingt-cinq membres, sous l'autorité directe de l'archevêque. Au départ, tous ces « missionnaires » constituent de petites équipes sacerdotales spécifiques, autonomes, mais rattachées à des paroisses, sous la tutelle de leurs évêques.

Pourtant, dès l'été 1945, dans les couloirs du Vatican, des remarques, des inquiétudes, des oppositions ont commencé à s'exprimer. Le cardinal Suhard, qui n'est pas naïf, prend les devants et pousse le père Hollande, supérieur de la Mission de Paris, et le père Augros, supérieur de la Mission de France, à aller plaider leur cause à Rome, au plus haut niveau. Le 27 novembre 1946, les deux prêtres sont reçus par Pie XII. L'audience dure sept minutes, pas une de plus. Louis Augros entre d'emblée dans le vif du sujet, explique le but de la Mission en milieu « païen », et demande l'appui explicite du pape pour cette expérience qui sera « très dure » et qui exige l'autonomie des prêtres concernés. Réponse du pape :

— Soyez prudents, c'est la *vocation* qui est en jeu.

Le père Hollande acquiesce. Et demande que ces prêtres très spéciaux, à titre exceptionnel, puissent dire leur messe le soir :

— On verra, on étudiera cela...

Pie XII bénit ses visiteurs, qui repartent avec des chapelets et le sentiment d'avoir été entendus par ce pape impressionnant. Mais le surlendemain, les trois hommes sont reçus à la Sacrée congrégation du Saint-Office par Mgr Alfredo

Ottaviani, « assesseur » de ce dicastère à la réputation sulfureuse – le Saint-Office n'est-il pas le successeur direct de la Sainte Inquisition ? – et se rendent compte que la partie n'est pas gagnée. Quand ils demandent, pour les prêtres-ouvriers, l'autorisation de célébrer la messe le soir et l'assouplissement de la règle du jeûne eucharistique, ils se heurtent à une moue significative. A l'évidence, Ottaviani n'est pas de leur côté.

Le cardinal Suhard en aura lui-même la confirmation lorsque le Saint-Office le priera, le 15 février 1947, de répondre à une liste de neuf questions peu amènes : *Les prêtres-ouvriers respectent-ils bien les obligations du sacerdoce ? La messe du soir est-elle bien nécessaire ? L'expérience ne va-t-elle pas nuire au ministère classique du prêtre ? N'y a-t-il pas d'autres moyens de pénétrer les masses ?* Le ton est à la défiance. Le nonce à Paris, Mgr Roncalli, ne cache pas qu'il partage cette réserve...

En revanche, à Rome, le substitut Montini, un des deux personnages les plus proches du Saint-Père, est partisan de « courir certains risques afin de n'avoir pas à se reprocher de n'avoir pas tout fait pour le salut du monde ». Mgr Montini, futur Paul VI, approuve cette année-là la traduction en italien du petit livre de Loew, *En mission prolétarienne,* que lui a transmis l'ambassade de France. En 1951, Montini dit à Loew au cours d'une audience à Rome :

— Il faut des méthodes nouvelles pour que le poisson revienne dans la nasse de Pierre...

Une Eglise dans l'Eglise ?

Des méthodes nouvelles ? Il va être servi. Pour aller plus loin dans leur mission, certains de ces prêtres demandent l'autorisation de se faire embaucher, eux-mêmes, comme ouvriers. La requête est logique. De même que saint Paul demandait de « se faire juif avec les juifs, païen avec les païens », le prêtre-ouvrier doit se faire « ouvrier avec les ouvriers », sans être entravé par de quelconques obligations liturgiques ou paroissiales. Ou vestimentaires.

C'est précisément sur ce point que vont porter, officiellement, les réserves de la hiérarchie : le port de la soutane. Peut-on exiger d'un ouvrier tourneur qu'il respecte toutes les règles liturgiques attachées à son ministère de prêtre ? Dire sa messe chez lui avant d'aller au turbin, lire son bréviaire le soir avant de se coucher, c'est encore envisageable. Mais transporter des sacs de ciment en soutane, c'est aussi exclu qu'installer un confessionnal dans un garage d'autobus municipaux. Or, c'est toute la question du sacerdoce qui est bientôt posée. Un prêtre peut-il être autre chose qu'un prêtre ? Certains théologiens, comme le père Chenu, dominicain, ouvrent franchement le débat. Le rejet de la prééminence de la paroisse, cellule de base de l'Eglise universelle, le détachement des règles canoniques, la remise en cause de l'autorité de l'évêque, suscitent de nombreuses discussions, qui inquiètent bientôt certains cardinaux de la Curie : ne va-t-on pas vers la création d'une Eglise dans l'Eglise ?

Le pape en personne lance le premier coup de tonnerre dans le ciel de la mission ouvrière. Le 23 septembre 1950, Pie XII publie une exhortation apostolique sur le sacerdoce, *Menti Nostrae*, qui remet les pendules à l'heure. Le prêtre, rappelle fermement le pape, est un « autre Christ », il est différent des autres baptisés, attaché à un ministère presbytéral et forcément rattaché à une communauté. Il doit se méfier de deux dangers : l'*activisme* et la *nouveauté*. Pas question qu'il « s'engouffre dans le tourbillon de l'activité extérieure », pas question qu'il sacrifie sa rigueur doctrinale aux goûts, aux méthodes ou aux modes de l'époque.

Pour la plupart des prêtres-ouvriers, ce texte n'est qu'un rappel théorique sans conséquences. Mais lors de leur réunion nationale du 10 février 1951, le cardinal Feltin lui-même leur communique une lettre du Saint-Office, signée de Mgr Ottaviani, qui suggère aux évêques ayant des prêtres-ouvriers dans leurs diocèses de constituer un directoire pour examiner leur situation et « éviter certaines déviations ». Un directoire, pourquoi pas ? Certains ne comprennent pas encore que la machine destinée à les broyer est lancée. Et que rien ne pourra l'arrêter.

Le spectre du communisme

La réalité, c'est qu'une autre inquiétude, bien plus angoissante, va l'emporter sur toutes les autres considérations : la peur panique de l'Eglise catholique en général, et du pape en particulier, face à l'irrépressible progression du communisme athée en Europe et dans le monde. Il faut dire qu'à l'époque, celle-ci a tout pour affoler Pie XII et ses cardinaux.

Depuis la fin du conflit mondial, c'est l'ensemble des pays d'Europe centrale et orientale, tous de vieille culture chrétienne, qui sont tombés sous la férule du Kremlin.

Depuis 1948, c'est au tour de l'Asie d'être contaminée : le 1er octobre 1949, Mao Zedong proclame le triomphe de la révolution en Chine ; en juin 1950, la guerre de Corée va aboutir à l'instauration d'un des régimes marxistes les plus durs de l'histoire. Le rouleau compresseur communiste semble invulnérable.

Pour l'Eglise, cette tonitruante expansion politique est d'autant plus diabolique qu'elle entraîne révolutions idéologiques et persécutions antireligieuses, à commencer par l'élimination brutale des catholiques ukrainiens par Staline en 1946. Cette année-là, Mgr Stepinac, primat de Yougoslavie, est jeté en prison par le nouveau pouvoir communiste incarné par le maréchal Tito. En 1949, c'est au tour de Mgr Beran, archevêque de Prague, et du cardinal Mindszenty, primat de Hongrie, d'être emprisonnés après des procès politiques factices. Au lendemain de la fameuse rencontre avec le nonce à l'archevêché de Paris, le 25 septembre 1953, le cardinal Wyszynski, primat de Pologne, est arrêté par la police politique polonaise, et emprisonné à son tour, à la stupéfaction de tous les journaux d'Europe. Quatre mois plus tard, le journal *La Croix* dresse un premier bilan de ces temps agités : quatre cardinaux, trente-deux archevêques, cent dix-sept évêques ont déjà été victimes du communisme triomphant...

Pour le pape, qui voit défiler dans son palais des dizaines de dignitaires en exil, affolés, hébétés, parfois privés de tout, il y a péril en la demeure. Le nouvel ambassadeur de France auprès du Saint-Siège, Wladimir d'Ormesson, qui a remplacé le philosophe Maritain en octobre 1948 et qui rencontre souvent Pie XII, note l'inquiétude croissante du Vatican face à cette montée des dangers, et donne raison au chef de l'Eglise. Car le communisme progresse aussi en Europe de l'Ouest : dans les deux pays les plus proches du Vatican, la France et l'Italie, où ils représentent plus de 30 % des voix, les communistes sont tout près de parvenir au pouvoir. Ils y seraient même parvenus en 1947 (en France) et en 1948 (en Italie) si Staline ne s'y était pas opposé pour des raisons de tactique internationale !

Le Saint-Siège, par la voix du Saint-Office, a rappelé, en juillet 1949, le principe de l'excommunication des communistes, se référant à la fameuse encyclique de 1937 où Pie XI qualifie le communisme d'« intrinsèquement pervers ». Dans les couloirs du Vatican, on ne supporte plus les catholiques dits « progressistes » qui vont dans le sens du communisme, les prêtres qui ont participé aux grandes grèves ouvrières de 1947 et 1950, ou bien les théologiens progressistes qui, tel le père Chenu en mars 1950, signent l'« appel de Stockholm » lancé par Moscou et visant à interdire la bombe atomique américaine.

Or, le glissement des prêtres-ouvriers vers le communisme était inéluctable. Certains d'entre eux proviennent du milieu prolétarien et connaissent déjà la fraternité de l'atelier, la nostalgie de 1936 et les paroles de l'*Internationale.* D'autres découvrent la culture ouvrière, souffrent de la révélation de leur faiblesse physique, s'interrogent sur leur statut d'intellectuel, s'enflamment pour la lutte syndicale ou politique. La plupart du temps, ils sont plus éduqués que leurs camarades, ils ont l'habitude de parler en public, et leur célibat les rend plus libres le soir ou en fin de semaine : ils sont rapidement élus délégués syndicaux, ou délégués au CE de l'usine, on leur demande de rédiger les lettres et les tracts, de représenter leurs collègues dans les discussions avec les patrons.

Quoi de plus naturel qu'ils soient aussi invités, avec insistance, à adhérer à la CGT et au PCF ? Et à y prendre des responsabilités – comme le père Barreau, de la Mission de Paris, premier prêtre élu au secrétariat de l'Union des travailleurs de la métallurgie de la Seine ? Les militants communistes, omniprésents dans les usines, n'arborent ni la moustache de Staline ni les bésicles de Beria. Dans la réalité de tous les jours, les controverses sur l'idéologie marxiste-léniniste s'estompent derrière l'âpreté des luttes sociales. Dans un atelier miteux qui sent l'huile de moteur et la fraternité prolétarienne, au bout d'un quai balisé de hangars, sur un chantier de barrage alpestre, on se sent bien loin des goulags de Sibérie ou des vopos d'Allemagne de l'Est !

Le Saint-Office dans le collimateur

Sur ce thème ultrasensible, des centaines de lettres parviennent à Rome : inquiétudes sincères, mises en garde, plaintes sournoises, indignations, dénonciations personnelles. Elles sont transmises par les évêques, elles transitent par le nonce, elles arrivent directement à la Curie. Quand le cardinal Feltin, en novembre 1953, voudra remettre au cardinal Ottaviani trois cents lettres témoignant de la réalité pastorale des prêtres-ouvriers, en novembre 1953, il se heurtera à un refus poli :

— C'est inutile, nous sommes abondamment documentés sur cette affaire...

Le climat est mauvais. Pie XII, gravement malade depuis la mi-janvier, est alité à Castel Gandolfo. Comme il n'a pas voulu nommer un nouveau secrétaire d'Etat à la mort du cardinal Maglione en 1944, le pouvoir est dilué entre Mgr Tardini et Mgr Montini, pro-secrétaires d'Etat, qui ne sont même pas cardinaux, et le Saint-Office, qui en profite : les cardinaux Ottaviani (assesseur) et Pizzardo (secrétaire) multiplient initiatives et réprimandes, imposant à l'Eglise un contrôle quasi policier, loin de toute préoccupation évangélique.

La lecture des « chroniques » ou des « journaux » tenus par tel ou tel théologien français impliqué dans l'affaire, à cette époque, révèle le degré de colère rentrée, voire de haine recuite, que beaucoup d'hommes d'Eglise vouent au « système ignoble et misérable qui règne à Rome » (Congar), aux « jeunes scribouillards de la Sacrée congrégation » (Féret), à son système « policier, autocratique, totalitaire, crétin [...] comparable à la Guépéou et à la Gestapo » (Congar), aux textes « pieux et pissotants du cardinal Ottaviani » (Féret), etc. On comprend, à découvrir la violence de ces jugements, pourquoi le Saint-Office sera si brutalement contesté, quelques années plus tard, lors du concile Vatican II !

Les évêques français sont de plus en plus tiraillés. Le 7 avril 1951, le père Michel Favreau, prêtre-docker sur le port de Bordeaux, meurt écrasé par une palanquée de madriers. Son évêque, Mgr Richaud, refuse d'attaquer en responsabilité civile la direction du port, comme la CGT l'exigeait. Que deux prêtres-ouvriers se soient fait arrêter à la manifestation contre la venue du général américain Ridgway à Paris, le 28 mai 1952, que plusieurs d'entre eux aient participé à des rassemblements du Mouvement de la Paix, n'arrange pas leur cause.

Le 22 septembre 1951, Mgr Ancel, évêque auxiliaire de Lyon, écrit aux prêtres-ouvriers de son diocèse : il reprend et développe toutes les inquiétudes exprimées par le pape dans son exhortation de septembre 1950. La « méthode » utilisée par les prêtres-ouvriers est trop subjective, elle menace l'unité de l'Eglise, elle dévalue le ministère paroissial, elle risque d'isoler les « équipes » de prêtres-ouvriers et de les enfermer dans leurs certitudes méfiantes, voire hostiles à l'égard de l'institution ecclésiale. Mgr Ancel met aussi en garde, incidemment, contre l'« imprégnation marxiste » des prêtres au travail.

La lettre fait l'effet d'une bombe. Elle montre que le vent a tourné. Elle provoque nombre de réunions contestataires, divise les prêtres-ouvriers entre eux – le père Loew, à Marseille, appelle à ne pas se couper de l'Eglise – et annonce toute une série de mesures coercitives. Le 11 mars 1952, interdiction est faite de recruter de nouveaux prêtres-ouvriers. Les stages en usine de séminaristes sont interdits. Le 12 avril, le père Augros, supérieur de la Mission de France et directeur du séminaire de Lisieux, est démis de ses fonctions par la Commission épiscopale du clergé. Au printemps 1953, le cardinal Pizzardo – qui n'est pas seulement secrétaire du Saint-Office, mais préfet de la Congrégation des séminaires et universités – envoie le père Paul Philippe, dominicain, « visiter » le séminaire, lequel est transféré à Limoges, puis fermé le 6 septembre 1953, laissant en plan dix-neuf séminaristes soudain privés d'ordination.

En ce crucial 23 septembre 1953, quand le nonce

Marella provoque la fameuse réunion de l'archevêché de Paris, c'est pour porter l'estocade.

Le retournement des évêques

Pourtant, les cardinaux présents à cette réunion dramatique réagissent. Ils s'attendaient à cette admonestation, mais pas à un ordre aussi brutal qui ne leur laisse à eux, évêques, aucune marge de manœuvre. Leur réponse surprend le nonce :

— C'est une catastrophe ! dit Liénart. Une catastrophe pour l'Eglise de France et aussi pour le monde ouvrier. Moi, je n'ai qu'à me louer de mes prêtres-ouvriers. On a beaucoup exagéré les « accidents » les concernant...

— Il faut que Rome se rende compte des conséquences de sa décision, poursuit Feltin. L'Eglise va apparaître définitivement liée au monde capitaliste !

Le père Avril, provincial des dominicains, ajoute cet avertissement sans frais :

— Les répercussions seront graves dans tout un milieu intellectuel chrétien pour qui les prêtres-ouvriers constituent le témoignage le plus éloquent de la vitalité de l'Eglise !

Liénart et Feltin suggèrent alors de se rendre à Rome, avec le cardinal Gerlier, de Lyon, pour y rencontrer le pape et lui exposer leurs arguments de vive voix. Le nonce est contrarié, mais il ne peut s'opposer à une telle démarche. Le voyage se fera après la réunion de l'A.C.A. prévue à la mi-octobre. Pour les observateurs français, le sort des prêtres-ouvriers, et tout ce que cette expérience implique, est suspendu à ce voyage à Rome des trois principaux responsables de l'Eglise de France.

Le 5 novembre 1953, à 13 h 15 précises, Pie XII reçoit les trois cardinaux français dans sa résidence de Castel Gandolfo. L'entretien dure une heure et demie. Devant le pape, c'est Liénart, président de l'A.C.A., qui parle. Il a rodé son plaidoyer lors de l'inauguration d'un monument élevé à la mémoire du cardinal Suhard, le 10 octobre, près d'Angers :

— Très Saint-Père, la suppression totale des prêtres-ouvriers dans le plus bref délai serait pour l'Eglise et pour les âmes une source de difficultés très sérieuses, et ses répercussions auraient une portée incalculable...

Et Liénart d'énoncer : l'Eglise sera considérée, une fois de plus, comme « l'alliée des riches et des puissants » ; des « centaines de milliers d'âmes » seront abandonnées dans un monde absolument étranger à l'Eglise, « plus imperméable à l'Evangile que les populations païennes de nos missions lointaines » ; l'Eglise fera, par là même, un « inestimable cadeau » au communisme « qui déjà s'en glorifie ». La conclusion de Liénart est mûrement réfléchie : il faut séparer le bon grain de l'ivraie, et parer par des réformes profondes les dérives actuelles.

Peine perdue. La réponse de Pie XII est un réquisitoire implacable : les risques pour le sacerdoce et la définition même du prêtre, la participation des prêtres-ouvriers aux grandes grèves de l'été, tout y passe, même si le pape explique qu'il s'agit bien pour lui d'un « cas de conscience ». Les trois cardinaux insistent : on ne peut pas arrêter totalement la mission ! On peut imaginer, concède le pape, que des « prêtres du monde ouvrier » ou « du monde du travail » reprennent le flambeau, mais en tant que prêtres, et en lien avec des paroisses.

Faible compensation. Quand ils reprennent l'avion pour Paris, les trois éminences sont effondrées. Le pape a tranché. Définitivement. Le matin même, dans son bureau du Saint-Office, le cardinal Ottaviani leur avait fait la leçon :

— Quel exemple pour l'Eglise, alors que le pape s'est clairement prononcé, de voir les cardinaux français vouloir le faire revenir sur une décision aussi motivée !

Des cardinaux pourraient-ils ne pas obéir au pape ? Le 28 décembre, à Lille, dans les vœux qu'il adresse au clergé de son diocèse, le cardinal Liénart explique :

— Etre prêtre et être ouvrier sont deux fonctions, deux états de vie différents, qu'on ne peut confondre sans altérer la notion de sacerdoce. On n'a pas le droit de toucher au sacerdoce tel que le Christ l'a établi.

Ces raisons, conclut Liénart, « sont tellement évidentes *qu'il n'y a qu'à s'incliner* devant elles ».

La reddition est totale. Le 19 janvier 1954, les évêques de France publient une *Lettre aux prêtres ouvriers* pour les informer qu'ils doivent cesser leur activité avant le 1er mars, et que leur foi doit les aider à « se soumettre ». L'embarras est patent chez ceux qui avaient encouragé l'expérience, défendu ses acteurs et jugé son arrêt « catastrophique ». Mais Liénart, Feltin, Gerlier, comme la quasi-totalité des évêques français, vont répéter et justifier pendant des semaines leur ralliement à la décision du pape – sans pouvoir endiguer la stupeur générale face à ce peu glorieux retournement.

La tragédie des « insoumis »

La lettre du 19 janvier fait l'effet d'un tremblement de terre. A la base, la riposte s'organise. Un « rapport » est remis à Liénart par les « prêtres des barrages », ces ouvriers du bâtiment allant de chantier en chantier dans les vallées alpestres ; un « *document vert* » est élaboré par les prêtres-ouvriers de la région parisienne. Pour beaucoup d'entre eux, c'est une tragédie personnelle. Comment rompre les liens patiemment tissés dans leur nouveau milieu, comment abandonner si vite activités et responsabilités, comment lâcher les camarades de lutte en plein désarroi ? Comment accepter le discours officiel sur « l'obéissance, source de spiritualité » ?

Le mercredi 3 février, autre coup de tonnerre. Les principaux quotidiens français, y compris *L'Humanité*, publient un communiqué, à la fois manifeste politique et plainte déchirante, signé par soixante-treize prêtres-ouvriers qui refusent les décisions épiscopales du 19 janvier. Le nonce Marella, le matin même, en transmet le texte à Rome par téléphone, ainsi que la liste des signataires. Le 1er mars, date limite de l'injonction épiscopale, les évêques sont sanctionnés par leur hiérarchie, qui les suspend *a divinis* – ils n'ont plus le droit de dire la messe ni d'exercer aucun ministère sacerdotal. Certains reviendront dans le giron de l'Eglise, mais une cinquantaine d'entre eux iront jusqu'au bout de leur engagement.

On les appellera les « insoumis ». Ils s'appellent Jean-Marie Huret et Jean Cottin, manœuvres au Havre ; Bob Lathuraz et Pierrot Sénégas, ouvriers à Montceau-les-Mines ; Bernard Chauveau et Roger Deliat, OS chez

Renault à Boulogne ; Roger Breistroffer, métallo à Arcueil ; Jean Breynaert, maçon à Grenoble ; et aussi Aldo Bardini, Jean Olhagaray, Jo Lafontaine, Maurice Combe, Jean Gray, etc. Ecartelés entre les admonestations paroissiales, les supplications de leur famille, l'incompréhension de leurs camarades de travail, la méfiance de leurs patrons, ces soldats perdus de l'Evangile vivront un véritable enfer : ébranlement de la foi, doute sur l'essentiel, désarroi social et, bien sûr, colère contre l'Eglise.

Purge chez les dominicains

A Rome, le « manifeste des 73 » achève de discréditer, si besoin était, les prêtres-ouvriers et ceux qui les défendent. A commencer par les dominicains. Le lendemain de sa publication, le père Suarez, maître de l'ordre de saint Dominique, en fait la dure expérience. Convoqué ce jour-là – hasard du calendrier – par le cardinal Valerio Valeri, préfet de la Congrégation des religieux, ancien nonce auprès du gouvernement de Vichy, il s'entend expliquer brutalement que les dominicains sont beaucoup trop mêlés, en France, à cette histoire. Le sol se dérobe sous les pieds du dominicain espagnol quand il entend de la bouche de son hôte qu'il a été trop faible avec les Français, que les trois provinciaux concernés doivent être déposés, que les établissements où se forment les futurs dominicains (170 étudiants) doivent être fermés, et qu'il va falloir changer le mode de désignation des responsables de l'ordre !

L'attaque vient du Saint-Office. Déjà, en octobre, le cardinal Pizzardo avait déploré « le regrettable esprit d'insubordination et d'indiscipline » caractérisant les dominicains, et tout particulièrement leurs théologiens, spécialistes des « phrases brillantes et des affirmations floues ». En raccompagnant le père Suarez, le cardinal Valeri lui tend une grosse enveloppe contenant un paquet de lettres, rapports, dénonciations en tout genre contre les prêtres-ouvriers et les théologiens membres de l'ordre :

— Il vous faut rassurer le Saint-Office...

Il y a urgence. Dès le 6 février, le père Suarez descend au couvent de la rue du Faubourg-Saint-Honoré où réside le père Avril, provincial pour la France. Le surlendemain, dans sa cellule double du premier étage, au pied d'une reproduction de saint Dominique par Fra Angelico, Suarez reçoit successivement le père Chenu, le père Féret, le père Boisselot (directeur des éditions du Cerf) et le père Congar, pour leur annoncer qu'ils sont sacrifiés sur l'autel de l'ordre. Le propos de Suarez est dramatique :

— Acceptez ces sanctions, je vous en supplie ! Aidez-moi à sauver l'ordre !

Propos qu'il répète à 15 heures, en salle du chapitre, devant le conseil extraordinaire réuni pour la circonstance :

— Si nous donnons au Saint-Siège le sentiment de lui obéir, tout sera rapidement oublié. Sinon, les mesures risquent d'être très graves...

A mots couverts, dans un français hésitant, Suarez explique que Pie XII, très malade, n'en a plus pour longtemps, et qu'il faut tenir jusqu'au prochain pape. A chacun, il demande d'accepter en silence cette incroyable « purge » : mise à l'écart de Chenu, Congar, Féret et Boisselot ; remplacement immédiat des trois provinciaux (Avril à Paris, Béaud à Lyon, Nicolas à Marseille) ; ordre aux supérieurs des maisons missionnaires (Albert Bouche, Bernard Garey, Jacques Screpel, etc.) de faire revenir tous les prêtres-ouvriers dans leurs couvents avant le 1er mars ; censure systématique de toutes les publications par la curie généralice. « Un véritable Trafalgar », commente le père Boisselot.

Le 11 février, Suarez se rend chez le nonce Marella : mission accomplie. L'ordre règne chez les dominicains français. Tous les journaux reprennent et commentent, ce matin-là, ce « coup de balai » historique. *Le Monde* évoque un « dangereux retour aux plus discutables méthodes de l'Inquisition », *Franc-Tireur* et *L'Express* dénoncent un « retour de l'intégrisme ». Si certains journaux de la droite extrême, comme *Rivarol*, se réjouissent de la mise au pas des prêtres ouvriers, d'autres, plus à gauche, comme *Le Populaire*, s'indignent que le Vatican « traite la France comme un pays de protectorat ».

Le journal le plus gêné, c'est *La Croix* qui se contente de publier, le 12, un petit entrefilet insipide – rien n'est simple, il ne faut pas tout mélanger, etc. – dont le texte a été soufflé directement au père Gabel, rédacteur en chef du journal, par le nonce Marella. Il faut dire qu'Alfred Michelin, directeur de la Bonne Presse, éditeur de *La Croix*, a écrit le 10 février, en privé, aux pères Chenu et Congar pour leur dire sa tristesse et sa compassion devant les « mesures si rigoureuses » qui viennent de les frapper...

Le même jour, en visite à la paroisse Regina Pacis de Rome, le cardinal Ottaviani prononce un impitoyable réquisitoire contre les prêtres-ouvriers, leurs « sauts dans le noir », leurs « méthodes plus spectaculaires qu'efficaces », leurs erreurs qui mènent à « gaspiller les grâces surnaturelles », etc. Afin, sans doute, que nul n'ignore qui commande dans l'Eglise universelle.

Rassemblements de militants chrétiens, manifestes d'intellectuels, vives polémiques dans la presse : dès le 18 février, à Rome, l'ambassadeur Wladimir d'Ormesson commente au pro-secrétaire d'Etat, Mgr Montini, les « effets désastreux » des mesures prises contre les prêtres-ouvriers et les dominicains, qu'il compare, *mutatis mutandis*, à une « affaire Dreyfus » interne à l'Eglise de France. En confidence, Montini admet que le moment choisi pour faire le ménage chez les dominicains est particulièrement « inopportun » et que c'est le Saint-Office qui en est responsable. Il y a bien deux lignes politiques au Vatican...

Nul ne peut encore imaginer que Mgr Montini sera élu pape en 1963, et qu'il donnera raison à tous ceux qui veulent encore croire à cette forme d'apostolat : la Mission ouvrière revivra, en effet, à partir de 1965, sous des formes moins débridées, avec la bénédiction du nouveau chef de l'Eglise. Entre-temps, toutes les questions posées par cette crise – le statut des prêtres, le rôle des laïcs, l'obéissance à Rome, la liberté religieuse et, surtout, le rapport de l'Eglise avec le monde moderne – auront nourri de façon inattendue ce qui sera le plus formidable examen de conscience d'une Eglise bousculée par son époque : le concile Vatican II.

7

Main basse sur le concile

Comment Vatican II a manqué de capoter le jour de son ouverture

« L'Eglise chemine, et la tâche de celui qui la guide n'est pas de la garder comme un musée. »

Jean XXIII.

« Il faudra cinquante ans pour réparer les dégâts de ce pontificat ! »

Cardinal Siri, archevêque de Gênes,
(à la mort de Jean XXIII).

Rome, jeudi 11 octobre 1962. Le concile Vatican II a été inauguré ce matin. La cérémonie d'ouverture a été grandiose. Avant l'aube, une nuée d'évêques a envahi le dédale des musées du Vatican. Ils ont revêtu leurs habits épiscopaux et coiffé leur mitre blanche avant de prendre place dans le cortège qui, à 8 h 30, a commencé à s'écouler lentement depuis l'interminable Galerie lapidaire : six par six, cardinaux en tête, plus de deux mille « pères conciliaires », venus des quatre coins du monde, ont longé les colonnes du Bernin, traversé la place Saint-Pierre noire de monde et pénétré solennellement dans la basilique, dont la nef a été transformée en gigantesque salle de congrès. Puis Jean XXIII a fait son entrée sur la *sedia gestatoria,* la traditionnelle chaise à porteurs, sous les acclamations des fidèles et aux accents du *Veni creator spiritus.*

Après la grand-messe, le pape a prononcé un discours aux accents évangéliques et prophétiques :

— *Gaudet mater Ecclesia...*

Jean XXIII a expliqué en quoi le concile Vatican II devait permettre à l'Eglise « de se consacrer, résolument et sans crainte, à l'œuvre que réclame notre époque ». L'Eglise, selon lui, doit « faire en sorte que les hommes, les familles, le peuple tournent réellement leur âme vers les choses célestes ». Jean XXIII, délibérément, a tourné le dos au pessimisme et à la nostalgie caractérisant les discours de l'époque, choisissant ses mots avec minutie :

— L'Eglise préfère recourir au remède de la miséricorde plutôt que de brandir les armes de la sévérité !

Le vieux pontife au visage doux a fustigé les « prophètes de malheur » et démenti que l'Eglise eût pour idéal la « restauration » d'un quelconque « âge d'or ». A plusieurs reprises, il jeta un coup d'œil furtif vers son plus proche voisin de droite, le cardinal Alfredo Ottaviani, préfet de la Sacrée congrégation du Saint-Office. Les deux hommes se connaissent depuis longtemps, mais ils ne sont pas, en ce jour solennel, sur la même longueur d'onde. Ottaviani désapprouve, lui, l'idée d'ouvrir l'Eglise à tous les vents de l'histoire. Il a même dans l'idée, depuis le début, d'empêcher cette folle entreprise qui peut faire courir de gros risques à l'institution telle que les derniers papes, de Pie IX à Pie XII, l'ont voulue. Les propos du « bon pape Jean » l'ont contrarié. Mais le vieux briscard de la Curie pense aussi que la bataille n'est pas encore perdue : un discours, fût-il papal, ne suffit pas à changer le cours d'une histoire bimillénaire.

Des applaudissements libératoires

Rome, samedi 13 octobre 1962. Il tombe des trombes d'eau sur la place Saint-Pierre tandis que s'ouvre la première « congrégation générale » réunissant, dans la basilique, les quelque trois mille participants au concile Vatican II. Le ciel n'est pas de la partie. Est-ce un mauvais présage ? Sous les colonnades du Bernin qui protègent les arrivants des rafales de pluie et de vent, l'atmosphère est sensiblement plus tendue. Certes, le discours engageant du pape Jean XXIII résonne encore dans toutes les mémoires, mais les « pères conciliaires » sont, cette fois, au pied du mur. Le vingt et unième concile général de l'Eglise catholique va démarrer dans quelques minutes et personne, absolument personne, ne sait quelle tournure va prendre cet événement hors du commun.

Au moment où il pénètre à son tour dans la basilique Saint-Pierre, le très respecté cardinal Liénart, évêque de Lille, voit s'approcher, un papier à la main, son collègue de Bourges, le cardinal Joseph Lefebvre – le propre cousin du futur chef de la dissidence intégriste qui figure, lui aussi, parmi les 2 300 évêques présents.

— Eminence, nous allons être invités à voter pour nommer les dix commissions qui seront la cheville ouvrière du concile, mais nous ne nous connaissons pas assez pour choisir. C'est très grave ! Voici un texte demandant que le vote soit reporté : puisque vous êtes membre du conseil de présidence, vous pourrez peut-être intervenir en ce sens !

La veille au soir, à la fin de la réception offerte par l'ambassadeur de France auprès du Saint-Siège, l'archevêque de Bourges s'est vu remettre le document, rédigé en latin, par Mgr Garrone, évêque coadjuteur de Toulouse. Depuis son arrivée à Rome, Garrone est affolé de voir que ses interlocuteurs de la Curie, du plus modeste *minutante* au cardinal Tisserant, doyen du Sacré Collège, sont peu enthousiastes, voire hostiles à la tenue du concile. Il a compris que la procédure d'élection des commissions conciliaires est faite pour verrouiller l'assemblée. C'est lui et quelques amis membres de la délégation française – Mgr Ancel, Mgr Larrain, le chanoine Martimort – qui ont concocté ce texte, sans imaginer qu'il va changer, en effet, le cours des choses.

Sans mot dire, Liénart saisit la feuille de papier des mains de Lefèvre et prend place à la table de la présidence, près de l'escalier qui mène au tombeau de saint Pierre, devant le trône papal vide. Il n'est pas sûr de donner suite à cette suggestion un peu cavalière. Nul doute que le cardinal Pericle Felici, secrétaire général du concile, donnera des indications éclairantes avant le vote ! Pourtant il doit se rendre à l'évidence : les services de Felici ont distribué aux participants dix feuilles de papier portant chacune le nom d'une des futures commissions conciliaires ainsi que la liste des membres des anciennes commissions, celles qui ont élaboré les « schémas » préparatoires. Sur chacune des feuilles, les présents doivent inscrire 16 noms. Soit 160 noms. Tout de suite. Alors qu'aucun d'eux ne connaît le dixième, le centième des évêques présents !

C'est bien là-dessus que comptent les organisateurs. La manœuvre est limpide : les nouvelles commissions reproduiront automatiquement, *grosso modo*, la composition des commissions préparatoires. Que ce tour de passe-passe ne soit pas très démocratique est secondaire – l'Eglise n'est pas un parlement. Mais il transforme sciemment le concile en une formidable chambre d'enregistrement destinée à entériner des textes concoctés dans l'ombre par les bureaucrates de la Curie – des hommes respectables, compétents, certes, mais peu imaginatifs et très éloignés de la réalité du monde. Est-ce dans les couloirs des dicastères romains que souffle l'esprit ? Comment attendre de ceux qui ont préparé ces textes qu'ils les remettent en cause, justement ? Qu'en sera-t-il de l'*aggiornamento* que le pape Jean XXIII a encore appelé de ses vœux avant-hier, si la réunion est d'ores et déjà encadrée, triée, contrôlée, aseptisée ?

Au moment où Felici s'apprête à demander aux pères de passer au vote, Liénart se penche vers son voisin de droite, le cardinal Tisserant, président de séance :

— Eminence, n'allez-vous pas intervenir pour nous accorder un délai de réflexion ?

— Je ne peux le faire, le programme de cette séance ne comporte aucune discussion.

— Alors donnez-moi la parole !

— Je ne le peux davantage, rien n'est prévu.

— Alors, excusez-moi, je vais la prendre !

Sans attendre la réponse de Tisserant, le cardinal Liénart se lève et, au micro, dominant son émotion, suggère tranquillement – en latin – d'ajourner le vote afin que les pères conciliaires se connaissent un peu mieux et pour permettre aux quarante-deux conférences épiscopales de faire connaître les noms de leurs collègues les plus aptes à siéger dans les commissions...

Cela aurait pu n'être qu'une motion d'ordre technique, presque sans importance. Mais des applaudissements nourris éclatent soudain dans la basilique. Aussitôt, le cardinal Frings, archevêque de Cologne, lui aussi membre du conseil de la présidence, se lève à son tour. Il précise qu'il parle en son nom et en ceux de ses collègues Döpfner, de Munich, et König, de Vienne :

— Nous soutenons la proposition du cardinal Liénart, et demandons que l'élection des membres des commissions soit reportée à mardi prochain !

Nouveaux applaudissements, vifs, prolongés, libératoires. Les cardinaux, les évêques, les experts sentent bien que les organisateurs du concile n'avaient pas prévu cela, qu'un grain de sable vient d'enrayer la grosse machine institutionnelle mise en place par la Curie romaine. Et que les pères conciliaires, au nom du peuple chrétien, viennent de prendre le pouvoir.

Il est presque 10 h 30. La première séance plénière du concile Vatican II a duré moins de 50 minutes. Le cours de l'histoire de l'Eglise catholique vient de bifurquer.

Un pape « de transition »

Tout a commencé le dimanche 25 janvier 1959, à la basilique Saint-Paul-hors-les-Murs, via Ostiense. Ce jour-là, le pape Jean XXIII, élu quatre-vingt-dix jours plus tôt, clôturait la traditionnelle Semaine de prière pour l'unité des chrétiens. Après la cérémonie, lors d'un consistoire secret réuni au premier étage des bâtiments conventuels, dans la salle du chapitre des moines bénédictins, il a prévu de prendre la parole devant une petite vingtaine de cardinaux placides, qui ne savent pas que le ciel va leur tomber sur la tête :

— Vénérables frères et chers fils...

Rien ne laisse à penser que son allocution va prendre place dans l'histoire. Pourtant, les dix-huit membres du Sacré Collège lèvent les yeux, attentifs, lorsque le pape en vient au but de la réunion :

— C'est avec un peu de tremblement d'émotion...

Pourquoi le pape est-il si ému ? Parce que ce vieux pontife, que l'on disait « de transition », annonce soudain deux décisions majeures :

— ...un synode pour le diocèse de Rome et un concile œcuménique pour l'Eglise universelle.

Un synode, un concile, rien que cela ! Et, en prime, la mise à jour du Code de droit canonique ! Trois chantiers, trois ouvertures « importantes » suggérées au pape, selon ses propres termes, par ses « premiers mois de présence et de contact avec le milieu ecclésiastique de Rome ». L'objectif, à la fois simplissime et très ambitieux, est, « dans cette époque de rénovation », de « clarifier la pensée, resserrer l'unité religieuse, raviver la ferveur chrétienne ». Un mot résume le tout, un mot italien qui fera florès : l'Eglise doit faire son *aggiornamento*. Sa « mise à jour ».

Le pape confiera plus tard à son secrétaire, don Loris Capovilla, qu'il fut déconcerté par la « stupeur » qui saisit les cardinaux. Il s'attendait à être entouré, félicité par eux, peut-être critiqué. Son discours, au contraire, fut salué par un silence pesant. Pas un mot, pas un applaudissement, pas même un mouvement. Les cardinaux sont restés bouche bée. Ils ont vite compris qu'il ne s'agissait pas là d'un vœu pieu, d'une aimable invitation à la réflexion, mais d'une « décision » prise, selon les mots du pape lui-même, avec « résolution » et « détermination ».

Le seul à n'être pas surpris, c'est le cardinal Domenico Tardini, que Jean XXIII a nommé secrétaire d'Etat et qu'il a informé, quatre jours plus tôt, de son « programme ». Selon le récit du pape, Tardini avait ouvert « des yeux grands comme cela », mais sa réaction positive avait comme soulagé le vieux pontife qui, à quelques rares et discrètes exceptions, n'avait consulté personne. La décision de convoquer un concile fut vraiment la volonté d'un seul homme.

Et quel homme ! Qui pouvait imaginer que cet homme-là, ce pape-là, prendrait une telle initiative ? Le même homme dont Mgr Tardini lui-même, au temps où il travaillait auprès de Pie XII, ne parlait qu'en haussant les épaules ! Quatre mois plus tôt, le 28 octobre 1958, il avait fallu onze tours de scrutin pour que les cinquante et un cardinaux du conclave désignent le cardinal Angelo Giuseppe Roncalli, patriarche de Venise, pour succéder à Pie XII, de préférence aux autres *papabili* de l'époque : Agagianian, Lercaro, Tisserant, Ruffini et autres Valeri. Le nouveau pape, âgé de 77 ans, avait choisi de s'appeler *Jean*, et non *Pie*, comme pour montrer qu'il ne se situait pas au niveau de ses éminents prédécesseurs. Il est vrai qu'après le règne glorieux de Pie XII, majestueux et impérial, aucun cardinal ne pouvait prétendre à une telle succession. C'est pour cela que Jean XXIII fut considéré, d'emblée, comme un « pape de transition » : après Pie XII, sans doute, tout autre pape eût été qualifié ainsi.

A plus forte raison le brave, le sympathique Roncalli ! Un physique rondouillard et un visage bonhomme : tout le contraire de son impressionnant prédécesseur, à la silhouette hiératique et à la mine sévère. Les Français, qui l'ont bien connu quand il était nonce apostolique à Paris, ont gardé le souvenir d'un homme simple, sans profondeur, répondant par des pirouettes verbales et des *fioretti* aux questions les plus sérieuses. Une formation traditionnelle, un profil de curé de campagne, une carrière diplomatique sans éclat, une sinécure pastorale à Venise : rien qui fasse de lui un révolutionnaire !

Déjà Pie XI et Pie XII...

Révolutionnaire ? L'idée même du concile, à vrai dire, ne l'était pas tout à fait. A plusieurs reprises, sous Pie XI et Pie XII, l'idée avait resurgi de clôturer formellement le précédent concile dit « du Vatican », qui avait été brutalement interrompu par la guerre de 1870 après avoir entériné la primauté de l'évêque de Rome et le dogme de l'infaillibilité pontificale.

Le pape Pie XI, à peine élu, avait bien consulté les évêques et réuni une commission de théologiens sur le sujet, mais il n'avait pas donné suite : réunis en un consistoire secret le 23 mai 1923, les cardinaux s'étaient montrés presque unanimement défavorables à cette initiative.

Pie XII, après la Seconde Guerre mondiale, avait rouvert

le dossier, qu'il avait confié à une commission interne présidée par Mgr Ottaviani, assesseur du Saint-Office, et composée de théologiens choisis par celui-ci. Le contexte avait radicalement changé. D'abord nombre de questions en suspens en 1870 avaient trouvé leur résolution dans le nouveau Code de droit canon (1917) et les accords du Latran (1929). Ensuite, le problème du « modernisme », central à la fin du XIXe siècle, avait fait place à d'autres grands enjeux, notamment celui du « communisme athée ».

La réponse fut sans surprise :

— D'abord, le concile du Vatican ayant scellé dans le marbre la primauté et l'infaillibilité du pape, à quoi bon remettre en cause ces principes à l'heure où l'Eglise, face à un monde hostile, devait éviter de disperser ses forces ?

— Par ailleurs, le dogme de l'infaillibilité pontificale, établi à Vatican I, n'ôtait-il pas toute signification à l'idée même d'un concile ? A quoi bon réunir formellement les évêques si le pape est censé avoir forcément raison sur les grandes questions de doctrine ?

— Enfin, quel impact aurait eu un concile au début des années 1950, alors que plusieurs dizaines d'évêques croupissaient dans les geôles communistes ? Moins que jamais le pape pouvait réunir autour de lui, en concile, la totalité des évêques de la planète.

La menace communiste, si elle ne figurait jamais dans les textes officiels, était dans tous les esprits. Sa condamnation, aussi : l'alignement de fait, sinon de droit, du Vatican sur les démocraties occidentales n'aurait-il pas rendu caduque toute réflexion sur l'unité des chrétiens ou la liberté religieuse ? Le principal obstacle à un concile, c'était la guerre froide.

Lors du conclave d'octobre 1958, Ottaviani avait discrètement évoqué le sujet avec quelques cardinaux, dont Roncalli, le futur pape, et Frings, l'archevêque de Cologne. Rien de très concret. Dans ces vagues propos de couloirs, il ne s'agissait d'ailleurs que d'un concile bref, voire expéditif, qui mobiliserait les évêques pendant quelques mois de l'année 1959.

Cinq jours après son élection du 28 octobre 1958, Jean XXIII avait testé quelques éminences – il en reste la trace sur une des premières feuilles d'audience du nouveau pontificat – dont le très conservateur cardinal Ruffini, archevêque de Palerme, qui avait été l'un des proches confidents de Pie XII, et quelques autres : Mgr Urbani (Venise), Mgr Bortignon (Padoue), etc. L'avis général était que le contexte international – la guerre froide, la décolonisation – ne se prêtait pas à une telle réunion. Pour une majorité des cardinaux, il était urgent de ne rien faire. D'ailleurs, les plus attachés à l'immobilisme n'avaient aucune crainte : l'âge avancé du nouveau pape était, à lui seul, l'assurance que l'Eglise ne se lancerait pas dans de grandes aventures...

C'était sans compter avec le Saint-Esprit. Dans son *Journal de l'âme*, Jean XXIII explique la « grande grâce » que Dieu lui fit en lui soufflant cette idée « très simple », ajoutant : « Le premier à être surpris de cette suggestion que je faisais, ce fut moi-même, alors que personne ne m'en avait jamais donné l'idée. » Le 9 janvier 1959, Jean XXIII se confie à l'un de ses proches, Mgr Giovanni Rossi :

— Tu sais, don Giovanni, ce n'est pas le Saint-Esprit qui assiste le pape, c'est l'inverse ! C'est lui qui fait tout. Le concile est son idée à lui !

Quelques jours plus tard, il donne la même explication au tout nouveau secrétaire d'Etat, le cardinal Tardini :

— Soudain une grande idée surgit en Nous et illumina Notre âme. Une parole tomba de Nos lèvres, grave, impérative. Notre voix dit, pour la première fois : *un concile !*

C'est peut-être à force de se référer au Saint-Esprit que Jean XXIII s'attira quelques réactions peu amènes, y compris dans les couloirs du palais apostolique : le pape avait-il bien toute sa tête ? « Comment peut-il oser ? » demande un cardinal. « C'est son quart d'heure de folie », susurre un autre. « C'est le fruit de son inculture et de son inexpérience », glisse un troisième. « Il court à l'échec », estime encore un autre...

La « tranquille audace » de Jean XXIII

La nouvelle de la convocation du concile fit le tour du monde en quelques heures. Elle suscita beaucoup de réactions, parfois très positives, notamment en Europe du Nord, en Allemagne, au Canada, en France. A Paris, le journal *La Croix* titre le lendemain : « Un geste de tranquille audace ». Curieusement, plus on descend dans la hiérarchie de l'Eglise, et plus on se prend à espérer. Dans certaines congrégations religieuses, au niveau des laïcs engagés, chez les intellectuels, dans les « mouvements » d'action catholique, on voudrait tant que l'Eglise change enfin !

A Rome, en revanche, c'est la perplexité qui domine. On chercherait en vain, aujourd'hui, la réaction de *L'Osservatore Romano* : le journal du Saint-Siège n'a pas publié l'intervention papale de Saint-Paul-hors-les-Murs, se contentant d'un communiqué de vingt-trois lignes, ampoulé et laconique, de la Secrétairerie d'Etat. Ni le lendemain ni dans les jours qui suivent, le quotidien du Vatican ne fait mention du futur concile. Même discrétion dans la très importante revue *Civilta Cattolica*, fleuron de la Compagnie de Jésus, qui fait l'impasse sur le texte du pape, et ne consacrera au concile, pendant toute l'année 1959, qu'une simple « revue de presse » dans son numéro d'avril. Quant aux grandes voix de l'Eglise italienne, elles se taisent : en octobre, le communiqué des principaux dirigeants de l'épiscopat ne cite pas le sujet !

Même à propos du volet œcuménique du projet de Jean XXIII, qui paraîtra plus tard si évident, et qui provoque aussitôt un grand intérêt chez nombre de protestants et d'orthodoxes, la Curie fait le gros dos. Alors que le pape a clairement lancé une « invitation aimable » aux fidèles des « Eglises séparées » à « participer » au concile à venir, le texte officiel de l'intervention est tranquillement caviardé par les services : le mot *communautés* remplacera le mot *Eglises* (la seule à mériter ce nom, c'est l'Eglise catholique), et le verbe *suivre* sera préféré à *participer* ! Au fil des mois, nombre de déclarations du pape seront ainsi « corrigées » – toujours à la baisse – par ses propres services.

Le théologien Yves Congar, fin observateur, notera dans son *Journal du concile* : « On avait l'impression qu'à Rome, toute une équipe s'appliquait à saboter le projet du pape ; on disait même que le pape s'en rendait parfaitement compte. » Lui-même, échaudé par l'affaire des prêtres-ouvriers, a vu tout de suite comment l'intuition de Jean XXIII pourrait être relayée par le peuple chrétien, loin des intrigues internes au Vatican : « Il faut que la pression de l'opinion publique des chrétiens force le concile à exister vraiment et à faire quelque chose ! »

Mais l'opinion publique, par la volonté expresse des cardinaux, est tenue soigneusement écartée de la préparation du concile. Les cardinaux savent, eux, qu'une telle initiative risque de provoquer des débats virulents, des polémiques inopportunes et des dérives dangereuses. Ordre est donc donné à tous les participants aux commissions de n'en dire mot à l'extérieur : le secret le plus absolu entourera les deux années de préparation conciliaire. C'est ce qui explique que l'intérêt manifesté par les médias et les milieux diplomatiques – on le constate en lisant les télégrammes de l'ambassadeur français Roland de Margerie – retombe au printemps, faute de matière, au profit des relations soviéto-chinoises et des troubles au Congo belge.

Deux ans de manœuvres

Le pape lui-même revient régulièrement sur le sujet, mais sans imposer ni méthode ni contenu. Il entend préserver la liberté du concile, sa spontanéité – avec tous les risques que cela comporte, à commencer par l'enlisement bureaucratique dès le départ de l'aventure. A qui confier le dossier ? Un concile ne s'organise pas comme un colloque d'intellectuels ou un concert de charité. Pie XII, quand il s'était posé la question, en 1948, s'était tourné vers le Saint-Office. La question a été posée à Jean XXIII par le cardinal Nicola Canali, doyen des cardinaux-diacres – un vieux de la vieille :

— La préparation du concile sera-t-elle à nouveau confiée au Saint-Office ?

Réponse de Jean XXIII :

— Le président du concile, c'est le pape.

Ecarté, le Saint-Office ! Dès le 6 février 1959, le secrétaire d'Etat Tardini propose de réunir une commission spéciale, restreinte, composée d'un petit groupe de cardinaux, avec un secrétariat composé d'experts, qui sera chargée de lancer un questionnaire auprès des évêques du monde entier. Cette commission *ante* préparatoire sera confiée à la Congrégation pour les affaires extraordinaires, qui est présidée, justement, par le cardinal secrétaire d'Etat. Elle fera travailler les secrétaires de toutes les congrégations de la Curie romaine – l'un des plus humbles d'entre eux, Pericle Felici, secrétaire de la Sainte Rote, assurant le secrétariat.

Le pape a évité le Saint-Office, il ne pouvait contourner la Curie. Le 17 mai 1959, jour de la Pentecôte, la « commission *ante* préparatoire » est instituée. Dès sa première réunion, le 26 mai, se pose une question emblématique : quelle langue parlera-t-on au concile ? Pour les fonctionnaires de la Curie, la réponse tient de l'évidence : le latin, bien sûr. Quelqu'un propose-t-il que les évêques puissent au moins répondre en anglais et en français, et c'est le tollé. Les réactions dépitées des uniates byzantins (qui trouvent la langue latine trop « romaine » à leur goût) ou d'évêques lointains comme don Helder Camara, n'y feront rien. C'est le pape en personne, le 20 juin 1961, qui décidera d'assouplir la règle et de tolérer certaines interventions « dans une langue vivante ».

Au cours de cette première réunion, Tardini sort de sa sacoche un projet de questionnaire aux évêques, plutôt restrictif, qu'il soumet aux représentants de tous les dicastères.

Quand il en prend connaissance, le pape bat en brèche cette procédure et décide d'envoyer à tous les responsables de l'Eglise – congrégations romaines, nonces apostoliques, évêques titulaires, résidentiels ou auxiliaires, supérieurs religieux, prélats missionnaires, recteurs de facultés catholiques – une lettre générale, très ouverte, leur proposant de faire remonter à Rome « en toute liberté et sincérité » leurs *concilia* (recommandations) et leurs *vota* (vœux) sur ce qu'ils souhaiteraient voir traiter au concile.

Sur les 2 812 destinataires, 2 150 (dont 106 Français) répondent à l'appel du pape. Leurs réponses sont systématiquement classées par les collaborateurs de Mgr Felici. De Cracovie, le jeune évêque Karol Wojtyla renvoie un mémoire de sept pages daté du 30 décembre 1959. L'un des derniers à répondre, le 6 mai 1960, est, curieusement, le cardinal Montini, archevêque de Milan. Les évêques allemands sont les seuls à envoyer une réponse collective. Au total, ces documents oscillent du simple accusé de réception jusqu'au long rapport plein d'analyses fouillées et de suggestions très élaborées.

Tous les sujets sont abordés. Sur 9 438 propositions recensées, les plus audacieuses viennent, en général, d'Europe du Nord-Ouest (Pays-Bas, Allemagne, Scandinavie), où les catholiques ont toujours été poussés au changement par le souvenir de la Réforme, et, pour d'autres raisons spécifiques, des chrétiens d'Orient. Les trois sujets les plus souvent traités sont : le rôle des évêques, la réforme liturgique et les vocations sacerdotales. Le dogme de Marie, le rôle des laïcs dans l'Eglise sont souvent abordés. Parfois, un évêque – comme Mgr Puech, de Carcassonne – n'hésite pas à demander « une réforme radicale de la Curie ».

Mais il faut bien se rendre à l'évidence : les réponses sont majoritairement décevantes, conformistes, respectueuses – voire obséquieuses – vis-à-vis de l'autorité romaine, et très en deçà de l'ambition du pape. Beaucoup visent sincèrement à combler le retard de l'Eglise sur le monde moderne, mais émettent des propositions techniques assez éloignées de l'intuition prophétique de Jean XXIII. L'explication donnée par les commentateurs de l'époque est assez simple : tous ces évêques sont habitués, depuis des lustres, à répondre à des injonctions venant du Saint-Siège, et considèrent la lettre de Tardini comme un questionnaire de plus. Qui, parmi eux, pouvait penser que le concile à venir prendrait une tournure si radicale ?

Ce qui a frappé tous les historiens qui se sont plongés dans cette montagne de résolutions, c'est l'indigence des réponses venant… de la Curie romaine. Au mieux, polies et conventionnelles, le plus souvent réticentes et attentistes, elles témoignent d'une incrédulité générale face aux initiatives de Jean XXIII, et surtout, globalement, pour reprendre l'expression d'Etienne Fouilloux, d'un « conservatisme invétéré ». La Congrégation du concile concentre ses propositions sur la lutte contre le communisme. La Congrégation des séminaires et universités suggère le retour obligatoire et exclusif à l'enseignement de Thomas d'Aquin. La Congrégation des rites s'oppose à toute réforme liturgique globale et à l'extension de l'usage des langues vulgaires. Le Saint-Office, pour sa part, rédige une longue liste des « erreurs » à condamner, et souligne le « danger » de l'œcuménisme…

Le 7 avril 1960, veille de la dernière réunion de la commission Tardini, Jean XXIII rend publique sa *Sintesi finale* : dix-huit pages dactylographiées, visiblement inspirées de l'analyse faite des contributions par l'épiscopat italien, dont l'opinion générale est franchement conservatrice. Des propositions de réformes, certes, le rapport en contient, notamment quant au pouvoir des évêques, mais limitées, et en prudente conformité avec la primauté romaine ! La synthèse papale insiste notamment sur la nécessaire autorité de l'Eglise, sur les « dangereuses théories modernes » qui la menacent : l'*aggiornamento*, à cette aune, sera très en deçà des espoirs que Jean XXIII a fait naître...

Le Saint-Office reprend la main

Le 5 juin 1960, on passe à la phase dite « préparatoire ». Un *motu proprio* de Jean XXIII intitulé *Superno Dei nutu* en précise l'organisation, qui repose sur dix commissions : une commission centrale aussitôt dépouillée de ses pouvoirs au profit des commissions sectorielles, lesquelles sont calquées sur le modèle des dicastères existants, avec chacune un cardinal président, un secrétaire, etc. Contrairement au souhait explicite du pape de bien faire la distinction entre le concile et la Curie, les présidents des commissions sont... les préfets des congrégations correspondantes : Ottaviani, Mimmi, Pizzardo, Valeri, Masella, etc.

Le système est parfaitement verrouillé. Chez les vaticanistes, on surnomme ces cardinaux le « Pentagone ». Aucune commission ne comprend le moindre laïc, y compris la commission sur l'apostolat des laïcs – et malgré une énergique protestation des cardinaux allemands Frings et Döpfner. Il n'y a aucune femme – à l'époque, c'eût été une révolution. Pour des raisons prétendument pratiques, et malgré les avertissements lancés par le pape en direction du secrétaire, Mgr Felici, les dix commissions comprennent une majorité de « Romains » rompus aux *combinazioni* internes...

Ce qui frappe les observateurs, c'est le rôle majeur que s'est auto-attribué la commission théologique, pilotée – ce qui n'est pas illogique – par le Saint-Office. Cette instance déterminante ne dépend que de lui, malgré les efforts de quelques-uns de ses membres. D'emblée, cette commission se situe au-dessus des autres et annonce la couleur : elle estime avoir le monopole des sujets touchant à la doctrine, elle laisse ce qui touche à la « pastorale » aux autres et, pour ne rien cautionner qu'elle désapprouverait, elle refuse toute commission mixte. Son président, le cardinal Ottaviani, n'a jamais caché son objectif :

— *Manebimus domini in domo nostra !* (« Nous resterons maîtres chez nous. »)

Ottaviani obtient même du pape le feu vert pour que la commission théologique revoie le contenu doctrinal des textes préparés par les autres commissions ! Tout est verrouillé par la Sacrée congrégation sous la férule de son président. Et lorsque le secrétaire de la commission théologique, le père jésuite Sébastien Tromp, prend sur lui de convoquer une sous-commission à l'Université grégorienne, Ottaviani fait téléphoner de son bureau, piazza del Sant'Uffizio, pour que chacun revienne immédiatement au bercail !

Quant aux théologiens réformistes invités à siéger dans

cette instance (les Janssen, Delhaye, Lubac, Häring et autres Congar) malgré les protestations publiques de l'archevêque de Dakar, un certain Mgr Lefebvre, ils comprennent que cette faveur est surtout un moyen de les contraindre au secret auquel s'engageaient solennellement tous les « consulteurs » de toutes les commissions ! Congar pestera plusieurs fois, dans son *Journal du concile*, en notant que personne n'écoutait ses arguments.

Repliée dans le bâtiment du Saint-Office, la commission théologique travaille exclusivement selon son bon vouloir et en fonction de ses propres critères. Ainsi, le 10 mars 1960, elle propose un projet de nouveau texte de la *Profession de foi.* Cette réforme-là n'a aucun rapport avec les *vota* des évêques (Ottaviani précisera qu'elle s'était imposée avant même l'annonce du concile). Elle vise à remplacer le *Credo* traditionnel dit « de Nicée-Constantinople », immuable depuis l'an 381. Quand la commission centrale reçoit le texte définitif, le 22 janvier 1962, Ottaviani explique que ce texte sera approuvé par le pape *avant* le concile, et qu'il s'imposera donc aux pères conciliaires ! La ficelle est un peu grosse : toute déviation doctrinale, toute innovation conciliaire seraient donc condamnées au nom de ce texte tout neuf ! La manœuvre échoue.

A l'inverse, la constitution d'une commission « orientale » rend presque caduc le Secrétariat pour l'unité des chrétiens du cardinal Agostino Béa, une innovation papale totalement ignorée par le Saint-Office qui n'y délégua aucun de ses experts. Comme pour désapprouver cette étrange idée que l'« œcuménisme » puisse être autre chose qu'inviter les « frères séparés » à réintégrer le giron de l'Eglise en battant leur coulpe ! Le cardinal Béa n'est pas au bout de ses peines : quand son Secrétariat ose projeter un *Decretum de Judaeis* appelant les catholiques à reconnaître les racines juives du christianisme, à considérer la réconciliation entre juifs et chrétiens comme une nécessité eschatologique et à condamner l'antisémitisme, la Secrétairie d'Etat retire promptement ce brûlot de la future discussion conciliaire !

La mort du cardinal Tardini, secrétaire d'Etat, en juillet 1961, donne encore un peu plus d'espace au Saint-Office : son successeur, le vieux cardinal Cicognani, 78 ans, de santé précaire, ne risque pas de déjouer les manœuvres d'Ottaviani et de sa commission théologique...

Un extraordinaire check-up

On aurait tort de penser que cette organisation fut stérile. Ces commissions, les dizaines de sous-commissions et autres groupes de travail qu'elles ont générés, ont abordé des centaines de sujets, dans tous les domaines, avec honnêteté, minutie, compétence et même, parfois, une certaine audace. Ces mois de travail intense ont permis d'établir une revue de détail exhaustive, un extraordinaire *chek-up* de toutes les questions, globales ou marginales, posées à l'Eglise de ce milieu du XXe siècle.

Mais c'est l'esprit général et l'exposé des conclusions qui ne se situent pas au niveau du projet du pape. Selon le cardinal français Jean Villot, futur secrétaire d'Etat, la plupart des commissions « ont davantage travaillé *pro reformando codice* (c'est-à-dire pour réviser le Code de droit canon) que pour nourrir le concile ». Quant au théologien Yves

Congar, il note dans son *Journal du concile* que les « schémas » qui ont émergé de cette incroyable entreprise « semblent avoir été écrits pour le monde de Vatican I ».

Les dix, puis treize commissions préparatoires ont établi soixante-dix documents de synthèse appelés « schémas », destinés à être discutés par plus de deux mille évêques. La sagesse commanda d'en réduire le nombre à seize. Mais c'est tout de même une somme de deux mille pages imprimées – soit plus de deux fois la totalité des délibérations de tous les conciles précédents – que les futurs pères conciliaires, en fin de parcours, auront à étudier attentivement avant l'ouverture des débats.

La tendance générale, l'idée qui prévaut à Rome à la veille du concile, est que l'essentiel du travail est déjà accompli. Sous réserves d'amendements, les schémas seront adoptés docilement par les évêques. Au sommet de la hiérarchie, y compris dans l'entourage du secrétaire d'Etat, on s'interroge à haute voix sur l'opportunité de réunir physiquement les évêques : ne peut-on pas les consulter par écrit, et rédiger les conclusions en tenant compte de leurs observations ? Pour le père Sébastien Tromp, secrétaire de la commission théologique, le travail est si avancé que le concile pourrait les approuver en deux semaines !

Or, dans les derniers mois précédant la cérémonie d'ouverture, prévue en octobre 1962, un nombre croissant de cardinaux et d'évêques expriment leur inquiétude face à cette avalanche de textes dogmatiques, impressionnants par leur méfiance envers l'histoire, leur attitude défensive, leur scolastique rigide et leur immobilisme doctrinal. De quoi étouffer, évidemment, toute discussion libre. Beaucoup s'étonnent, en outre, qu'il y ait tant de développements sur l'Eglise *ad intra*, c'est-à-dire envisagée sous son aspect interne, disciplinaire, institutionnel, et si peu de textes préconisant ce que sera demain l'Eglise *ad extra*, c'est-à-dire dans son attitude face au monde moderne.

Parmi les inquiets, figurent les cardinaux Döpfner (Munich), Suenens (Malines), Alfrink (Utrecht), König (Vienne), Liénart (Lille), Marty (Reims), Hurley (Durban), Léger (Montréal), Gerlier (Lyon) et même Montini (Milan), ainsi que de nombreux évêques. Fin septembre, une dizaine de ces cardinaux et évêques, majoritairement français et allemands, aidés par quelques théologiens (Chenu, Congar, Küng, Schillebeeckx) rédigent un projet de déclaration préliminaire qui ne sera jamais lu. D'autres cardinaux approuvent, quant à eux, l'orientation donnée au concile par les schémas préparatoires : Ruffini (Palerme), Siri (Gênes), Cerejeira (Lisbonne), Barros Camara (Rio de Janeiro), MacIntyre (Los Angeles), Caggiano (Buenos Aires), Proença Sigaud (Diamantina), Urbani (Venise), la quasi-totalité des Espagnols, etc.

A l'image de leurs plus éminents représentants, les pères conciliaires seront tiraillés entre deux options fondamentales dont dépendra l'orientation du concile et, au-delà, l'avenir de toute l'Eglise : une conception « biblico-pastorale », qui privilégie le retour aux sources et l'annonce de l'Evangile, et une conception « dogmatico-juridique », qui s'arc-boute sur la tradition, le formalisme et la discipline. Cette dernière tendance est globalement minoritaire, mais elle domine largement les instances supérieures de l'Eglise. Les partisans du dogme et du droit, emmenés par Ottaviani, sont à la manœuvre.

La parole du pape

Que peut faire, que va faire le pape ? Jean XXIII a suivi de près toute la préparation du concile. Il n'est pas aveugle. Il sait immédiatement quand « quelque manœuvre mesquine se trame dans son dos », comme dit le cardinal König, mais il a, lui, le regard sur l'horizon. Il est le seul, ou presque, à vouloir sauvegarder à tout prix, dans ces débats virulents et ces manœuvres de couloirs, l'orientation *spirituelle* de Vatican II. Dans son encyclique *Paenitentiam agere* du 1er juillet 1962, Jean XXIII appelle solennellement à la prière et à la pénitence. Il répète sur tous les tons qu'il est optimiste et qu'il a confiance – il est bien le seul – mais il sait, au fond de lui-même, que la bataille sera âpre. Au Belge Suenens, qu'il reçoit longuement cet été-là à Castel Gandolfo, il avoue :

— Je sais quelle sera ma contribution au concile : ce sera la souffrance !

Depuis deux ans, il a vu se dessiner, de plus en plus profond, le clivage entre les partisans de l'adaptation de l'Eglise au monde moderne, et les tenants du conservatisme ayant inspiré les « schémas ». Mais il ne peut casser l'Eglise en deux : quand on prône aussi vigoureusement l'unité des chrétiens, comme il l'a fait dans sa première encyclique *Ad Petri cathedram* de juin 1959, il faut commencer par préserver l'unité des catholiques !

Le 19 juin 1962, Jean XXIII a suivi avec inquiétude l'affrontement dramatique qui opposa, dans le cadre de la commission centrale, les deux porteurs de schémas radicalement incompatibles sur la liberté religieuse : Ottaviani et

Béa s'invectivant debout, le premier accusant le second de « céder aux demandes des non-catholiques » ! Comment résoudre un clivage aussi fondamental pour l'Eglise ? Voilà des siècles que les catholiques, héritiers de la vraie foi, cherchent à imposer au monde leur idéal divin, et font passer les droits du Christ-Roi, en toute bonne foi, avant les droits de l'homme...

A six semaines de l'échéance, le pape est partagé. Il entend rester fidèle à sa ligne de conduite, et ne pas peser sur les débats conciliaires. Mais il voit bien que le concile risque fort d'être une assemblée docile sans autre fonction que d'entériner tout ce que la Curie a doctement programmé. Le 4 septembre, il nomme à la présidence du concile des cardinaux franchement réformateurs comme Liénart, Frings, Alfrink. Au secrétariat pour les affaires extraordinaires, un organisme qu'il a inventé comme un recours à un éventuel blocage, il désigne Döpfner, Montini, Suenens. Le 11 septembre, il prononce un message radiophonique à l'opposé du ton doctrinal et sec de tous ces « schémas » qui circulent depuis quelques semaines.

Mais un fait nouveau, intime, va précipiter les choses. Le 23 septembre, Jean XXIII termine sa retraite spirituelle dans l'oratoire de la tour Saint-Jean, à deux pas du palais apostolique, quand son médecin personnel demande à le voir. Dans le plus grand secret, ces derniers jours, le pape a procédé à quelques analyses médicales. Le résultat de ces tests est sans appel, et confirme son intuition : il est condamné, il ne verra sans doute pas la fin du concile. Il n'a plus rien à perdre.

Le pape Roncalli s'assoit alors à sa table de travail, au troisième étage du palais apostolique, et commence à rédiger le fameux discours qu'il prononcera le 11 octobre dans la basilique Saint-Pierre. Sans aide, sans notes. Sans collaborateur, à l'exception du père Zannoni, qui assure la traduction du texte en latin. C'est « avec la farine de son propre sac » que Jean XXIII se situe, en quelques phrases, bien au-delà de toutes les péripéties qui ont failli faire capoter le concile :

— *Gaudet mater Ecclesia...*

8

La pilule, de justesse...

Comment l'Eglise catholique a failli approuver la contraception

> « Il se pourrait que Rome ait perdu, en un coup, ce qu'elle a mis seize siècles à construire. »
>
> Yves Congar, 28 octobre 1968.

Rome, 29 juillet 1968. Via della Conciliazione. En cette fin de matinée, la *Sala Stampa* est archicomble lorsque Mgr Ferdinando Lambruschini, professeur de théologie à l'université du Latran, monte à la tribune : le prélat sort des papiers de sa sacoche et commence à parler dans un silence de plomb. Le texte qu'il vient présenter solennellement à la presse du monde entier est une encyclique que le pape Paul VI a signée quatre jours plus tôt. Elle commence, en latin, par les mots *Humanae vitae* qui, comme le veut l'usage, en deviendront l'intitulé. En français : *De la vie humaine*. Le document porte sur la régulation des naissances. Voilà près de cinq années qu'on attend de l'Eglise qu'elle précise sa doctrine en matière de contraception.

Combien de débats, de tribunes, de polémiques ont eu lieu sur ce thème brûlant, y compris à l'intérieur de l'institution ! Cette fois, le pape a tranché.

Les journalistes présents connaissent le sujet. Il leur faut peu de temps pour comprendre que l'encyclique ne va pas dans le sens de l'histoire, et qu'elle va faire du bruit :

— Tout acte matrimonial, rapporte Lambruschini, doit rester ouvert à la transmission de la vie...

Seuls sont autorisés par l'Eglise les « moyens naturels » reposant sur l'observation des cycles naturels de la femme. Le pape interdit comme « illicite » toute action « qui, soit en prévision de l'acte conjugal, soit dans son déroulement, soit dans le développement de ses conséquences naturelles, se proposerait comme but ou comme moyen de rendre impossible la procréation ». On ne peut invoquer en l'espèce, « même pour de très graves raisons », la doctrine du « moindre mal », car il s'agit d'un « désordre intrinsèque », d'une « chose indigne de la personne humaine ».

Mgr Lambruschini a beau insister, un peu gêné, sur le « courage » dont fait preuve le pape en publiant ce texte en dépit des pressions et des attentes du monde extérieur, il peut toujours souligner que *Humanae vitae* n'est pas une déclaration « infaillible », que son enseignement n'est pas « irréformable », pour les journalistes, l'affaire est entendue : la pilule est définitivement proscrite. Paul VI a pris la décision la plus difficile de son pontificat. La plus lourde de conséquences, aussi.

Que dit la Bible ?

L'encyclique se réfère, sans surprise, à la « Révélation divine ». Mais il faut bien admettre que la Bible offre peu de références pour l'élaboration d'une morale familiale et sexuelle. Si le texte biblique décrit nombre de pratiques conjugales pures et impures – « tu ne convoiteras pas la femme de ton voisin », dit sagement le Décalogue – et offre dans le Cantique des Cantiques un des plus beaux hymnes à l'amour de l'histoire des hommes, il n'interdit ni la polygamie, ni le divorce, ni le concubinage, et reste quasiment muet sur le sujet de la contraception. A propos d'Adam et Eve, la *Genèse* rapporte simplement que Dieu « les créa homme et femme » et les appela à « être féconds », à « se multiplier », à « remplir la terre », etc.

Le seul texte biblique qui ait un rapport avec la contraception, c'est le célèbre passage de la Genèse où Onan se voit condamné par Dieu parce qu'il « répand sa semence à terre » quand il couche avec la veuve de son frère. La traduction latine de saint Jérôme, au IVe siècle, laisse entendre que c'est ce retrait, ce *coïtus interruptus*, qui lui vaut son châtiment divin – ce qui va entraîner, par extension, la condamnation de la masturbation – alors que la vraie faute d'Onan est de n'avoir pas voulu respecter l'ordre de Yahvé d'assurer une progéniture à la veuve de son frère : c'est ce mépris du devoir familial qui « déplut à Dieu », pas son retrait !

Le Nouveau Testament n'est pas plus explicite. A lire les quatre évangélistes, l'enseignement de Jésus a peu porté sur les relations familiales et sexuelles – sinon que l'homme et la femme sont appelés à « ne faire qu'une seule chair », et que « l'homme ne doit pas séparer ce que Dieu a uni ». A part cette injonction maritale qui reste le fondement de l'interdiction du divorce par l'Eglise, Jésus se distingue surtout par sa largeur d'esprit et sa miséricorde. La femme adultère ? Il « ne la condamne pas ». La Samaritaine « qui va d'homme en homme » ? Il lui révèle prioritairement qu'il est le Messie. Marie-Madeleine, la prostituée ? Il lui pardonne « parce qu'elle a aimé ».

Voilà qui explique que les textes du magistère sur le sujet, jusqu'à nos jours, sont davantage fondés sur la tradition – de saint Paul à Pie XI en passant par saint Augustin et saint Thomas d'Aquin – que sur l'Ecriture. C'est essentiellement la mise en normes du sacrement de *pénitence*, clef de la pratique chrétienne, qui va pousser les clercs, au fil des dix premiers siècles, à codifier jusqu'à l'excès les règles de la vie conjugale.

Certes, le christianisme, dans l'Histoire, a représenté un progrès ontologique fondamental : à une Antiquité païenne fort peu portée sur la chose – qu'on pense aux stoïciens – il a apporté l'égalité de l'homme et de la femme, la fin du pouvoir absolu du *pater familias*, l'amour au cœur de la relation entre les époux, le respect de la vie des enfants. Mais les chrétiens n'ont échappé ni aux mystères ni aux tabous de leur époque : tant que la science n'eut pas découvert les lois de la fécondation, les choses du sexe – le sperme, le sang, les règles, l'enfantement – ont engendré, y compris chez eux, des traditions et des règles empreintes de magie, de fantasmagorie ou d'absurde.

C'est ainsi que théologiens et confesseurs ont formaté, au fil des siècles, des interdits liés aux fêtes religieuses, au cycle de la femme, au temps de la grossesse, mais aussi à la morale divine élaborée par l'Eglise. L'état virginal n'est-il pas préférable à l'état marital ? Un mari qui transgresse la règle commune entraîne-t-il sa femme en enfer ? Le plaisir sexuel dans le mariage est-il condamnable ? Et cette mystérieuse question du rapport entre l'acte sexuel et la procréation, que toutes les civilisations, toutes les religions, toutes les morales se sont posée : l'acte sexuel vise-t-il exclusivement à la reproduction de l'espèce ?

En deux millénaires, l'Eglise a forgé une morale si précise, si sophistiquée, si contraignante aussi, que celle-ci contourne sans trop de mal les découvertes de la science et les avancées de la technique qui révolutionnent le sujet à partir du milieu du XIXe siècle. Lorsque Pie XI rédige son encyclique *Casti connubii* sur le mariage, en 1930, peu de catholiques s'émeuvent de la condamnation portée par le pape à l'égard de toute contraception : « Aucune raison, si grave soit-elle, ne peut faire que ce qui est intrinsèquement contre nature devienne conforme à la nature et honnête. [...] Retirer délibérément à l'acte du mariage son efficacité en matière de procréation est honteux et intrinsèquement déshonnête. » Retrait, préservatif, diaphragme, stérilisation à l'aide d'une drogue quelconque, sont donc des pratiques « déshonnêtes ». Et destinées à le rester.

Ogino ou pilule ?

Coïncidence de l'Histoire : c'est l'année où Pie XI rédige *Casti connubii*, en 1930, que le médecin japonais Kyusaku Ogino rend publique sa célèbre méthode, qui permet à un couple d'éviter de faire des enfants en s'abstenant de tout rapport pendant les quelques jours où l'ovulation se produit chez la femme.

Cette « continence périodique », qui consiste à profiter des aléas de la nature, n'est pas illicite : ainsi en décide Pie XII en 1951 devant un congrès de sages-femmes. En cas de « sérieuses raisons » d'ordre « médical, eugénique, économique ou social », un couple peut limiter ses rapports sexuels aux périodes stériles de la femme. Pie XII admet au passage que l'union conjugale n'est pas forcément destinée à faire des enfants. Il reconnaît surtout, *a contrario*, que la « régulation des naissances » peut être « compatible avec la loi de Dieu ».

L'apparition de la pilule contraceptive, en 1954, relance le débat, notamment chez les théologiens. Certains d'entre eux, comme Louis Janssens, de Louvain, estiment que la pilule s'inscrit dans la faculté donnée à l'homme, selon la Genèse, de « transformer la nature ». Dès lors que la pilule ne détruit ni ne mutile aucun organe, qu'elle n'a pas de pouvoir abortif, qu'elle ne met pas la santé en péril, elle ne fait qu'ajourner l'activité naturelle : quelle différence de nature y a-t-il entre l'usage de la pilule et la méthode Ogino ?

D'autres théologiens s'insurgent et condamnent totalement ce moyen artificiel de contrecarrer la volonté de Dieu. Pie XII lui-même penche en ce sens. Pourtant, en 1958, devant un congrès d'hématologues, il déclare que la femme peut prendre la pilule en tant que médicament, comme remède nécessaire à une maladie de l'utérus ou autre, en vertu du principe des « actes à double effet » – l'effet positif de l'acte l'emportant sur l'effet négatif.

Derrière ces débats souvent théoriques, la question

concrète qui divise tous ces experts, celle qui va nourrir la polémique pendant des années, est celle-ci : le nombre d'enfants voulu par un couple dépend-il uniquement de la sainte Providence, ou peut-il ressortir de la conscience des deux époux, sous le regard de Dieu, en toute responsabilité ? En 1963, pour la première fois, un évêque catholique, Mgr William Bekkers, à la télévision hollandaise, appelle l'Eglise à ne pas se mêler de ce qui devrait relever de la conscience des couples croyants. Quelques mois plus tard, c'est l'ensemble des évêques hollandais qui, au vu des « nombreux et rapides progrès de la science », dit la même chose.

A cette date, le concile Vatican II est déjà commencé. Etoile montante de l'épiscopat européen, le cardinal Léon-Joseph Suenens, 58 ans, archevêque de Malines-Bruxelles et primat de Belgique, est en passe de devenir une figure centrale du concile. Il a toujours été passionné par le sujet. En 1956, il a publié *Amour et Maîtrise de soi*, exactement au moment où un certain abbé Wojtyla, à Cracovie, rédigeait un livre intitulé *Amour et Responsabilité*, qui sortira en 1960. L'un et l'autre considèrent que la contraception est « la négation même de la vie conjugale » qu'elle transforme en « mensonge et recherche de soi ». Mais l'un et l'autre constatent, à force d'entendre des femmes en confession, que la méthode Ogino n'est pas la panacée. L'un et l'autre utilisent l'approche personnaliste pour avancer sur la question. L'un et l'autre, à Louvain et à Lublin, convoquent des médecins, des démographes, des économistes et des théologiens pour approfondir le sujet. Mais, curieusement, le Belge et le Polonais en tireront des conclusions diamétralement opposées.

La doctrine à l'épreuve

A l'ouverture du concile, à l'automne 1962, Suenens a constaté avec consternation que l'un des « schémas » proposés aux pères conciliaires, intitulé *De castitate*, et rédigé par le théologien conservateur Ermenegildo Lio, portait sur le mariage et suggérait doctement... de ne rien changer à la doctrine ! Est-ce là l'*aggiornamento* dont avait parlé Jean XXIII ? En mars 1963, il souffle au pape – qui apprécie l'archevêque de Malines-Bruxelles, il l'a même créé cardinal en mars 1962 – de constituer une petite commission sur le sujet. Le vieux pontife, malade, acquiesce. Mais la mort du « bon pape Jean », le mois suivant, interrompt le processus. La « commission pontificale pour l'étude de la population, de la famille et des naissances » ne verra le jour qu'à l'automne.

C'est dans le but officiel de préparer la conférence mondiale de l'ONU sur la population, prévue à New Delhi au printemps 1964, que les six membres de la commission se retrouvent les 12 et 13 octobre 1963 à l'hôtel Hof Ter Bank, près de Louvain, où l'un d'entre eux, le père Clément Mertens, dirige déjà un groupe d'études sur la population. Une recommandation : la discrétion. Sont présents un jésuite français, le sociologue Stanislas de Lestapis, et trois laïcs : le médecin britannique John Marshall, le docteur Pierre von Rossum, médecin personnel de la reine des Belges, et l'économiste Jacques de Willmars. Le dominicain suisse Henri de Riedmatten, secrétaire du groupe, tirera de leurs échanges vingt-deux feuillets très orthodoxes, rappelant l'état de la doctrine et suggérant, au nom du petit groupe, qu'il vaudrait mieux étudier plus attentivement tout ce qui tourne autour de la pilule, et que le pape devrait se garder de prendre une position définitive sur la question. Rien de plus :

— Aucun d'entre nous, avouera le Dr Marshall, n'envisageait que la vieille doctrine pût ou dût être modifiée !

Difficile, pour Paul VI, d'en rester là. Au printemps 1964, il encourage la tenue d'une deuxième réunion de la commission, élargie à sept nouveaux membres. Le groupe se réunit, toujours en secret, du 3 au 5 avril 1964, au Collegio Pio Latino, un immeuble mal chauffé proche du Vatican. Parmi les nouveaux figurent cinq prêtres, dont Bernhard Häring, 51 ans, théologien rédemptoriste ami de Joseph Ratzinger, « expert » conciliaire, invité personnellement par Paul VI, et le chanoine Pierre de Locht, 48 ans, professeur de pastorale familiale à Louvain, proche du cardinal Suenens. Les deux hommes sont des réformateurs. Häring, notamment, marque les esprits en développant l'idée, appuyée sur la biologie, que l'union conjugale est faite pour procréer, mais pas l'acte conjugal en soi. Le secrétaire de la commission, le père de Riedmatten, rédige un compte rendu de dix-neuf pages, très prudent, sur le thème : il faut approfondir la doctrine sans rompre avec le passé...

Quelques jours plus tard, *The Times* de Londres publie une interview fracassante de Mgr Thomas Roberts, ex-archevêque de Bombay, favorable à la contraception. Les réactions sont innombrables. Celle du cardinal Ottaviani, l'inébranlable gardien du dogme, est très commentée : au magazine italien *Vita,* il déclare « qu'il faut abandonner tout espoir que l'Eglise avale jamais la pilule » ! Le chef du Saint-Office, onzième enfant d'une famille de douze, se plaît à expliquer qu'avec la contraception lui-même ne serait jamais venu au monde...

La controverse effraie Paul VI qui convoque en urgence, par télégramme, les treize membres de la commission, augmentée de deux nouveaux théologiens, pour les 13 et 14 juin 1964. Cette troisième session se tient à la Domus Mariae, à Rome. Elle est destinée – selon le cardinal Amleto Cicognani, secrétaire d'Etat – à apaiser la controverse résultant d'opinions « qui troublent les enfants de l'Eglise ». Or elle va aboutir au résultat inverse. Certains théologiens, comme le moraliste allemand Joseph Fuchs, évoluent ; d'autres regrettent qu'on ne tienne pas compte des avancées de la recherche scientifique sur le sujet. Le troisième jour, pour faire avancer le débat, Riedmatten met deux questions au vote. La pilule est-elle moralement acceptable ? Neuf membres de la commission répondent « non », deux « oui » et trois refusent de trancher. Le pape doit-il donner son aval à la pilule ? Ils sont quatorze à répondre « non », mais six d'entre eux souhaitent que le pape attende avant de prendre une position définitive.

Paul VI est troublé. Le 23 juin, dans un discours prononcé devant le collège des cardinaux, il révèle publiquement l'existence de la commission, et la charge officiellement d'étudier la question de la limitation des naissances « dont tout le monde parle ». Mais il borde les choses : si le problème est « à l'étude », il n'est pas question de contester la réglementation en vigueur :

— Nous n'avons pas de raison de considérer les règles posées par Pie XII comme obsolètes, elles doivent être considérées comme valides, au moins aussi longtemps que Nous ne Nous sentirons obligé, en conscience, de les modifier...

Cette précaution oratoire n'est pas de trop. Mais elle augmente la confusion générale. D'abord, le discours de Paul VI est un encouragement implicite pour tous ceux qui souhaitent que l'Eglise évolue : si le pape pousse ainsi à réfléchir, c'est bien qu'il y a matière à réflexion ! Ensuite, elle traduit aux yeux du monde le désarroi du Saint-Père, et son hésitation dramatique...

Une nouvelle affaire Galilée ?

Le 23 octobre 1964, alors que les pères du concile doivent traiter la question du mariage dans le cadre de la discussion du « schéma XIII », qui deviendra *Gaudium et spes*, le pape fait savoir que c'est la commission *ad hoc* qui traite de la régulation des naissances, et que les pères conciliaires ne doivent pas aborder le sujet. Emotion chez ces derniers : le concile peut-il évoquer le mariage sans parler de la contraception ? Par ailleurs, confier le sujet à une commission extérieure, n'est-ce pas désavouer les évêques ?

Les 28 et 29 octobre, comme en un baroud d'honneur, dix-sept orateurs prennent la parole sous la voûte de Saint-Pierre : des conservateurs comme Ruffini, Browne ou Ottaviani en personne, pour lesquels il n'est pas question de toucher au magistère ; mais aussi des gens plus ouverts comme le patriarche Maximos IV, les cardinaux Léger, Alfrink ou Suenens, lequel s'écrie, pathétique :

— Je vous en conjure, mes frères, évitons un nouveau procès de Galilée !

Le débat cesse, comme l'a souhaité le pape. Mais celui-ci ne peut ignorer que les propos les plus réformateurs ont déclenché des tonnerres d'applaudissements.

En novembre, soucieux d'aboutir à un large consensus, Paul VI demande à Riedmatten d'élargir la commission à 58 membres. Ce nouveau groupe se réunit du 25 au 28 mars 1965 au Collège espagnol, une construction neuve loin du centre de Rome. En font partie désormais 2 évêques, 22 prêtres et 34 laïcs parmi lesquels 13 médecins, 3 gynécologues, 2 psychiatres, et... 5 femmes – une révolution ! Il y a même, selon une idée du père de Locht, trois couples invités *en tant que couples* : Laurent et Colette Potvin (du Canada), Patrick et Patty Crowley (des Etats-Unis), Charles et Marie Rendu (de France), surpris et intimidés de figurer dans cet aréopage. Le malaise des organisateurs, qui aboutit à séparer les couples pour la nuit, est révélateur du fossé entre les personnes présentes et le sujet traité. Mais c'est ainsi, les épouses dormiront dans un couvent voisin.

— Il est vrai, plaisanta Patricia Crowley, que c'est le meilleur moyen de réguler les naissances !

Dans cette longue salle incommode du Collège espagnol où l'on s'assoit le long du mur devant l'orateur debout, le travail est dense, les débats sont vifs. Parmi les douze questions posées aux participants, l'une est explosive : la doctrine de l'Eglise sur le sujet de la contraception est-elle réformable ? Un vote indicatif des théologiens présents donne : douze oui et sept non. Pour une majorité des présents, notamment, il ne faut pas « réitérer les condamnations du passé ». La roue de l'Histoire est en marche.

Le 28 mars, la commission est reçue en audience au Vatican par Paul VI qui ne lui ménage pas son soutien et presse ses membres de poursuivre leurs réflexions « dans une objectivité et une liberté d'esprit totales » Le pape insiste sur l'urgence des décisions à prendre :

— On ne peut laisser la conscience des hommes exposée aux incertitudes qui, aujourd'hui, trop souvent, empêchent la vie conjugale de s'épanouir selon le dessein du Seigneur !

Pour tous les présents, les encouragements du pape vont dans le sens du vote indicatif des théologiens : l'heure du changement est venue. C'est la conclusion du père de Riedmatten dans son rapport final : « Conservateurs ou progressistes, théologiens ou laïcs, tous sont convaincus de la nécessité pour l'Eglise de bouger... »

« Paternité responsable »

La commission se sépare pour un an. Le temps pour le cardinal Ottaviani d'organiser la riposte, avec l'aide d'un membre de la commission, le père John Ford, théologien américain et conservateur avéré. Lorsque les membres de la commission se retrouvent pour une session finale, le 13 avril 1966, toujours au Collège espagnol de Rome, ils apprennent que les règles du jeu ont changé : eux-mêmes ne sont plus que des « experts », et leur avis est devenu consultatif, la conclusion des travaux appartenant à un groupe de seize cardinaux et évêques dûment nommés par le pape ! Parmi les seize, outre Ottaviani lui-même, figurent

Suenens (Bruxelles), Heenan (Londres), Döpfner (Munich), Gracias (Bombay), Dupuy (Albi), Dearden (Detroit) et, en queue de liste, Wojtyla (Cracovie).

Mais les manœuvres tactiques d'Ottaviani ne peuvent masquer la réalité : une grande majorité des théologiens membres de la commission doutent désormais du caractère « intrinsèquement déshonnête » de la contraception. Aux deux questions de savoir si la doctrine est irréformable et si la contraception est une violation de la loi naturelle, quinze de ces théologiens répondent non, contre quatre. En sus, le compte rendu d'une enquête ambitieuse et irréfutable sur le malaise des femmes catholiques, réalisée par l'une des trois femmes mariées membres de la commission, l'Américaine Patty Crowley, présidente du Christian Family Movement, va ébranler plusieurs experts : plus personne ne peut avancer, après les trois mille témoignages qu'elle rapporte, que la méthode Ogino satisfait les couples ! Et sa collègue canadienne, Colette Potvin, de résumer ce malaise :

— Quand vous mourez, Dieu vous demande : « As-tu aimé ? », et non : « As-tu pris ta température ? »

L'approche de la fin de la session, au début de juin 1966, voit la tension monter. D'abord, des échanges tournent à l'aigre, il arrive qu'on se traite d'« hypocrite ». Certains, comme John Ford, refusent définitivement toute esquisse de compromis. Juste avant la session finale, le père Marcelino Zalba, jésuite espagnol, farouchement hostile à tout changement, avance un argument fondamental :

— Et que faisons-nous de toutes ces âmes que nous avons envoyées en enfer, si ces normes n'étaient pas valides ?

A quoi Patty Crowley réplique sans se démonter :

— Père Zalba, êtes-vous bien sûr que Dieu a exécuté tous vos ordres ?

D'un côté, le poids de la raison ; de l'autre, la confiance en l'Eglise. Le dialogue est devenu impossible. Les arguments, irréconciliables. Pour les conservateurs devenus minoritaires, il n'est plus question de synthèse !

Le pape n'aura pas le texte dont il rêvait, émanation d'un collectif désormais introuvable, mais trois textes distincts et contradictoires : d'abord un rapport dit « de la minorité », rédigé par un John Ford passionné et parfois agressif, signé par les pères Visser, Zalba et Lestapis, qui refuse de changer la doctrine, de déprécier l'enseignement de l'Eglise, et qui souligne avec force le risque de cassure de l'institution ; ensuite une réfutation de ce texte par la « majorité », qui affirme d'abord qu'il n'est pas interdit de changer la tradition, et qui insiste sur le fait que le respect de la loi de l'Eglise, chez beaucoup de couples, est souvent « destructeur d'autres valeurs » ; enfin, un texte intitulé *Paternité responsable*, rédigé par la majorité, qui développe prudemment l'idée que « la moralité des rapports sexuels dans le mariage prend sa signification dans une vie conjugale féconde, pratiquée dans l'esprit d'une paternité responsable, généreuse et prudente... »

Les témoins affirment que ce dernier texte a recueilli 52 voix contre 4, mais on n'a retrouvé aucune trace de ce vote. Toujours est-il que le 20 juin, lorsque les évêques et cardinaux se retrouvent en séance plénière, la majorité d'entre eux bascule vers l'ouverture : Mgr Fuchs, Mgr Gracias, Mgr J. Lefebvre, etc. Le vendredi 24 juin 1966, après une dernière tentative de blocage par le cardinal Ottaviani, les seize se prononcent :

— *La contraception est-elle intrinsèquement mauvaise ?* La réponse est non (neuf voix contre trois, et trois abstentions).

— *La contraception se situe-t-elle en continuité avec la tradition et le magistère ?* La réponse est oui (neuf voix contre cinq, et une abstention).

— *Le magistère doit-il se prononcer dès que possible ?* La réponse est oui (quatorze voix contre une).

Le 25 juin, après le dîner de clôture, chacun rentre chez soi, convaincu d'avoir fait avancer l'Histoire dans le bon sens. Pourtant, le 28 juin, quand le cardinal Döpfner et le père de Riedmatten auront remis au pape les conclusions des travaux assortis de douze volumes reliés contenant tous les rapports, notes et enregistrements ayant occupé la commission depuis trois ans, le premier dira au second :

— J'ai l'impression que le Saint-Père est très incertain...

En arrière toutes !

Incertain, Paul VI n'a jamais cessé de l'être. Le 3 octobre 1965, au journaliste italien Alberto Cavallari, du *Corriere della Sera*, il avait déclaré :

— On fait beaucoup d'études sur la question, mais c'est Nous qui avons à prendre une décision. Et pour décider, Nous sommes seul !

Le 26 novembre, Paul VI avait confié à Antoine Wenger, rédacteur en chef de *La Croix* :

— Rien n'est encore dit, puisque Nous n'avons pas pris de décision !

Les membres de la commission sont à peine rentrés chez

eux que, le 1er juillet 1966, le cardinal Ottaviani présente au pape un nouveau texte balayant toutes leurs conclusions. Le préfet du Saint-Office a un accès direct à Paul VI, qui le connaît depuis la guerre et l'écoute toujours avec attention. Le vieux grognard de la Curie – il y est entré en 1922 – s'est entouré des quatre prélats ayant voté non (Ford, Visser, Zalba et Lestapis) et du théologien Ermenegildo Lio, celui qui avait proposé au concile, quatre ans plus tôt, de ne rien changer à rien.

Cette petite équipe remporte une première victoire le 29 octobre 1966 quand le pape, recevant la Société italienne d'obstétrique et de gynécologie, loue publiquement le travail de la commission pontificale... dont les conclusions, déclare-t-il tranquillement, « ne peuvent être considérées comme définitives ». Elles nécessitent, dit le pape, une « étude supplémentaire ». Etonnement général ! De quelle nouvelle « étude » parle le Saint-Père ?

Un comité secret de huit membres se met au travail autour d'Ottaviani, qui, en juin 1967, remet au pape quinze feuillets aux accents si « durs » que Paul VI, effrayé par les réactions négatives qu'ils suscitent dans son entourage, réunit une nouvelle commission de douze experts aux préoccupations plus pastorales que juridiques, qui établit un nouveau document de travail. C'est Mgr Casaroli, le très prudent responsable de la section des Affaires publiques de la secrétairerie d'Etat, qui met ce texte en forme finale en janvier 1968...

A l'époque, personne n'imagine que Paul VI puisse faire machine arrière. L'un de ses meilleurs amis, le philosophe Jacques Maritain, se déclare pour le changement. En avril 1967, le *National Catholic Reporter* publie les conclusions de la commission – un scoop probablement pas innocent qui provoque à la fois la colère de la Curie et l'angoisse du pape. En juillet 1967, le théologien suisse Georges Cottier – futur conseiller personnel de Jean-Paul II – publie un article dans *Nova et Vetera,* la revue fondée et dirigée par le cardinal Charles Journet, lui-même favorable à la pilule : « Intervenir par des calculs (températures) ou des moyens chimiques (pilule), c'est la même attitude technique. Un procédé qui interromprait temporairement la fécondité nous apparaît donc légitime... »

Un homme va peser sur sa décision finale : le cardinal Wojtyla. Paul VI a beaucoup de considération et d'amitié pour ce Polonais dont il va faire, en mai 1967, un cardinal. L'archevêque de Cracovie, d'abord bloqué par les tracasseries policières des autorités de son pays, puis retenu par les célébrations du millénaire de la Pologne, n'avait pas pu assister à la session finale de la commission en mai-juin 1966. Il a fait savoir au pape qu'il ne partageait pas les conclusions de la commission, et que lui-même, s'il avait été présent, aurait voté contre l'ouverture de l'Eglise à la contraception.

Wojtyla connaît le sujet. En Pologne, son livre *Amour et Responsabilité* a marqué les esprits. Ses cours de théologie morale à l'université de Lublin font salle comble. A Cracovie, de son propre chef, il réunit prêtres et médecins et compose sa propre commission diocésaine, qu'il fait plancher pendant plusieurs mois sur le sujet, avant de remettre une synthèse de ses travaux au pape, en main propre, le 19 février 1968. Le texte, rédigé en français, s'intitule *Fondements de la doctrine de l'Eglise concernant les principes de la vie conjugale.* Sa conclusion, en deux mots : la contraception est contraire à la dignité de la personne.

Est-ce un hasard si, quelques jours plus tard, le pape dissout les différents groupes d'experts réunis sur le sujet ? Le dossier semble soudain enterré. A Rome, plus personne n'en parle. Le cardinal Suenens, qui flaire un mauvais coup, écrit à Paul VI le 19 mars pour le mettre en garde contre toute décision solitaire, et pour lui proposer de soumettre à un prochain synode, dans la ligne du concile, la question de la régulation des naissances et celle du célibat des prêtres. Sa lettre ne recevra pas de réponse.

A la vérité, le texte de Wojtyla est arrivé un peu tard. Le brouillon de la future encyclique *Humanae vitae* était déjà établi, et seuls quelques passages du texte s'en inspireront. Même si certains prêtres cracoviens se félicitent d'avoir largement influencé le pape, le canevas de *Humanae vitae* reste celui des minoritaires de la commission, remis en forme et atténué par Mgr Casaroli, et s'articule autour de l'intangibilité de la doctrine de l'Eglise.

Wojtyla le regrettera. Lui, plus philosophe que théologien, ne se complaît pas dans la défense légaliste et formaliste de la tradition, ni dans la référence aveugle à la loi naturelle : il tente d'inscrire le sujet dans une perspective positive, dynamique, fondée sur l'éthique et sur l'expérience humaine. Pour lui, la contraception est à proscrire parce qu'elle dissocie volontairement et artificiellement les deux significations fondamentales de l'acte conjugal : l'union des époux et la procréation. C'est en cela qu'elle contrarie la dignité de la personne.

La réflexion est originale, mais elle aboutit au même

résultat négatif : le refus par l'Eglise officielle, en ce 29 juillet 1968, de s'ouvrir à la contraception artificielle.

Une « réception » houleuse

Après ces cinq années de recherches approfondies, d'hésitations pastorales, de controverses théologiques, de tergiversations apostoliques, de polémiques médiatiques, de débats publics et de rumeurs diverses, l'encyclique *Humanae vitae* a d'abord causé une énorme surprise à tous ceux qui avaient été associés, de près ou de loin, à son élaboration. A New York où elle est réveillée à 4 heures du matin, ce jour-là, par un journaliste de l'Associated Press, Patty Crowley est atterrée :

— Je n'y crois pas !

Dans les journaux, dans le monde politique, chez les universitaires qui sortent à peine de Mai 68, l'Eglise catholique apparaît brutalement à contre-courant de son époque. Qui ne remarque que le pape condamne ainsi tout à trac les relations sexuelles en dehors du mariage, la pratique sexuelle déliée de la procréation et le recours à la contraception artificielle... alors que les murs des capitales européennes sont encore barbouillés des graffitis du printemps : « Il est interdit d'interdire », « Jouir sans entraves », etc. Son encyclique est, au minimum, une désolante erreur de timing...

Mais c'est dans l'Eglise, surtout, que le texte papal a jeté le trouble. Là, les réactions sont parfois virulentes. « Une brisure, une cassure, un drame spirituel » (Etienne Gilson). « Une gifle à l'esprit du temps » (Georges Cottier). « Une bombe, un Hiroshima ! » (Gustave Martelet). Les critiques se multiplient en Grande-Bretagne, aux Pays-Bas, en Belgique, en Allemagne et aux Etats-Unis – où le théologien Charles Curran obtient de plusieurs centaines de collègues, dont Bernhard Häring, qu'ils signent une déclaration incendiaire, mettant en cause, avant tout, l'autorité du pape.

La volée de bois vert est telle que le théologien Yves Congar se fend d'une note, à l'attention des évêques français, sur la validité, dans ces conditions, de la « réception » du texte dans l'Eglise : ne faut-il pas, en bonne théologie, que l'accord du peuple des fidèles (*sensus fidei*) se fasse pour qu'un tel texte soit « reçu » ?

Dans un livre publié quarante ans plus tard, le cardinal Cottier, ex-théologien personnel de Jean-Paul II, se rappellera avec émotion la détresse éprouvée par Paul VI face au hourvari déclenché par *Humanae vitae* : « Dans les mois qui ont suivi, le pape s'est senti très seul, il a beaucoup souffert. » Mais Paul VI, pendant le concile, n'avait-il pas lui-même encouragé les laïcs à prendre leur autonomie dans l'Eglise ? Le pape pouvait-il encore, après Vatican II, prendre *ex cathedra* une décision aussi lourde, par-dessus la tête de la communauté chrétienne ?

Paul VI était-il bien informé sur l'état d'esprit des catholiques de son époque ? Pouvait-il croire qu'on pût revenir en arrière sur un terrain aussi mouvant que celui de la morale familiale ? Lors de sa conférence de presse du 25 juillet 1968, Mgr Lambruschini déclarait :

— Tous ceux qui au cours des récentes années ont imprudemment enseigné qu'il était licite d'utiliser des pratiques artificielles pour la régulation des naissances et ont agi en conséquence dans leur conduite pastorale et dans le ministère de la confession, doivent changer leur attitude...

Que pouvaient penser les couples catholiques bavarois, par exemple, auxquels l'archevêque de Munich, le cardinal Döpfner en personne – le prédécesseur de Joseph Ratzinger –, avait donné explicitement le feu vert quant à la pratique contraceptive dans le mariage ?

Les conférences épiscopales, réunies parfois en catastrophe, ont tenté d'atténuer ce tollé avec plus ou moins de conviction. Certaines ont applaudi le texte de l'encyclique (Irlande, Pologne, Espagne, Nouvelle-Zélande), d'autres en ont minimisé la portée (Autriche, Belgique, Québec, Italie), d'autres enfin l'ont doublé de textes plus ou moins ambigus (Angleterre, Etats-Unis, Allemagne, Suisse). En France, les évêques réunis à Lourdes en novembre 1968 ont publié une note pastorale stipulant que « la contraception est toujours un désordre », mais que « ce désordre n'est pas toujours coupable ». Une façon habile, voire désespérée, de ne pas se couper de leurs ouailles.

En vain. La plupart des pasteurs, évêques et prêtres, au moins dans les pays développés, font le même constat catastrophique : recul de l'autorité du pape chez les fidèles ; profond désarroi des couples pratiquants ; désobéissance générale des jeunes catholiques sur le terrain de la morale sexuelle. Les uns et les autres désertant massivement – et définitivement – les confessionnaux. Mais à quoi bon se confesser si l'on viole un précepte qui n'est « ni irréformable ni infaillible » ? Si les évêques eux-mêmes expliquent qu'on peut violer l'enseignement de l'Eglise sans être « coupable » ?

Il faudra des années et l'obstination du pape Jean-Paul II

pour qu'une nouvelle génération d'évêques et de pasteurs convienne, finalement, que l'encyclique de Paul VI, face à l'évolution des mœurs sexuelles et matrimoniales, était « lucide », « prémonitoire », voire « prophétique ». Mais au cours des mêmes années, l'apparition d'un mal nouveau, le sida, a changé la donne et placé l'Eglise devant des questions inédites. Certes, c'est toujours la valeur sacrée de l'amour humain, cœur de l'encyclique *Humanae vitae,* qui est en jeu. Certes, ce n'est pas parce qu'un idéal échappe aux normes humaines qu'il devient forcément caduc. Mais Paul VI aurait-il rédigé le même texte si le virus HIV avait existé au lendemain du concile ?

9

Un schisme pour rien

Pourquoi l'affaire Lefebvre fut un vrai faux schisme

> « Etre excommuniés par des modernistes, des gens condamnés par les papes précédents, qu'est-ce que cela peut bien nous faire ? »
>
> Mgr Lefebvre, *L'Homme nouveau*, 3 juillet 1988.

Ecône, dans le Valais suisse. Il est presque midi, ce jeudi 30 juin 1988. Plus de six mille fidèles sont là, fervents et heureux, qui n'ont pas pu tous trouver place sous l'immense chapiteau dressé pour l'occasion. Coiffé de sa mitre d'archevêque, Mgr Marcel Lefebvre, 83 ans, les rejoint pour présider cette cérémonie exceptionnelle, suivi de quatre prêtres au regard baissé, au visage grave. Protégé du soleil par un dais à l'ancienne, courbé sous le poids de sa chasuble tissée d'or fin, une crosse d'argent à la main, le vieux prélat est applaudi frénétiquement par la foule. Bientôt, il va poser ses mains gantées de velours sur la tête bandée de ses quatre acolytes – un Suisse, un Français, un Anglais, un Espagnol. Ils s'appellent Bernard Fellay, Bernard Tissier de Mallerais, Richard Williamson, Alfonso de Galaretta. L'archevêque les oint solennellement et, dans une atmosphère à la fois recueillie et grave, sous les flashs des nombreux photographes de presse conviés à la cérémonie, il leur remet à chacun la crosse et l'anneau, symboles de leur nouvelle dignité épiscopale.

Au moment même où Mgr Lefebvre étend les mains sur la tête de ses futurs évêques, il est excommunié par Rome, tout comme les quatre prêtres consacrés par lui. Sans procédure particulière. La sanction tombe *latae sententiae,* c'est-à-dire « du fait même de la faute commise ». Dès le lendemain, le cardinal Gantin, préfet de la Congrégation des évêques, signera un décret d'excommunication pour confirmer que l'acte de consécration est bel et bien « schismatique ».

Un schisme, dans l'histoire moderne de l'Eglise, ce n'est pas banal. Mais sur quoi porte celui-ci exactement ?

Un Ch'ti en Afrique

Marcel Lefebvre est né à Tourcoing le 29 novembre 1905. Clin d'œil du destin, il vient au monde quelques jours avant un événement historique qui pèsera sur sa propre vie : le vote de la loi de séparation des Eglises et de l'Etat. Une « séparation » qui n'a aucun sens pour son industriel de père : profondément catholique, attaché à la monarchie, membre de l'Action française, René Lefebvre ne comprend pas qu'on puisse exclure l'Eglise du domaine temporel, politique ou social. Comme beaucoup de patrons paternalistes de la région, il récuse farouchement toute idée de lutte des classes et prône un ordre social tout entier basé sur les « corporations » et les valeurs de l'Evangile. Dans cette vieille famille d'industriels de la laine, on pratique depuis plusieurs siècles une foi profonde, sincère, absolue. Cinq des huit enfants Lefebvre entreront dans les ordres. Rien d'étonnant que le petit Marcel suive les traces de son frère aîné, séminariste à Rome :

— Ton frère est à Rome, tu vas à Rome, toi aussi !

Le Séminaire français de Rome, via Santa Chiara, où il entre à son tour le 25 octobre 1923, est animé par la Congrégation des pères du Saint-Esprit, qu'on appelle aussi les « Spiritains ». Le directeur, le père Henri Le Floch, proche de l'Action française, est hostile à tous les poisons réformistes de l'époque. Mgr Lefebvre dira plus tard à quel point il fut marqué par ce recteur charismatique et, plus encore, par son enseignement basé, sans nuances, sur « l'antilibéralisme, l'antimodernisme et l'anticommunisme ».

En décembre 1926, un coup de tonnerre ébranle les fondations du séminaire français : Pie XI met à l'index les livres de Charles Maurras et interdit aux catholiques tout contact avec l'Action française. Cette condamnation provoque quelques mutations brutales à la tête du séminaire. A son retour du service militaire, Lefebvre constate que le père Le Floch a été remplacé. Mais contrairement à certains de ses condisciples, il ne proteste pas, au nom du vieil adage : *Roma locuta est, causa finita est* (« Quand Rome a parlé, la cause est entendue »).

Il est ordonné prêtre le 21 septembre 1929 à Lille par le tout jeune évêque de la ville, Mgr Achille Liénart, qui sera plus tard – autre ironie de l'Histoire – le principal défenseur des prêtres-ouvriers, aux antipodes de la conception rigoriste du sacerdoce prônée par Marcel Lefebvre. Pour l'heure, celui-ci retourne à Rome terminer ses études de théologie, puis il décide d'entrer, comme son grand frère, chez les Spiritains. Les lettres et les appels de son aîné le convainquent de ne pas aller s'enterrer dans une paroisse lilloise :

— Rejoins-moi au Gabon !

A l'automne 1932, on le retrouve professeur au séminaire de Libreville – barbu, le casque colonial vissé sur le chef – puis supérieur de la mission de Lambaréné, où il fréquente un autre missionnaire, protestant celui-là, le Dr Schweitzer. C'est au Gabon qu'il traverse la guerre, rattrapé jusqu'au fond de la brousse par les luttes de pouvoir entre Pétain et de Gaulle – son évêque, Mgr Tardy, étant resté fidèle au Maréchal. Mais, en Afrique, on a autre chose à faire que parler politique, et l'on a peu d'échos des polémiques incessantes qui rythment, en métropole, les premiers pas de la IVe République.

Marcel Lefebvre est un remarquable organisateur, même s'il passe pour une tête de mule. En juin 1947, il est nommé vicaire apostolique de Dakar, ce qui lui vaut d'être sacré évêque – à 41 ans – avant de partir pour ce Sénégal majoritairement musulman qui le change du Gabon. Puis le pape Pie XII le nomme délégué apostolique pour toute l'Afrique occidentale : il représente personnellement le souverain pontife sur un territoire qui va du Maroc à Madagascar en passant par le Sahara, l'A-OF, l'A-EF et la Réunion ! En février 1956, le cardinal Tisserant en personne débarque à Dakar pour l'introniser archevêque du lieu.

Le voilà qui sillonne le continent noir, de Marrakech à Tananarive, de Dakar à Gao. Nul doute qu'il change le visage de la mission en Afrique francophone. A Paris, il fréquente le nonce Angelo Roncalli, futur Jean XXIII. Il rencontre René Coty, François Mitterrand, Pierre Messmer, le général de Gaulle. Il va souvent à Rome, où Pie XII lui exprime sympathie et affection. En 1957, il inspire partiellement au pape l'encyclique *Fidei donum* sur les missions. Il rencontre les deux substituts de l'époque : Mgr Tardini, qu'il apprécie, et Mgr Montini, futur Paul VI, dont il se méfie. Un jour, Montini se plaint à lui que, en Afrique, les missionnaires mettent sans cesse en garde contre les protestants, les athées, les musulmans :

— Mais nous ne pouvons laisser ces idées se répandre sans réagir ! proteste Lefebvre.

— Ah non ! répond Montini : il ne faut pas condamner, condamner, condamner toujours !

Une ascension brisée

En 1958, l'archevêque Lefebvre jouit d'une grande notoriété, il est respecté sur tout le continent africain, il est connu et apprécié à Rome : il ne lui manque plus que le chapeau de cardinal... qu'il n'aura jamais. Pie XII meurt le 9 octobre 1958 sans avoir procédé au renouvellement du Sacré Collège. L'élection du cardinal Roncalli, qui l'a bien connu quand il était nonce à Paris, n'arrange pas ses affaires : en décembre 1958, lors de son premier consistoire, Jean XXIII ne le promeut pas. Pis, il lui fait choisir entre l'archevêché de Dakar et son poste prestigieux de délégué apostolique : Lefebvre opte pour Dakar, non sans ruminer cette humiliation.

En avril 1961, l'indépendance du Sénégal brise définitivement son ascension. La décolonisation pousse le Vatican à nommer un autochtone dans chaque archevêché africain : Abidjan, Tananarive, Ouagadougou. A Dakar, Mgr Lefebvre nomme ostensiblement auprès de lui un vicaire général noir, l'abbé Hyacinthe Thiandoum, mais cela ne suffit pas à la Curie : quand il présente sa démission, pour la forme, en janvier 1962, elle est acceptée avec empressement.

Lefebvre est amer. Or, le pire est à venir. La réputation sulfureuse du prélat a précédé son retour en France : son caractère entier, sa rigidité dogmatique, sa sympathie pour l'Algérie française, son soutien ostentatoire accordé à la Cité catholique – un mouvement laïc qui flirte avec l'extrême droite – et aussi les quelques polémiques qu'il a provoquées pendant ses années africaines, en ont fait un personnage incontrôlable et redouté. Apprenant que l'archevêque rentre en métropole, les cardinaux et archevêques français s'inquiètent : pas question de voir cet extrémiste siéger dans leurs rangs ! Par un petit stratagème peu glorieux, ils font en sorte que la Sacrée congrégation des évêques nomme Mgr Lefebvre dans un simple diocèse : l'ex-archevêque de Dakar se retrouve évêque de Tulle, en Corrèze. Le moins qu'on puisse dire est que ce n'est pas une promotion.

Mais six mois plus tard, le 26 juillet 1962, Mgr Lefebvre prend sa revanche : le chapitre général de la Congrégation des pères du Saint-Esprit – une communauté de cinq mille religieux – l'élit comme supérieur général. Marcel Lefebvre étant élu par les deux tiers des votants, c'est-à-dire très largement, Jean XXIII ne peut qu'agréer ce choix et relever l'archevêque honni de ses obligations diocésaines auvergnates.

C'est donc en tant que supérieur général des Spiritains que Marcel Lefebvre participe de bout en bout à Vatican II. Dès l'été 1962, membre de la commission centrale chargée de préparer le concile, il assiste aux affrontements entre les conservateurs (Ottaviani, Ruffini) dont il est proche, et les progressistes (Suenens, Béa), dont presque toutes les propositions le scandalisent. C'est contre les « libéraux » de l'Eglise qu'il ferraille tout au long des quatre sessions conciliaires, seul ou avec d'autres, mais jamais contre le pape lui-même : pas question, pour un homme aussi attaché à la primauté apostolique, de s'opposer au souverain pontife !

Peu de temps après l'ouverture du concile, Mgr Lefebvre se lie à deux évêques brésiliens, Mgr de Castro Mayer et Mgr de Proença Sigaud, viscéralement opposés aux idées modernistes. Leur complicité va se transformer, en octobre 1963, en un collectif d'une quinzaine d'évêques – parmi lesquels Mgr Siri, archevêque de Gênes – dont la conviction commune est simple : l'œcuménisme, le modernisme, le naturalisme, le relativisme, la contagion protestante, l'influence maçonnique, voilà les ennemis ! Ce petit groupe, quand il est formé en octobre 1964, se baptise Coetus internationalis patrum (« Groupe international de pères ») et se donne un président au grand prestige : Marcel Lefebvre.

Le Coetus organise des conférences hebdomadaires à Rome et, entre les sessions, des réunions à l'abbaye bénédictine de Solesmes. Incontestablement minoritaires dans les travées du concile, ses membres – entre 70 et 250 selon les enjeux – entendent jouer les grains de sable et empêcher que les réformes conciliaires soient adoptées à l'unanimité. Quand le concile s'achève, en 1965, le Coetus n'est encore qu'un rassemblement de prélats conservateurs persuadés que « Vatican II a favorisé la diffusion des erreurs libérales » et que « la destruction de l'Eglise avance à pas rapides », mais qui votent tous les textes dès lors que le pape les signe : *Roma locuta est, causa finita est !* Personne, absolument personne n'imagine que cette minorité « réactionnaire », pour acides que soient ses critiques, débouchera un jour sur un schisme.

La fuite en avant

A la tête de la Congrégation des pères du Saint-Esprit, Lefebvre est fidèle à ses idées. A peine est-il élu qu'il « nettoie » (c'est lui qui parle ainsi) la bibliothèque du siège, à Chevilly-Larue, en expurgeant tous les livres des théologiens en délicatesse avec la doctrine (Congar, Lubac, Chenu) et en appelant à écarter les professeurs acquis aux idées modernistes ! Son sens de l'organisation n'est plus à prouver – il transfère le siège de la congrégation à Rome – mais les remaniements qu'il ordonne et les engagements qu'il poursuit dérangent de plus en plus de religieux : retour à la discipline, port obligatoire de la soutane, enseignement thomiste exclusif, etc. Plusieurs religieux, choqués, quittent la congrégation.

Considéré, y compris chez ses proches, comme « inflexible », « obstiné », « psychologiquement bloqué »,

« n'écoutant pas d'autres points de vue que le sien », le supérieur général est de plus en plus isolé. En 1967, quand il entend restaurer la règle initiale des Spiritains établie par le père Claude Poullart des Places, au XVIIIe siècle, à rebours de toutes les entreprises d'*aggiornamento* qui ont suivi le concile, une fronde grandit dans les rangs spiritains, qui aboutit à sa démission forcée le 28 septembre 1968. A 63 ans, humilié et désappointé, il quitte seul, une valise à la main, la maison généralice des Pères du Saint-Esprit. Ce matin-là, un séminariste l'aperçoit :

— Mais où allez-vous ainsi, monseigneur ?

— Je ne sais pas !

C'est vrai, l'ancien archevêque de Dakar ne sait pas où il va. Il bénéficie d'un tout petit revenu, dû à sa participation aux travaux de la Curie, mais pour le reste, il s'interroge. La seule chose qu'il sache, c'est qu'il n'est pas prêt à prendre sa retraite, et qu'il veut, plus que jamais, « se dédier au combat contre le progressisme ».

D'abord, il fonde un bulletin interépiscopal polyglotte intitulé *Fortes in fide* (« Forts dans la foi ») et destiné à fédérer tous ceux qui, dans l'Eglise, pensent comme lui... mais qui ne dépassera pas quelques centaines d'abonnés. Quelques mouvements ultraconservateurs s'intéressent à lui : les Chevaliers de Notre-Dame, l'ordre du Rouvre, quelques groupuscules de jeunes catholiques. Rien de bien convaincant. Persuadé que le maintien de la tradition passe par la formation des prêtres, il veut fonder un « séminaire international ». S'appuyant sur la vingtaine de séminaristes qui l'avaient naguère adulé à Rome, il crée en 1969 une « Association Saint-Pie-X pour la formation sacerdotale » (Pie X est le pape qui a condamné le modernisme en 1907) qui ouvre un premier séminaire à Fribourg. Mais cela ne marche pas : la moitié des séminaristes d'origine le quittent.

Les Chevaliers de Notre-Dame mettent alors à sa disposition une ancienne maison des chanoines du Grand-Saint-Bernard dans un petit village nommé Ecône, près de Riddes, dans le Valais suisse. L'évêque du lieu, Mgr Nestor Adam, n'est pas très enthousiaste, mais finit par se laisser fléchir : Lefebvre lui arrache un accord tacite qu'il qualifie pompeusement d'« autorisation » !

— Lefebvre m'a trompé ! dira plus tard l'évêque.

De son côté, le 1er décembre 1970, l'évêque de Fribourg, Mgr Charrière, un ancien du Sénégal, a accepté d'ériger en « pieuse union » la Fraternité sacerdotale internationale Saint-Pie-X. Selon le droit canonique, la Fraternité ne peut incardiner directement des prêtres – elle passe par des évêques amis – mais pourra en faire la demande au bout de six ans. Si l'archevêque rebelle avait fait preuve d'un peu de patience, il aurait pu consacrer des prêtres, et il n'y aurait jamais eu d'« affaire Lefebvre ».

Car le patriarche d'Ecône ne règne encore que sur une poignée de partisans. C'est plus tard qu'il rassemblera sur son nom les catholiques hostiles au concile Vatican II, les croyants nostalgiques de Maurras, les intégristes partisans de l'Algérie française, les traditionalistes et réactionnaires de tout poil. Ce qui va changer la donne, c'est la réforme liturgique. La « nouvelle messe ».

La nouvelle messe

La réforme liturgique était dans l'air bien avant le concile. Qui pouvait nier que la liturgie dût être toilettée ? Même Pie XII avait prôné cette réforme dans l'encyclique *Mediator Dei* en 1947. Réviser le Missel romain de Pie V que son lointain prédécesseur Pie V avait généralisé après le concile de Trente n'était pas, *a priori*, une révolution. Mgr Lefebvre a d'ailleurs voté, le 4 décembre 1963, la constitution conciliaire *Sacrosanctum concilium* qui décida d'adapter la liturgie, de rendre les offices compréhensibles (en y introduisant les langues vernaculaires tout en gardant le latin comme langue d'usage) et de faire davantage participer les fidèles aux cérémonies. Conservateur mais pas borné, l'ancien missionnaire accueillit favorablement la réforme de la première partie de la messe, les lectures et l'homélie étant « faites pour enseigner les fidèles ».

Or, le groupe de travail constitué par Paul VI en février 1964 pour mettre en application la réforme liturgique, animé par le père Annibale Bugnini, va concocter un véritable bouleversement des pratiques et des principes en cours, bien au-delà de *Sacrosanctum concilium*. Lors de la présentation du projet, au synode d'octobre 1967, de nombreux prélats expriment leur défiance : la réforme, anodine au départ, est devenue une refonte radicale de la liturgie, de la messe en particulier ; et, surtout, elle implique le remplacement « obligatoire », dans un délai de six mois seulement, de l'ancien missel par le nouveau.

Celui-ci est dévoilé à la presse le 2 mai 1969, assorti d'une *Présentation générale* qui choque plus d'une éminence. Et qui fait aussitôt l'objet, dans l'entourage de

Mgr Lefebvre, d'un *Bref examen critique* dont la simple publication – Lefebvre fait savoir qu'il aurait eu l'approbation du vieux cardinal Ottaviani, presque aveugle – donne un encouragement à tous ceux qui ne veulent pas voir « changer la messe ». Mais le 3 novembre, sans nuances, *L'Osservatore Romano* indique que le nouvel *Ordo missae* sera obligatoire en Italie dès le 30 novembre !

Le nouveau missel, par le tollé général et les polémiques publiques qu'il provoque, est le thème fédérateur qui manquait à l'évêque contestataire. Le thème très médiatique de la « messe en latin » va cristalliser toutes les oppositions, tonitruantes ou larvées, aux réformes conciliaires. Et toutes les nostalgies. Le malaise des catholiques après Vatican II va se focaliser là-dessus. Mgr Lefebvre ne s'y trompe pas et rejette solennellement, dans un texte écrit le 25 novembre 1970, le nouvel *Ordo missae*. A entendre ses proches, ce refus aurait été un « moment capital, historique pour l'Eglise ».

Est-ce une faille décisive, un divorce péremptoire, un *casus belli* définitif ? Pas du tout. La meilleure preuve en est que, à Ratisbonne, cette année-là, un professeur de théologie peste, lui aussi, contre le nouveau missel rendu public par le Vatican. Il s'appelle Joseph Ratzinger. Il fut un des jeunes experts « réformateurs » du concile, mais il a vite déchanté dans les années qui ont suivi la clôture de Vatican II. Ratzinger, qui a beaucoup travaillé sur le thème de la liturgie, est « consterné » (c'est lui qui le dit) quand il constate qu'au lieu d'adapter la liturgie traditionnelle aux décisions et aux expérimentations intervenues depuis le concile Vatican II, ce nouveau missel est destiné à *remplacer* l'ancien dans les six mois de sa parution ! Jamais dans l'histoire de l'Eglise, écrit-il d'une plume indignée, on n'avait ainsi opposé un missel à un autre : toute nouvelle synthèse, comme le Missel romain de Pie V, lui-même révisé à trois reprises sous Clément VIII, Urbain VIII et Léon XIII, était une adaptation des rites existants visant à unifier la liturgie de toute l'Eglise. Cette fois, fulmine Ratzinger, on a opéré une « rupture » aux conséquences forcément « tragiques » : faire croire que la liturgie peut être le fruit du travail d'érudits et de juristes faisant table rase du passé, c'est nier qu'elle soit un processus vivant !

C'est exactement ce qu'écrit Mgr Lefebvre dans sa note de novembre 1970 : que ce nouvel *Ordo missae* soit obligatoire est sans précédent dans l'histoire de l'Eglise ; saint Pie V, lui, avait prolongé une tradition ancienne, alors que Paul VI en impose artificiellement une nouvelle ; cette nouvelle messe n'est ni invalide ni hérétique, mais elle « conduit lentement à l'hérésie ».

Convaincus que « la crise de l'Eglise repose largement sur la désintégration de la liturgie », les deux hommes n'auront pas de mots assez durs, l'un et l'autre, contre cette réforme. L'évêque dissident et le futur préfet de la Congrégation pour la Doctrine de la foi, appelé à devenir Benoît XVI, sont sur la même longueur d'onde. Ratzinger consigne doctement ses réflexions dans ses livres ; Lefebvre, lui, enfourche promptement ce cheval de bataille qui va lui apporter notoriété et ralliements.

Le bal des nostalgiques

Car le retour à la messe « selon saint Pie V » devient un prétexte, un slogan, un fantasme, un exutoire pour tout ce que le catholicisme français compte de déboussolés, de nostalgiques, d'aigris, d'extrémistes, de nationalistes, d'anticommunistes, tous convaincus que la civilisation occidentale, c'est-à-dire l'Occident chrétien, est en danger de mort face aux héritiers des Lumières et de la révolution bolchevique. D'où les contacts entretenus ostensiblement avec les principaux dictateurs d'extrême droite – Salazar, Videla, Pinochet – et les accusations sournoises d'appartenance à la franc-maçonnerie lancées à la tête du cardinal Villot et même du pape Montini. Ce n'est pas un hasard si le succès d'Ecône coïncide, en France, avec le décollage de Jean-Marie Le Pen dans les sondages d'opinion. Cette collusion-là n'est pas voulue par Mgr Lefebvre, mais elle est réelle. Elle indispose d'ailleurs la plupart des évêques français, les Marty, Vilnet et autres Etchegaray, qui ont suffisamment de mal à sortir l'Eglise de France des remous politiques où Mai 68 l'a entraînée. On est loin du débat théologique sur la transsubstantiation lors de la consécration...

C'est cette convergence avec tous les frustrés de la société moderne, religieux ou civils, sincères ou politiciens, qui va dynamiser le mouvement traditionaliste. Ecône s'étend et réunit bientôt neuf professeurs et vingt-sept séminaristes de diverses nationalités. Le nombre de ceux-ci ne cessera de croître, au point que les deux premières années d'études sont transférées en 1986 dans un séminaire traditionaliste à Flavigny, en Bourgogne. Mgr Lefebvre compte aussi des séminaristes à Ridgefield (Etats-Unis), Albano (Italie), Zaitzkofen (RFA), Buenos Aires (Argentine) : au total, ils seront 260 prêtres et 300 séminaristes quand éclatera le schisme en 1988. Sans compter la branche féminine du mouvement, que mère Marie-Gabrielle, une des sœurs de Lefebvre, a créée à Saint-Michel-en-Brenne (Indre), et une poignée de carmels créés par une autre sœur de l'archevêque, mère Marie-Christiane.

Mais son refus solennel du nouveau missel et ses nombreuses invectives contre le concile ont aussi valu à Mgr Lefebvre d'être rejeté par les évêques suisses qui, jusque-là, le protégeaient peu ou prou : la Fraternité Saint-Pie-X, que l'épiscopat français qualifie rageusement de « séminaire sauvage », risque fort de ne jamais obtenir le droit d'ordonner sur place ses séminaristes. L'évêque de Sion, à son tour, condamne :

— Je ne puis tolérer la formation d'une secte dans mon diocèse !

Au lieu de calmer le jeu, Lefebvre jette de l'huile sur le feu en publiant, en novembre 1974, un texte virulent sur les réformes conciliaires qui contribuent « à la démolition de l'Eglise, à la ruine du sacerdoce, à l'anéantissement du sacrifice et des sacrements », et affirme son « refus catégorique » de les adopter. A Rome, où l'évêque contestataire se rend à deux reprises devant une commission spéciale de trois cardinaux de Curie (Garrone, Wright, Tabera) constituée par le pape, le ton monte :

— Retirez votre texte, il est inacceptable !

— Alors, d'après vous, il n'y a pas de crise dans l'Eglise ?

Dialectique redoutable. Dialogue de sourds. L'objectif poursuivi par le pape et la Curie est simple : en échange de quelques concessions mineures, Lefebvre doit se soumette filialement, humblement, au pape en exercice. Cet homme-là n'a-t-il pas été, toute sa vie, le chantre de l'obéissance au souverain pontife ? Mais – selon un participant à l'une de ces réunions – Mgr Lefebvre évite systématiquement ce sujet-là, alterne raisonnements juridiques et « amalgames énormes », confond sciemment discipline et théologie, mêle arguments tactiques et convictions sacrées. Il est insaisissable. Un affrontement aussi inégal ne pouvait aboutir qu'à la rupture. A une nouvelle lettre de Paul VI lui demandant une fois encore, en septembre 1975, de se soumettre, Lefebvre répond par une annonce fracassante : il va ordonner directement de nouveaux prêtres, sans plus passer par des évêchés amis !

A l'approche de la date de cette ordination illicite, fixée au 29 juin 1976, la Curie panique. Le cardinal Villot, secrétaire d'Etat, perd patience. Mgr Benelli, son substitut, s'énerve. Les mises en garde des uns et des autres ne servent à rien. Quelques jours avant l'échéance, Benelli envoie un émissaire, le jésuite Edouard Dhanis, rencontrer l'évêque dissident le 27 juin à Flavigny (Côte-d'Or), où il prêche la retraite des futurs ordonnés :

— Monseigneur, supplie Dhanis en brandissant le missel de Paul VI, si vous acceptez de dire cette messe avec moi, tout est aplani avec Rome !

Réponse glaciale de Lefebvre :

— J'ai déjà célébré la messe.

Le surlendemain, 29 juin, Mgr Lefebvre ordonne tranquillement treize prêtres et quatorze sous-diacres. Cette fois, en effet, la messe est dite.

Le spectre des francs-maçons

Au Vatican, on se refuse à l'irrémédiable. Le 6 juillet, le cardinal Baggio, préfet de la Congrégation pour les évêques, s'adresse à Mgr Lefebvre : s'il ne fait pas machine arrière dans les dix jours, il sera suspendu *a divinis* (c'est-à-dire qu'il ne pourra plus conférer les sacrements). La réponse du rebelle ne tarde pas. Elle sera la même, désormais, chaque fois que lui-même ou ses successeurs négocieront avec les papes suivants : ce n'est pas à la Fraternité de faire amende honorable, c'est au pape de renoncer au concile, cette « néfaste entreprise qui tire son origine d'une entente secrète entre de hauts dignitaires de l'Eglise et ceux des loges maçonniques » !

Cette partie de ping-pong ecclésial va durer trente ans. Lefebvre est-il définitivement suspendu *a divinis*, le 22 juillet ? Il riposte : l'Eglise « conciliaire » qui réagit ainsi est une Eglise « schismatique » qui rompt avec l'Eglise de toujours ! Et le nouveau dissident, à l'invitation de quelques patrons du Nord, d'aller célébrer une messe solennelle à la Foire commerciale de Lille, le 29 août, devant 7 000 fidèles qui applaudissent frénétiquement, en présence de 400 journalistes ravis de commenter cette « messe interdite », l'homélie provocatrice du célébrant :

— Que veulent les catholiques libéraux ? Marier l'Eglise et la révolution ! Ce mariage est inscrit dans les textes du concile ! De cette union adultère ne peuvent venir que des bâtards : le rite de la nouvelle messe, les sacrements sont des bâtards !

L'obstination vire à la radicalité. La haine, à la violence. Le 22 février 1977, un groupe de traditionalistes réunis à la Mutualité, à Paris, décide d'investir l'église voisine de Saint-Nicolas-du-Chardonnet. Le chef du commando est l'abbé Coache, un prêtre du diocèse de Beauvais qui a battu le rappel de ses troupes sous le prétexte de célébrer une

« messe selon saint Pie V » à 11 h 30 à la « Mutu ». Mais les fidèles sont dirigés vers l'église Saint-Nicolas où ils récitent le chapelet avant d'occuper les lieux, en expulsant *manu militari* le curé et son vicaire. L'âme du mouvement, sa caution, est Mgr François Ducaud-Bourget, un vieux prélat honoraire, chapelain de l'ordre de Malte, qui fut aumônier de l'hôpital Laennec et qui louait déjà la salle Wagram, chaque dimanche, pour célébrer une messe à l'ancienne : voilà le vieil homme proclamé « curé » de Saint-Nicolas !

La violence a pris le pouvoir. Des jeunes d'extrême droite « protègent » les nouveaux occupants, cassent les vitres du presbytère, couvrent les murs d'inscriptions vengeresses. Mgr Lefebvre va-t-il désavouer ces actes fort peu évangéliques ? Au contraire, il publie dans *Minute* un article où il soutient les rebelles, appelant à d'autres occupations d'églises. Celles-ci ne vont pas tarder : à Saint-Merri, dans le 4e arrondissement de Paris, à Notre-Dame de Besançon, dans le Doubs, des lieux de cultes sont investis par des extrémistes au nom de cette Eglise parallèle.

Les ouvertures de Jean-Paul II

Rome, 18 novembre 1978. Paul VI est mort au début de l'été. Jean-Paul Ier n'a régné que trente-trois jours. Elu depuis un mois, le pape Jean-Paul II reçoit Mgr Lefebvre en audience au Vatican. C'est le cardinal Siri, de Gênes, qui lui a soufflé l'idée. Siri, à lui seul, est la preuve qu'il y a dans l'Eglise, y compris au plus haut niveau, des conservateurs au moins aussi hostiles au concile que l'était Mgr Lefebvre.

N'est-ce pas Siri qui disait, à la mort de Jean XXIII : « Il faudra cinquante ans pour réparer les dégâts de ce pontificat » ?

Mais la rencontre avec Jean-Paul II se passe mal. Pourtant, le nouveau pontife avait de quoi rassurer son interlocuteur sur bien des points. L'anticommunisme ? Le pape venu de l'Est, sur ce terrain, est insoupçonnable. Le latin ? Le débat sur la langue liturgique n'a jamais posé de problèmes aux catholiques polonais, et Wojtyla lui-même aime beaucoup prier et chanter en latin. La soutane ? Le pape désapprouve le rejet des signes sacerdotaux par les prêtres *new look* et plaiderait plutôt, quant à lui, pour le retour au port de la soutane. La liturgie ? Rome doit évidemment soutenir la réforme liturgique, mais pourquoi ne pas tolérer plusieurs modes de célébration de la messe ? La concurrence entre plusieurs liturgies ne va pas dans le sens de l'unité de l'Eglise, certes, mais cette position, qui n'est à ses yeux qu'une « question disciplinaire », vaut-elle un schisme ?

Le chef des traditionalistes s'attendait-il que le pape lui donne raison d'emblée sur tout ? Qu'il lui annonce, tout de go, un franc retour en arrière ? Qu'il désavoue Paul VI, dont il fut si proche ? S'est-il trompé sur l'attachement profond de Karol Wojtyla au concile Vatican II ? Toujours est-il que l'archevêque dissident déclare ensuite avec aigreur, devant des journalistes, que ce pape « n'a pas de personnalité ». Il se dira aussi « saturé » par ses écrits « au style moderne et inintelligible ». On ne peut être moins aimable.

Le 3 octobre 1984, Jean-Paul II tente une nouvelle ouverture : il autorise à nouveau l'usage du rite « tridentin », la fameuse « messe de saint Pie V », par dérogation spéciale et à la condition de ne pas rejeter le missel de 1970, qui reste la règle générale. Le cardinal Seper, préfet de la Congrégation pour la Doctrine de la foi, le prévient :

— Attention, Très Saint-Père, de cette messe ils feront un drapeau !

Jean-Paul II prend le risque. Mais Mgr Lefebvre, comme à son habitude, refuse finalement cette ébauche de compromis. La question n'est pas, n'est plus celle de la messe ! Il y a trop longtemps que lui-même et ses ouailles estiment que Vatican II a fait fausse route, et que la déclaration sur la liberté religieuse, *Dignitatis humanae*, à laquelle a tant contribué l'évêque Karol Wojtyla, est « hérétique ». En mars 1986, Jean-Paul II reçoit une lettre acerbe de Mgr Lefebvre où celui-ci l'accuse explicitement d'« entraîner le clergé et les fidèles dans l'hérésie et dans le schisme ».

Deux événements vont conforter Mgr Lefebvre dans sa « résistance » et faire définitivement basculer les hommes d'Ecône dans la dissidence : la visite historique de Jean-Paul II à la synagogue de Rome, le 13 avril 1986, qui confirme aux yeux des intégristes que le pape « est inspiré par le diable et au service de la maçonnerie » ; et la rencontre interreligieuse d'Assise, le 27 octobre de la même année, que Mgr Lefebvre, dans une lettre à la revue *Itinéraires*, qualifie de « scandale incalculable » et considère comme « le comble de l'imposture et de l'insulte à Notre Seigneur ».

A quelques semaines de la rencontre d'Assise, Lefebvre a envoyé à Jean-Paul II un « petit catéchisme en images », comme il dit, qui commence par un dessin représentant Jésus et Marie interdits de séjour à Assise par le pape parce qu'ils ne sont pas assez « œcuméniques ». Le Polonais, que

Lefebvre appelle désormais « le pape des Religions Unies », n'a pas du tout apprécié cet humour très spécial.

Consacrer des évêques

En cette année 1986, l'évêque rebelle a 81 ans. Il pense à sa succession. Comment assurer l'avenir de sa Fraternité ? Consacrer un évêque ? Un tel acte serait, il le sait bien, « rompre définitivement avec la communion de l'Eglise ». Le vieux prélat, fatigué, hésite. Déjà, trois ans plus tôt, le nouveau préfet de la Congrégation pour la Doctrine de la foi, Joseph Ratzinger, lui a écrit au nom du pape et « avec la plus extrême gravité » pour le dissuader de céder « à ce qui serait vraiment le commencement d'un schisme, à savoir la consécration d'un évêque ». Peine perdue. En juin 1987, Lefebvre franchit le Rubicon : il « se donnera des successeurs ». Provocateur, il écrit même une lettre au cardinal Ratzinger pour lui en demander l'autorisation « afin d'enrayer l'autodémolition de l'Eglise » !

Le 14 juillet 1987, Ratzinger reçoit Lefebvre dans son bureau, piazza Sant'Uffizio. Le dialogue est tendu. Lefebvre a attaqué d'emblée sur ce concile impie qui nie le rôle que doit assumer tout Etat dans la défense de la vraie religion catholique et dans la condamnation des « erreurs » :

— Mais l'Etat est incompétent en matière religieuse ! s'exclame Ratzinger.

— L'Etat a une fin ultime, éternelle !

— Cela, c'est l'Eglise, monseigneur, ce n'est pas l'Etat !

Le dialogue est impossible entre l'ancien professeur

de théologie précis, rationnel, et l'ancien missionnaire rigide, combatif, sûr de lui. Ratzinger, concrètement, réitère sa mise en garde : si son hôte persiste dans la voie du schisme, il sera excommunié. Lefebvre sort de ses gonds :

— Un schisme ? Si schisme il y a, il est bien plus le fait du Vatican ! Il nous est indifférent d'être excommuniés par cette Eglise libérale, œcuménique, révolutionnaire !

Au *Figaro,* début février 1988, Lefebvre annonce que la cérémonie aura finalement lieu le 30 juin. Au Vatican, comme en 1976, c'est la panique. Les 12 et 13 avril, à Rome, deux émissaires d'Ecône et deux collaborateurs de Ratzinger – dont le futur secrétaire d'Etat Tarcisio Bertone – s'efforcent d'établir un protocole d'accord en cinq points. L'archevêque dissident y renonce à ordonner des évêques en dehors de l'Eglise, en échange de quoi le pape accédera au vœu le plus cher du prélat vieillissant : qu'il le laisse désigner son successeur pour perpétuer son œuvre. Lefebvre accepte aussi, formellement, de ne plus dénigrer les décisions du concile et d'adopter une attitude « positive ». Mais en privé, bravache, il confie à l'un de ses amis :

— Ils ont reculé sur toute la ligne !

Le 4 mai 1988, Lefebvre signe le document final dans un couvent de la via Aurelia. Le schisme est évité. Las ! le soir même, dans sa résidence d'Albano, à deux pas de Castel Gandolfo, Mgr Lefebvre revient sur son acceptation. Il en informe Ratzinger le lendemain : le sacre aura lieu le 30 juin, c'est définitif ! Dépité, Ratzinger se précipite chez le pape pour lui signifier l'échec de cette dernière conciliation. Le 9 juin, Jean-Paul II confirme qu'un tel acte sera schismatique. La réponse de Mgr Lefebvre, qui reçoit des journalistes le 15, est implacable :

— Rome nous a menés en bateau ! On nous menace d'excommunication, mais excommunication par qui ? Par une Rome qui n'a plus la foi catholique ! On nous parle de schisme, mais schisme avec qui, avec le pape moderniste ? Avec le pape qui répand partout les idées de la révolution ?

Air connu. Arguments ressassés. Refus obstinés. Pourtant, le 30 mai 1988, Ratzinger affirme que le pape est d'accord pour qu'un successeur à Lefebvre soit désigné le 15 août. Lefebvre saute sur l'occasion et, dans une lettre adressée au pape le 2 juin, prend acte que « la consécration épiscopale n'est donc pas contraire à la volonté du Saint-Siège », mais qu'il se donnera lui-même les moyens de poursuivre son œuvre, afin de perpétuer un mouvement qui « nous protège de l'esprit de Vatican II et d'Assise » en attendant « une période plus propice où Rome, aujourd'hui infestée par le modernisme, rentrera dans la tradition ». La cérémonie fatale aura lieu le 30 juin.

Le 29 juin au soir, Jean-Paul II et le cardinal Ratzinger tentent un dernier coup de poker. Ce dernier envoie un télégramme pour inviter « paternellement » Mgr Lefebvre à rejoindre Rome au plus vite. A Ecône, alors que l'archevêque s'est déjà retiré dans ses appartements, une Mercedes venant de Berne se gare devant le séminaire. C'est le secrétaire du nonce apostolique qui vient porter un pli. En fait, une injonction du cardinal Gantin, préfet de la Congrégation pour les évêques, qui « supplie » et « conjure » Mgr Lefebvre de renoncer à son projet et de rejoindre Rome *sine die*, à l'invitation personnelle du pape. La voiture est là pour l'emmener. Lefebvre refuse. L'émissaire repart seul. Cette fois, les dés sont jetés.

Mais dans ce théâtre d'ombres, de faux-semblants et d'arrière-pensées, après tant de concessions multiples et de refus entêtés, qui peut dire exactement sur quoi porte ce schisme ?

10

La mort du « pape au sourire »

La terrible vérité sur la mort mystérieuse de Jean-Paul Ier

> « Puisse Dieu vous pardonner ce que vous m'avez fait ! »
>
> Cardinal Albino Luciani,
> chapelle Sixtine, 26 août 1978.

— Le pape est mort !

— Mais on le sait, voilà un mois qu'il est mort !

— Non : le nouveau pape, Jean-Paul Ier, est mort cette nuit !

Tout au long de la matinée de ce 29 septembre 1978, ce dialogue résonne, aux quatre coins de la planète. Dans la nuit, Jean-Paul Ier, le « pape au sourire », désigné au cœur de l'été par le conclave pour être le successeur de Paul VI, a rendu l'âme à Dieu.

Dès l'annonce de cette mort imprévue, on voit fleurir, partout dans le monde, deux types de réactions. A commencer par la stupeur et la perplexité d'innombrables croyants : cardinaux, évêques, prêtres, simples fidèles, combien sont convaincus, peu ou prou, que Dieu est bien le maître de nos destinées, et que c'est le Saint-Esprit qui a guidé les votes des électeurs du conclave, un mois plus tôt, dans le secret de la chapelle Sixtine ! Que s'est-il passé ? Les princes de l'Eglise ont-ils péché par excès de confiance en eux ? Dieu a-t-il voulu adresser un message particulier à une Eglise en pleine interrogation ? Comment décrypter cette incroyable erreur de casting ?

Un parfum de scandale

Mais aussi, très vite, un parfum de scandale se répand, propagé par les insinuations de la presse italienne relayées par les médias du monde entier : quels mystères inavouables cache cette mort subite ? Pourquoi son annonce est-elle entachée de tant d'informations floues ou contradictoires ?

Ainsi, vu la brutalité du décès, pourquoi n'a-t-on pas procédé à une autopsie du corps du défunt ? Ne serait-ce pas pour masquer les traces d'un empoisonnement ? Si la mort a été entraînée par un « infarctus du myocarde », comme le disent les officiels, comment expliquer le doux sourire pacifié du pape décédé, qui tenait toujours, serrés entre ses doigts, de mystérieux feuillets ? Du reste, que lisait donc le pape quand il est mort ? Radio Vatican a annoncé à 14 h 30, ce jour-là, qu'il lisait l'*Imitation de Jésus-Christ*, avant de se rétracter le 2 octobre : pourquoi cette rétractation ? Que contenaient ces fameux feuillets dactylographiés ? Un discours dévastateur ? Une liste de prélats nommés et limogés ? Des accusations compromettantes ? Contre les jésuites, l'Opus Dei, les francs-maçons, les intégristes ?

Il est vrai qu'on relève nombre d'incohérences et de contradictions dans les communiqués officiels et les commentaires qu'ils ont générés à l'intérieur même du Vatican. Une dépêche de l'agence italienne Ansa datée du 29 septembre à 7 h 43 du matin, n'affirme-t-elle pas que les thanatopracteurs attachés à la maison du pape, Arnaldo et Ernesto Signoracci, auraient été tirés du lit aux aurores, avant même la découverte du corps ? D'ailleurs, qui a vraiment découvert le corps ? Le secrétaire John Magee, selon la version officielle, ou sœur Vincenza, la gouvernante du pape ? Et à quelle heure, exactement ?

Chaque détail un peu trouble provoque de nouvelles questions : où sont passées les lunettes et les pantoufles du pontife, que personne, semble-t-il, n'a retrouvées ? Et pourquoi le garde suisse Hans Roggen a-t-il déclaré avoir vu à 6 h 45, ce matin-là, le sulfureux archevêque Marcinkus rôder, hagard, près du palais apostolique ?

A toutes ces questions sournoises – mais légitimes – succèdent bientôt les rumeurs malveillantes, les fantasmagories idéologiques et les opérations mercantiles. Le 3 octobre, l'association intégriste Civilta christiana, proche de Mgr Lefebvre et très hostile au cardinal Villot, avance dans un bulletin que le pape pourrait avoir été assassiné par les « libéraux » et les « francs-maçons » de la Curie ! Bientôt, un livre intitulé *La Vraie mort de Jean-Paul Ier*, de Jean-Jacques Thierry, accuse le cardinal camerlingue Villot d'avoir maquillé le crime. Puis on voit sortir en librairie *Pontiff,* un récit de Max Morgan-Witts et Gordon Thomas ; puis *Han asesinado el papa !* des journalistes espagnols Pena et Zottola, qui sera même édité en feuilleton dans un journal mexicain ; puis le roman *La Soutane rouge* de Roger Peyrefitte ; et surtout *In God's Name* de David Yallop.

Yallop, qui n'a pas mené toute l'enquête lui-même, a mis en scène les informations que lui a rapportées son collaborateur Philip Willan, jouant sur les étranges imprécisions du Vatican pour transformer la mort de Jean-Paul Ier en un drame épouvantable et sordide où se profilent les ombres – familières, à l'époque – des banquiers Michele Sindona et Roberto Calvi, de l'évêque Paul Marcinkus, directeur de la Banque du Vatican, et du chef de la loge maçonnique P2, Licio Gelli, sur fond de Mafia, de services secrets et d'obscurs mais gigantesques intérêts planétaires. La vision de respectables cardinaux comme Jean Villot ou John Cody habilement transformés en « tontons flingueurs » assure à ces auteurs imaginatifs des records de vente dans les librairies. En Allemagne, par exemple, le livre de Yallop figurera parmi les meilleures ventes pendant près de quatre ans !

Luciani écrit à Pinocchio

Qui était donc Albino Luciani, pour susciter, en mourant, autant d'émotion, de désolation, de rumeurs et de fantasmes ?

Originaire de Forno di Canale, dans le nord-est de l'Italie, où il est né le 17 octobre 1912, Luciani est fils d'ouvrier. Ordonné en 1935, il poursuit d'honnêtes études à la Grégorienne, à Rome, avant de devenir prêtre dans sa paroisse, puis, en 1938, professeur au séminaire du chef-lieu, Belluno. En 1948, il est promu vicaire général de son diocèse, puis, dix ans plus tard, évêque de Vittoria Venetto. C'est Jean XXIII qui le consacre aussitôt après son élection, en décembre 1958. Luciani a 46 ans. Comme tous les prélats de cette génération, il vit intensément le concile Vatican II à l'occasion duquel il noue de solides amitiés chez quelques « princes » de l'Eglise : le Belge Suenens, le Français Marty, le Polonais Wojtyla. Enfin, en décembre 1969, il est promu patriarche de Venise.

Albino Luciani est un brave homme, un bon prêtre, un évêque sympathique et peu conventionnel. A Venise, il renonce à utiliser son bateau aux armes épiscopales pour circuler, comme tout le monde, en *vaporetto.* Il défraie la chronique par ses sermons en forme de dialogues avec des enfants, et publie, sous le titre *Illustrissimi,* des lettres simplistes adressées à Jésus, Walter Scott, Figaro, Péguy ou Pinocchio (!) qui font un malheur en librairie mais qui lui attirent la condescendance, voire le mépris de certains prélats huppés sortis des grandes écoles vaticanes.

Paul VI aime bien cet évêque qui le change des *porporati* et autres *monsignori* du Vatican. En 1972, en visite à Venise, devant une foule immense, le pape ôte son étole et la pose sur les épaules du patriarche, comme pour l'adouber. L'année suivante, il le nomme cardinal. Vice-président de la Conférence épiscopale italienne, le Vénitien est actif dans la péninsule, mais il est à peu près inconnu à l'étranger. Quand Paul VI s'éteint, le 6 août 1978, personne ne pense sérieusement au cardinal Luciani pour lui succéder.

Le samedi 26 août 1978 au matin, quand les portes de la chapelle Sixtine se referment sur les cent onze cardinaux électeurs, aucun d'entre eux n'imagine qu'une journée va suffire pour élire le nouveau pape. Au contraire, le scrutin s'annonce agité : il s'agit, pour les uns ou pour les autres, d'éviter l'élection du cardinal Giovanni Benelli, 57 ans, archevêque de Gênes (trop impétueux), ou celle de Giuseppe Siri, 62 ans, archevêque de Florence (trop conservateur) ou encore celle de Sergio Pignedoli, 68 ans, secrétaire de la Congrégation pour les non-croyants (trop dépassé).

C'est Benelli, conscient qu'il n'a aucune chance d'être élu, qui propose une candidature d'union : Albino Luciani. Un saint homme, venu de Venise « comme Jean XXIII ». Un prélat qui n'est d'aucune coterie, un candidat de consensus. Un pasteur unanimement salué pour sa simplicité et sa foi chevillée au corps. En cette période de troubles postconciliaires, ne faut-il pas en revenir aux fondamentaux ? Le vieux cardinal Confalonieri, très écouté, appuie cette suggestion inattendue.

Dès le deuxième tour de scrutin, l'affaire semble entendue. Mais au troisième tour de scrutin, alors que son nom se détache irrépressiblement, Albino Luciani prend peur et déclare qu'il refuse de devenir pape. Le cardinal Villot prononce alors un discours vibrant en faveur de Luciani, et, sous la pression insistante de nombreux cardinaux, le Vénitien finit par accepter. Au quatrième tour de scrutin, il est élu par 98 voix sur 111.

Dès le samedi soir, le nouveau pape peut se présenter au peuple de Rome sous les vivas. Il a choisi la continuité et la fidélité au concile en associant les deux noms de ses prédécesseurs, Jean XXIII et Paul VI, dans son prénom de pape : *Jean-Paul Ier*. Quand l'élu du conclave apparaît à la loggia des Bénédictions, il est tout sourire. Et c'est un incroyable courant de sympathie qui se dessine dès son apparition. La foule exulte, la presse aussi. La joie est générale. Au sortir de la Sixtine, les cardinaux eux-mêmes sont tout étonnés de ce dénouement. Le jeune cardinal Karol Wojtyla, qui sort parmi les derniers, est presque euphorique quand il retrouve les siens au palais épiscopal de Cracovie :

— Nous avons élu un pape magnifique !

A l'évidence, il est soulagé. On le serait à moins : au premier tour de scrutin, dit-on, quelques voix se sont spontanément portées sur son nom. Mais c'est l'Eglise tout entière qui est rassurée par ce choix. Le nouveau pape n'a pas 66 ans. Il aura du temps devant lui pour remettre un peu de charité dans une Eglise gagnée par la politique pendant cette période doublement agitée : l'après-concile et l'après-Mai 68 ont divisé les chrétiens, durablement partagés entre réformistes et conservateurs, partisans de Vatican II et détracteurs du modernisme. Luciani ne fait partie d'aucun clan. L'heure serait-elle à la pastorale ? Le Saint-Esprit, lassé des empoignades dogmatiques et disciplinaires, en aurait-il décidé ainsi ? Le cardinal Hume le confirme à sa manière :

— Nous avons senti la présence de Dieu. Quand nous avons écrit son nom sur les bulletins, c'était comme si nos mains étaient guidées !

Le conclave le plus bref des quatre derniers siècles a élu un quasi-inconnu. Pacelli en 1939, Montini en 1963, avaient été promptement élus, eux aussi, mais ils étaient les candidats naturels à la succession respective de Pie XI et de Jean XXIII. Ils étaient taillés pour le poste. Rien de tel pour Luciani : si le patriarche de Venise figurait dans les différentes listes de *papabili,* c'est seulement parce que la Sérénissime a donné nombre de papes à la Chrétienté, comme ses prédécesseurs Pie X et Jean XXIII. Ce n'est certes pas par l'importance du diocèse : Venise est un gros village qui ne se compare pas aux forteresses pastorales que sont les archidiocèses de Milan, Gênes ou Turin.

Le « pape au sourire »

Le succès d'un pape ne tient pas à l'importance de son ancien diocèse. *Papa Luciani*, comme l'ont appelé les Italiens, a séduit les Romains par sa simplicité et son humour. On l'a très vite comparé à Jean XXIII, le « bon pape Jean » qui avait succédé au hiératique et solennel Pie XII. Jean-Paul Ier contraint la Curie à organiser une cérémonie du couronnement très dépouillée. Il renonce à la tiare trop précieuse, aux trompettes surannées, à la traditionnelle escorte de la noblesse romaine et aussi à la *sedia gestatoria*, l'ancestrale chaise à porteurs, jusqu'à ce qu'on lui explique qu'elle est un bon moyen de satisfaire les pèlerins venus pour apercevoir le pape. Et il étonne les théologiens par ses paraboles audacieuses, comme ce 10 septembre où il affirme :

— Dieu est notre Père... Mieux : il est notre Mère !

Jean-Paul Ier fait ses premiers pas de pape dans une simplicité de bon aloi. Il prépare toutes ses interventions, même celles qui paraissent gentiment improvisées. Il lit beaucoup, se fait expliquer les dossiers. Certains sont effroyablement complexes, comme l'état des finances de l'Eglise, les dérives idéologiques de la Compagnie de Jésus, le développement de la « théologie de la libération » en Amérique latine, les relations avec le Patriarcat de Moscou ou l'apparition des « bébés-éprouvette » :

— Si j'avais su que je serais un jour pape, dit-il un jour, j'aurais appris davantage à l'école !

Derrière la boutade se cache une réalité poignante. Venant de la tranquille Venise, sans la moindre expérience du vaste monde, Jean-Paul Ier est totalement dépassé. Le cardinal Villot, qu'il a maintenu dans la fonction de secrétaire d'Etat, le harcèle involontairement en lui apportant deux fois par jour des brassées de dossiers, de parapheurs, de problèmes à résoudre, de décisions à prendre, sur des sujets auxquels, parfois, il ignore absolument tout ! Ses proches l'entendent souvent s'interroger à haute voix :

— Mais pourquoi m'ont-ils choisi, moi ?

Le plus chaleureux des pasteurs, s'il n'a aucune expérience du gouvernement de l'Eglise, ne peut maîtriser une telle tâche. Il ne suffit pas, pour diriger l'Eglise, de savoir parler aux enfants. Et le malheureux Albino Luciani, malgré tous ses efforts, est vite persuadé de son incompétence. Au bout de trois semaines, il est au bout du rouleau :

— Quelquefois, je demande à Notre Seigneur de venir me chercher, confie-t-il à quelques-uns de ses proches.

Selon son secrétaire, Diego Lorenzi, il a prononcé des milliers de fois cette prière :

— Mon Dieu, emmenez-moi !

Et sa gouvernante, sœur Vincenza, l'a quelquefois entendu lui dire :

— Je ne devrais pas être ici. L'étranger (*straniero*) va prendre ma place : j'ai imploré Notre Seigneur !

Jean-Paul Ier a souvent évoqué ce pape « étranger ». Il avait un double pressentiment : qu'il n'en avait pas pour longtemps, et que c'est... Karol Wojtyla, le Polonais, qui le remplacerait. Quelques jours avant l'ouverture du conclave,

Luciani avait été invité à dîner par Wojtyla au Collège polonais, piazza Remuria. L'un des sujets de conversation entre les deux amis avait été, justement, de savoir si le nouveau pape devait être italien ou non. Paradoxalement, Luciani penchait personnellement pour le Brésilien Aloiso Lorscheider tandis que le Polonais, lui, s'en tenait à la tradition et préférait un Italien :

— Notamment parce qu'il doit être l'évêque de Rome !

Pourquoi cette conviction que Wojtyla va lui succéder prochainement ? Parce que Luciani a un secret, qui complique son impossible tâche : il est en mauvaise santé. Mais qui pouvait deviner qu'Albino Luciani n'était pas en pleine forme ? Un cardinal français, après la mort du pape, dira tout simplement :

— Si le cardinal Luciani nous était apparu comme un homme faible, nous ne l'aurions pas désigné !

Quelques-uns de ses proches savaient que ses chevilles régulièrement enflées – il avait du mal à trouver chaussures à son pied – trahissaient une mauvaise circulation du sang. En 1975, au retour d'un voyage au Brésil, il avait eu une embolie d'un œil. Depuis cette alerte, il prenait des anticoagulants. Mais combien de personnes approchant les 70 ans ont ce genre de soucis ! Plus surprenant : à l'audience générale du mercredi 27 septembre, l'avant-veille de sa mort, les malades présents au premier rang l'ont entendu déclarer tout à trac :

— Il faut que vous sachiez que votre pape a été huit fois à l'hôpital et qu'il a subi quatre opérations !

Propos sympathiques destinés à alléger la peine de fidèles beaucoup plus atteints que lui ? Le docteur Buzzonetti, nouveau médecin personnel du souverain pontife, n'est pas au courant. Il est tout juste en train de remplacer le vieux docteur Fontana à la tête du service de santé du Vatican, et il a pris quelques vacances. Il ne l'a pas vu, personnellement, depuis son élection. Le dossier médical du patriarche de Venise, toujours dans les classeurs de son ancien médecin personnel, le docteur Antonio Da Ros, ne lui est pas encore parvenu. Mais qui pouvait juger utile de précipiter l'examen approfondi de ce pape sexagénaire ? Qui pouvait prévoir ?

Les dernières heures

Le jeudi 28 septembre 1978, un peu avant 21 heures, au troisième étage du palais apostolique, le pape Jean-Paul Ier va regagner son appartement privé. La journée a été dure : une importante réunion sur le tiers-monde, tôt le matin, avec le cardinal Gantin et les représentants des conseils pontificaux Justice et Paix et Cor Unum ; la visite des nonces apostoliques en poste au Brésil et aux Pays-Bas ; un entretien avec le directeur d'un journal catholique de Venise ; la visite *ad limina* de huit évêques philippins emmenés par le cardinal Sin, archevêque de Manille...

En fin d'après-midi, alors qu'il attendait – une fois de plus – la venue du cardinal secrétaire d'Etat, le pape a ressenti une vive douleur ; mais il n'a pas voulu alerter son médecin, contrairement aux avis insistants de ses secrétaires. Après une heure et demie de travail avec le cardinal Villot, le pape a dîné sobrement, mais normalement. Puis il a reçu un long coup de téléphone du cardinal Colombo, archevêque de Milan, à propos de sa succession à la tête du diocèse de Venise. Le dossier est complexe, car il risque d'entraîner toute une série de mutations au sommet de la hiérarchie de l'Eglise italienne. Surtout si le pape fait appel au cardinal Benelli pour remplacer au poste de secrétaire d'Etat le cardinal Villot, notoirement fatigué. Giuseppe Benelli, qui fut le principal promoteur de sa candidature au conclave, est archevêque de Gênes, et son poste est très convoité...

A 20 h 15, fatigué et apparemment contrarié par cet entretien téléphonique, Albino Luciani décide d'aller se coucher. Il se tourne vers l'un de ses deux secrétaires, John Magee, et l'invite à tenir compagnie aux sœurs qui s'occupent de sa maisonnée :

— Restez donc un peu avec elles, elles sont toujours toutes seules !

Les deux secrétaires, un peu inquiets, lui rappellent :

— Très Saint-Père, si vous ne vous sentez pas bien, pressez le bouton de la sonnette !

La sonnette, qui pend à la tête du lit du pape, vient d'être réparée. Evidemment, la visite d'un médecin les aurait rassurés, mais Jean-Paul Ier se sent mieux :

— *Buona notte ! A domani, se Dio vuole !*

Le pape se retire. Le second secrétaire, don Diego, quitte alors les lieux : il n'aime pas rester enfermé au Vatican et retrouve régulièrement, pour la soirée, ses amis vénitiens de l'administration postale vaticane. Il n'y a plus personne à l'étage à part le secrétaire John Magee et les quatre sœurs chargées de la maison, dont sœur Vincenza, qui fut pendant douze ans la gouvernante du cardinal Luciani à Venise et qui, malgré ses propres ennuis de santé, continue à s'occuper de ses médicaments et de son café du matin. Comme le pape l'y a invité, le père Magee tient compagnie aux religieuses avant de monter dans sa chambre. La douleur ressentie par le pape alimente la conversation. Combien de fois leur a-t-il dit qu'il demandait quotidiennement au Seigneur de le « reprendre » !

Un peu après 5 heures, comme tous les matins, sœur Vincenza dépose un plateau avec une tasse de café chaud et un pot de lait sur une table roulante devant la porte de la chambre du pape. Quelques minutes plus tard, elle constate que celui-ci n'a pas touché au plateau. D'habitude, pourtant, le pape est levé depuis 4 h 30. Il y a de la lumière dans la chambre. Peut-être est-il fatigué ? Ou déjà à la chapelle ? Sept à huit minutes plus tard, la sœur frappe à la porte. N'entendant pas de réponse, elle entre dans la pièce, puis, le cœur battant, elle soulève l'épaisse tenture isolant le lit, et l'appelle :

— Sainteté ? Vous ne devriez pas me faire ce genre de farce !...

L'a-t-elle touché ou non ? Lui a-t-elle pris le bras ? Cela n'a aucune importance. Elle comprend que le pape est probablement mort. Terrorisée, elle se précipite chez les autres sœurs, puis elle va aussitôt appeler le secrétaire John Magee, à l'étage supérieur, avant d'aller frapper à celle de don Diego. Il est 5 h 30. Magee, qui a enfilé une soutane par-dessus son pyjama, frappe à la porte, l'ouvre, écarte la lourde tenture...

Jean-Paul Ier est assis, adossé à de gros oreillers, en position de lecture. Ses lunettes sont posées sur son nez. La lampe de chevet, à la tête du lit, est allumée. Il tient encore entre ses doigts des feuilles de papier qui n'ont pas glissé de ses mains, lesquelles sont froides et rigides. Le pape a cessé de vivre. Apparemment, il est mort d'un coup, sans choc ni panique. Les médecins, dans ce cas, parlent de mort « subite », c'est-à-dire naturelle, instantanée et inattendue.

Très vite, c'est l'affolement. Tandis que les religieuses, à genoux, prient à haute voix au chevet du lit, le cardinal Villot arrive, en se tordant les mains. Magee l'a appelé à 5 h 40. Le prélat français, ancien primat des Gaules, n'est pas seulement secrétaire d'Etat, il est aussi camerlingue, c'est-à-dire qu'il dispose canoniquement de tous les pouvoirs, dès l'instant où le pontife est déclaré mort, pour organiser ses obsèques et sa succession. Villot est ému, bien sûr. Il avait noué une relation amicale, presque intime, avec son nouveau patron. Mais il est aussi très énervé : il a déjà assumé tout ce lourd travail quelques semaines plus tôt, lors de la mort de Paul VI, puis il a travaillé jour et nuit auprès de ce pape novice. Epuisé, des larmes dans les yeux, il lâche à quelques-uns de ses proches :

— Tout est à recommencer ! Tout est à recommencer !

Pieux mensonges et cafouillages

A 5 h 42, le médecin personnel du pape arrive à son tour. C'est Magee qui l'a appelé. Le docteur Buzzonetti habite près du château Saint-Ange, à deux pas du Vatican. Très ému, sans éprouver le besoin d'interroger quiconque – ni les secrétaires ni le docteur Da Ros à Venise – Buzzonetti diagnostique une « crise cardiaque » survenue aux environs de 23 heures, puis il procède, avec Villot et Magee, à la toilette mortuaire. Villot et lui entreprennent ensuite de rédiger le communiqué officiel :

« Ce matin, 29 septembre 1978, vers 5 h 30, le secrétaire particulier du pape, John Magee, est entré dans la chambre pontificale, car il n'avait pas vu le pape dans la chapelle où il se rendait d'habitude à cette heure, et il l'a trouvé mort dans son lit... »

Pieux mensonge : un vieux réflexe de décence les dissuade de parler de la sœur Vincenza. Que n'avait-on pas dit, naguère, des relations entre Pie XII et sa gouvernante, sœur Pasqualina ! Inutile d'éveiller quelque rumeur ironique : qui s'étonnera que le pape fût découvert par son secrétaire ?

Le professeur Fontana, bien que retraité de fraîche date, arrive bientôt. D'autres médecins viendront encore, au cours de la journée. Le médecin vénitien, Da Ros, ne débarquera, en voiture, que dans l'après-midi. Personne ne pense à faire une autopsie. D'abord parce que cela ne se fait pas, ensuite parce que personne n'en voit l'utilité. Mieux : si quelqu'un avait demandé une autopsie, cela eût jeté un trouble inutile sur cette mort toute simple !

Un peu après 7 heures, Mgr Noé et un religieux habillent le mort de ses vêtements pontificaux, non sans difficulté, et le transportent dans la salle Clémentine, où le corps du pape défunt est exposé jusqu'à 19 heures. C'est alors que les frères Arnaldo et Ernesto Signoracci, thanatopracteurs de père en fils, sous la direction du professeur Cesare Gérin, directeur de l'Institut de médecine légale, se mettent au travail pour embaumer et traiter le cadavre : il fait si chaud à Rome que la conservation du corps pose de sérieux problèmes techniques qui feront durer leurs manipulations savantes jusqu'à 3 h 30 du matin. Qu'en est-il de la rumeur qui laissa croire que les deux frères auraient été mystérieusement appelés dès l'aube ? Elle n'était qu'une erreur commise, dans l'affolement qui a suivi l'annonce de la mort du pape, par un journaliste, Mario di Francesco, de l'agence de presse italienne Ansa.

Excitation journalistique

Dans la *Sala Stampa*, au bout de la via della Conciliazone, c'est l'excitation des grands jours. Alertés par Radio Vatican qui a donné la nouvelle à 7 h 32, les journalistes accrédités sont arrivés en courant tandis que le bourdon de Saint-Pierre, déjà, sonnait le glas. Parmi eux, Joseph Vandrisse, correspondant du *Figaro,* n'est pas vraiment étonné. Quatre jours plus tôt, le 24 septembre, après la messe d'investiture du nouvel évêque de Rome à la cathédrale du Latran, son ami le père Géraud, sulpicien et ancien médecin, lui avait dit son inquiétude :

— J'ai vu le pape de près, c'est un homme malade. Si j'avais pu, je lui aurais recommandé d'aller se coucher tout de suite !

Fallait-il s'affoler ? Le même Joseph Vandrisse se rappelle aussi que le 27 septembre, Jean-Paul Ier avait reçu Mgr Bosa, qui assurait l'intérim du patriarche de Venise ; que le 28, veille de sa mort, il avait travaillé à Justice et Paix avec le cardinal Gantin ; et que les deux prélats avaient trouvé leur interlocuteur « en pleine forme » !

Les « vaticanistes » n'ont pas encore été rejoints par les envoyés spéciaux de la presse mondiale. Ils forment un petit milieu où tout le monde se connaît et parle le même langage. Ils rient des mêmes choses : quand un des journalistes décide en plaisantant qu'un pape si pieux ne pouvait lire que l'*Imitation de Jésus-Christ*, personne ne proteste. Et quand cette fausse information parvient à Radio Vatican, vers 14 h 30, le père Farusi, en charge du journal de la mi-journée, la diffuse. Personne ne s'émeut. Plusieurs auditeurs téléphoneront à la rédaction pour savoir quel passage de l'*Imitation* lisait exactement le pape avant de mourir ! Il faudra quatre jours pour que la secrétairerie d'Etat démente l'information.

Les petits mystères du début ne résistent pas à l'examen. Ainsi, concernant Mgr Marcinkus, dont la seule présence à l'aube a déclenché des suspicions inconsidérées, l'enquête révèle qu'il est toujours arrivé à son bureau à l'heure où le sergent Roggen l'a vu, ce matin-là. Concernant la disparition de quelques effets du défunt, on découvre que Pia, la demi-sœur du pape, qui habitait Rome, est entrée non sans mal dans le bâtiment, et c'est elle qui, sans rien dire, a récupéré les lunettes et les pantoufles du mort !

Mais il ne suffit pas que les ombres qui ont entouré cette disparition inattendue se dissipent, une par une, pour savoir, à coup sûr, de quoi est mort le pape. Le cardinal Baggio, qui succédera à Villot dans la fonction de camerlingue, posera clairement la question :

— Luciani a-t-il succombé au seul poids de son pontificat ? Est-il mort parce que son cœur était usé ? Peut-être son corps, d'aspect fragile, n'était-il pas en état de résister aux élans de son âme, qui avait répondu oui avec une générosité sans limites. Il est probable que la mort s'est emparée de lui, comme pour montrer, par anticipation, la récompense qui l'attendait.

C'est le journaliste britannique John Cornwell qui a mené l'enquête la plus minutieuse sur ce drame. Dans le livre qu'il en a tiré, *A Thief in the night*, il émet une hypothèse audacieuse : le soir de sa mort, Jean-Paul Ier aurait été particulièrement secoué par sa conversation avec Villot et Colombo, très opposés aux remaniements qu'il proposait au sommet de la Curie. Sous l'effet du stress et du surmenage, le pape a pu alors négliger de prendre son traitement anticoagulant qui, interrompu, risquait de déclencher une thrombose fatale. C'est vers 23 heures que le secrétaire Magee, inquiet, aurait trouvé le pape foudroyé sur le sol de son bureau. Avec l'aide de son collègue Diego Lorenzi, il l'aurait alors installé dans le lit afin qu'on le trouve le lendemain, décent et serein. L'hypothèse est crédible – même si elle a été démentie par les deux principaux protagonistes.

Cette manipulation sans malice, si elle était confirmée, n'aurait pas changé la face du monde, ni celle de l'Eglise. A la réflexion, l'important n'est pas l'heure à laquelle est mort le « pape au sourire », ni même les efforts, vrais ou faux, qu'ont déployés quelques proches trop bien intentionnés pour transformer sa fin brutale, impudique et désolante, en une image pieuse à l'intention des dames patronnesses.

L'important est de savoir si les nombreux propos du pape sur sa disparition prochaine, sa négligence envers ses médicaments, son refus obstiné d'appeler un médecin après sa première attaque, ne traduisent pas une volonté consciente, préméditée, de s'en remettre à Dieu, et rien qu'à Dieu.

Jean-Paul Ier a supplié Dieu de le laisser mourir. Et il a été exaucé. Un pape qui se suicide, ce n'est pas banal.

11

« So-li-darność ! »

Comment le pape polonais a renversé le cours de l'Histoire

« Ce pape est un don du Ciel ! »

Alexandre Soljenitsyne,
interview à la BBC (1979).

Rome, dimanche 13 décembre 1981. Depuis l'aube, le monde entier sait qu'en Pologne, le général Wojciech Jaruzelski a instauré la loi martiale, baptisée « état de guerre », et que des milliers de militants du syndicat Solidarité ont été internés dans la nuit. Toutes les communications avec la Pologne sont coupées. On n'a aucune nouvelle de Lech Walesa. A midi, devant trente mille pèlerins rassemblés sur la place Saint-Pierre pour l'angélus, le pape Jean-Paul II, visiblement ému, ne peut cacher l'inquiétude qui le taraude :

— Il y a déjà eu trop de sang versé en Pologne !

L'histoire est-elle en train de bégayer ? La crainte du pape, son angoisse, c'est que la brutale remise au pas de la Pologne, évidemment inspirée par le Kremlin, entraîne une vague de résistance désespérée débouchant sur une sorte de guerre civile. Né en 1920, Karol Wojtyla a connu la guerre et l'occupation, le nazisme et le stalinisme, il connaît trop ses concitoyens pour imaginer qu'ils s'inclinent devant ce général aux lunettes noires qui entend que l'ordre règne à Varsovie.

Le pape est sous le choc et ne sait comment réagir. Lui d'habitude si bien informé, par mille et un canaux, de la situation polonaise, il ignore presque tout de cette nuit dramatique : il n'y a plus ni télex, ni téléphone, ni avions pour relier la Pologne au reste du monde, et l'on n'a d'autres informations que celles qui viennent des personnes ayant quitté le pays par bateau, par train ou en voiture.

L'émotion est grande en Occident, notamment en Italie. A Rome, alors que le pape visite, comme chaque dimanche, une paroisse romaine, il a l'agréable surprise d'apercevoir, dans l'assistance, le ministre italien des Affaires étrangères, Emilio Colombo, venu lui exprimer sa « solidarité ». C'est peu, et c'est beaucoup. Son collègue français, Claude Cheysson, qui sort d'une réunion des pays de l'OTAN à Bruxelles, exprime ce jour-là le sentiment général des responsables occidentaux en déclarant sur les ondes d'Europe 1 :

— Naturellement, nous ne ferons rien !

Du côté américain, aucune nouvelle. Le président Ronald Reagan avait demandé à William Casey, directeur de la CIA, d'informer régulièrement le pape de la situation dans son pays, en particulier des risques d'intervention soviétique. Le 30 novembre, le général Vernon Walters, ex-directeur de la CIA et ambassadeur extraordinaire du président Reagan, avait montré au pape, dans sa bibliothèque privée, un jeu de photos satellite révélant les concentrations de troupes aux frontières de la Pologne. Mais depuis la proclamation de la loi martiale, ce dimanche matin, plus rien : la neige et les nuages, paraît-il, rendent inopérants les satellites espions les plus performants...

Le pape enrage d'être ainsi coupé de sa terre natale. Le mercredi 16 décembre, lors de l'audience générale hebdomadaire, il exprime « sa sollicitude envers la patrie, la nation dont il est le fils » et, prudent, se contente de regretter que le pouvoir polonais ait abandonné la « voie du dialogue ». Le samedi 19, il envoie à Varsovie un vieux routier des affaires de l'Est, le nonce itinérant Luigi Poggi, accompagné de Mgr Janusz Polonec, un Polonais travaillant à la Curie, pour s'informer officiellement de la situation. Mgr Poggi connaît bien le dossier polonais. Le pape l'a reçu juste avant son départ, en privé, et lui a confié une missive personnelle, adressée au général Jaruzelski, qu'il emporte dans les plis de sa soutane : une copie est destinée au primat de Pologne, une autre à « M. Lech Walesa, président de Solidarité ». La lettre, qui se réfère à une mortelle échauffourée survenue dans la mine Wujek, en Silésie, le 16 décembre, est un appel vibrant à l'arrêt de telles « effusions de sang ». Le pape conclut, loin du langage diplomatique : « J'en appelle à votre conscience, général... »

Un pape venu de l'Est

16 octobre 1978. Retour à l'extraordinaire surprise que fut, ce jour-là, le choix par le conclave d'un pape polonais. « Le Kremlin aurait préféré voir Soljenitsyne devenir secré-

taire général de l'ONU qu'un Polonais devenir pape », avait commenté un célèbre journaliste italien. La formule est juste. Dès son élection, Jean-Paul II envisage de rendre visite à son pays natal. Il en parle à son entourage, il l'écrit dans une lettre à ses fidèles diocésains. L'occasion de ce retour au pays est toute trouvée : au printemps suivant doit être célébré le 900e anniversaire du martyre de saint Stanislaw, évêque de Cracovie, lors de la clôture du synode diocésain lancé sept ans plus tôt, le 8 mai 1972, par le cardinal Wojtyla en personne. Lorsque le Saint-Père, tout juste élu, confie son projet à son secrétaire d'Etat, le cardinal Jean Villot, celui-ci se renseigne discrètement auprès de son ami Antoine Wenger, rédacteur en chef de *La Croix* et grand spécialiste des pays de l'Est :

— Cet anniversaire, est-ce un événement si important ?

Sur le moment, le projet passe presque inaperçu. D'abord, il faut être polonais, de Cracovie, et de préférence historien, pour savoir que l'évêque Stanislaw de Szczepanow fut assassiné de la main même du roi Boleslaw II, le 11 avril 1079, alors qu'il célébrait la messe dans l'église Saint-Michel de Skalka. Comme Thomas Becket, un siècle plus tard, tombera assassiné sous les coups des sbires de Henry II Plantagenêt dans la cathédrale de Canterbury. Dans les mêmes conditions et pour la même raison : l'évêque Stanislaw ne voulait pas, lui non plus, que l'Eglise devînt un instrument aux mains de l'Etat. Que ceux qui ont des oreilles pour entendre...

A Rome, quelques *monsignori* mis dans la confidence attribuent à un caprice affectif cette idée de romantiques retrouvailles du pape polonais avec son peuple. C'est mal connaître Jean-Paul II. Il s'agit bien, pour lui, d'ouvrir une brèche dans le mur du totalitarisme, sur des bases historiques et culturelles fortes, et d'aller à la rencontre de cette « Eglise du silence » qu'il connaît si bien. Quelques jours après le conclave, le 5 novembre 1978, à Assise où le nouvel élu effectue son premier déplacement officiel en Italie, une femme s'écrie, sur le passage de Jean-Paul II :

— Très Saint-Père, n'oublie pas l'Eglise du silence !

Réponse du pape, sans l'ombre d'une hésitation :

— Il n'y a plus d'Eglise du silence, puisqu'elle parle par ma voix !

L'eau a coulé sous les ponts de la Vistule depuis que le chef du Parti, Wladislaw Gomulka, au printemps 1966, s'était opposé à ce que Paul VI vînt, à l'invitation du cardinal Wyszynski, présider les cérémonies du millénaire de la Pologne. En cet automne 1978, quand Edward Gierek, le successeur de Gomulka, est confronté à la même demande, la situation a changé : les relations Eglise-Etat sont au beau fixe, et le pape est de nationalité polonaise. Difficile de lui interdire de rendre visite à son propre pays, surtout à un moment où la Pologne se targue d'être le plus « libéral » des pays du bloc socialiste ! De plus, sur le plan politique, ne vaut-il pas mieux se faire un allié de ce compatriote si prestigieux ? Dès son élection, Stanislaw Kania, responsable de l'armée, de la police et des questions religieuses au Comité central, tentait de rassurer Edward Gierek :

— Ne juge-t-on pas mieux les affaires de la Pologne depuis Saint-Pierre de Rome plutôt que du château du Wawel ?

Traduction : un pape ne sera-t-il pas politiquement plus « réaliste » qu'un archevêque de Cracovie ? Le POUP n'a-t-il pas intérêt à afficher sa bonne volonté ? Le ministre

Kazimierz Kakol, délégué par son gouvernement à la cérémonie d'intronisation du nouveau pape – laquelle fut retransmise en direct par la télévision polonaise, un événement ! – a été prié de faire, à Rome, une déclaration très ouverte, soulignant même que le souverain pontife serait accueilli avec plaisir, un jour, en Pologne. A la seule condition, bien sûr, qu'une date en soit fixée d'un commun accord... Las ! Quelques jours plus tard, le pape en personne, sans aucun pourparler avec le pouvoir polonais, annonce son intention de se rendre à Cracovie en mai, pour célébrer, comme prévu, le martyr de saint Stanislaw. Plus qu'une déconvenue, c'est un défi inadmissible pour le pouvoir, comme l'expliquera plus tard Stanislaw Kania :

— La première visite d'un pape en Pologne visait à célébrer le plus violent conflit entre l'Eglise et l'Etat dans toute l'histoire polonaise ! Ce n'était pas acceptable !

A l'issue d'un intense bras de fer engagé entre les dirigeants communistes et les représentants de l'Eglise, un compromis boiteux est trouvé : Jean-Paul II ne viendra pas en mai, mais... en juin. La décision est entérinée par le bureau politique du POUP dans les derniers jours de janvier. « A l'unanimité », bien sûr, alors qu'on sait que la frange des « durs » du Parti, minoritaire, s'est résolument prononcée contre ce voyage. C'est qu'à Moscou, on observe cet étrange ballet avec inquiétude ! Sans bien savoir comment s'opposer à ce voyage. Finalement, Leonid Brejnev en personne téléphone à Edward Gierek pour le pousser à revenir sur sa décision :

— Suggérez au pape, qui est un homme avisé, de renoncer au voyage en prétextant des ennuis de santé !

Trop tard. La suggestion est grossière, et Gierek ne peut plus revenir en arrière.

« Il faut ouvrir les frontières ! »

Varsovie, 2 juin 1979. Ce jour-là, la Pologne s'est habillée de fleurs multicolores, de fanions jaune et blanc (couleurs du Vatican), de drapeaux rouge et blanc (couleurs de la Pologne), et de centaines de milliers de portraits du Saint-Père qui flottent à tous les balcons. Lorsque Jean-Paul II, à l'aéroport d'Okecie, baise le sol de sa terre natale, de ce geste qui deviendra si familier, personne ne sait comment va se passer la visite. La curiosité est à son comble. L'atmosphère, électrique. Les rumeurs, innombrables : le Premier ministre Jaroszewicz serait mort d'une crise cardiaque ; les Russes auraient fermé, Dieu sait dans quel noir dessein, la frontière avec la Pologne...

Etrangement, l'accueil des Varsoviens est mitigé. Comme si ces dizaines de milliers de gens massés sur le premier parcours du cortège n'osaient clamer leur enthousiasme, et se contentaient de sourire aux anges ou, souvent, de pleurer d'émotion. Les journalistes occidentaux eux-mêmes hésitent dans leurs premiers commentaires. L'éditorialiste du *New York Times* observe que finalement, le « voyage du pape ne menace en rien l'ordre politique en Pologne ». Ayant à « boucler » avant le début de la première messe, place de la Victoire, l'envoyé spécial de *France-Soir* expédie son télex sur le thème : « Le pape a fait un bide ». Son confrère du *Figaro* le convainc de changer son titre. Juste à temps : une heure plus tard, quelque trois cent mille Varsoviens sont là, fervents, heureux, stupéfaits d'être aussi nombreux. Ils n'en reviennent pas d'être au centre de Varsovie, sur cette place devenue, pour quelques heures, un incroyable espace de liberté. Surtout quand ils entendent cet homme en blanc au sourire malicieux lancer à la face du régime :

— Nul ne peut exclure le Christ de l'histoire de l'homme, en quelque partie du globe !

C'est la première vague d'applaudissements de la journée. Immense, prolongée, irrépressible. Comme un cri libératoire, un signal que tout est devenu possible. Le lendemain, devant les cent mille étudiants de Varsovie rassemblés devant l'église Sainte-Anne, le pape aura ce mot :

— Depuis hier, je me demande ce que signifient ces applaudissements. Je crois que c'est le Saint-Esprit qui m'a dit : ce qui est important, ce n'est pas qu'ils applaudissent, mais *quand* ils applaudissent !

Pour un peuple entier, c'est la révélation que le régime n'a tué ni sa foi, ni son identité, ni son unité. Un véritable électrochoc. La roue de l'Histoire s'est mise à tourner. De jour en jour, les foules sont plus grandes, notamment à Gniezno, berceau du christianisme polonais, Czestochowa, capitale du culte marial, et Auschwitz, que le pape qualifie de « Golgotha du monde moderne ». Le téléphone n'a jamais tant fonctionné à travers le pays, compensant l'indigence de la presse officielle : quelques lignes de langue de bois, tirées de l'agence officielle PAP, dans la plupart des quotidiens ; de méchants coups de ciseaux opérés par la censure dans le *Tygodnik Powszechny*, seul journal à couvrir honnêtement le voyage ; des comptes rendus faméliques à la télévision, où les réalisateurs ont reçu l'ordre de ne diffuser aucun plan de foule – ce qui constitue, il faut le noter, un véritable exploit technique !

Le 10 juin, un million et demi de fidèles se pressent sur la prairie de Blonie, à Cracovie. Une foule immense qui entend, comme dans un rêve, le pape s'exclamer, dans sa dernière homélie, à deux reprises :

— Il faut ouvrir les frontières !

Sur l'immense podium de six cents mètres carrés où l'on a dressé l'autel, quelques-uns des nombreux célébrants – dont les cardinaux Bengsch, de Berlin, et Tomasek, de Prague – n'en croient, eux non plus, ni leurs yeux ni leurs oreilles.

Depuis une semaine, de messe en messe, un peuple s'ébroue. Des millions de gens, habitués depuis trente ans à « parler vrai » en famille ou entre amis, mais à se taire en public, prennent conscience de leur nombre, de leur force. Combien de petits magnétophones aperçoit-on, brandis par des mains anonymes au-dessus de la foule, qui enregistrent les précieux sermons que l'on reproduira sur des cassettes – non censurées, cette fois – et que l'on discutera pendant des mois dans les églises, les cercles religieux, les associations confessionnelles et tant d'autres « espaces de liberté » que seule l'Eglise offre, alors, à tous ceux qui refusent le communisme ?

Gdansk, août 1980

Castel Gandolfo, dimanche 17 août 1980. En compagnie de son secrétaire, Stanislaw Dziwisz, Jean-Paul II regarde le journal télévisé de la RAI. Depuis trois jours, la grève bat son plein aux bords de la Baltique. Le monde entier reçoit en plein visage ces images de prolétaires en bleu de chauffe communiant, le matin, à genoux devant les autels de fortune installés sous l'enseigne géante des chantiers navals Lénine : *STOCZNIA GDANSKA IM. LENINA.* La caméra s'étend sur ces étranges révolutionnaires, sur ce décor insolite, et découvre, accroché aux grilles du portail n° 2, au côté de l'icône de la Vierge Noire de Czestochowa, le portrait de Jean-Paul II.

A Rome, le regard du Saint-Père se fige soudain sur sa propre image, apposée ainsi comme un défi, sur les murs des chantiers. Le pape baisse la tête et, un long moment, reste plongé dans ses pensées. Il sait, mieux que personne, le sens de cet affichage. Il en mesure l'enjeu. Et les risques. Ce n'est pas lui, évidemment, qui a déclenché cette vague de grèves : la détérioration de la situation économique en est la première cause. Mais ce n'est pas un hasard si, un an après son voyage triomphal dans sa patrie, les grèves de la Baltique sont si massives, si confiantes, si joyeuses. Si elles sont aussi marquées du sceau de la foi chrétienne, ce qui est une nouveauté par rapport aux précédents soulèvements ouvriers de Berlin-Est, Budapest, Prague, Poznan, Gdynia, Ursus, Radom. Si elles sont aussi *solidaires*, enfin : les grévistes de Gdansk refusant un premier accord avec le pouvoir pour ne pas laisser tomber leurs camarades des autres régions ; les ouvriers et les intellectuels s'organisant en un réseau d'opposants unis sur tout le territoire polonais...

Jean-Paul II est soucieux. Il sait que les Polonais jouent avec le feu. Durant les premiers jours de la crise polonaise, à Rome, la consigne est simple : prudence et discrétion ! Radio Vatican ne change pas le ton de ses bulletins d'information : pas d'enthousiasme déplacé, pas de surenchère facile ! Chacun se rappelle les excès irresponsables de la radio américaine basée à Munich, Free Europe, en 1956, pendant la crise hongroise.

Le 20 août, Jean-Paul II sort du silence où il se mure à Castel Gandolfo et, d'un coup d'hélicoptère, va demander aux vingt mille pèlerins rassemblés place Saint-Pierre pour l'audience générale, de prier pour la Pologne, invoquant lui-même « la liberté pour l'Eglise, la paix pour la patrie » et « la protection du peuple contre tout danger ». L'allusion est claire. Le pape redoute, par-dessus tout, une intervention soviétique. Lui-même expliquait un jour, dans un sermon, après les émeutes de Ursus et Radom :

— Nous ne pouvons nous permettre d'être irresponsables, car nous sommes dans une position géographique difficile...

Ce soir-là, le Saint-Père n'y tient plus et rédige, à l'attention de Mgr Wyszynski, une lettre de soutien dans laquelle il évoque la « dure lutte de la nation polonaise pour son pain quotidien », pour la « justice sociale », pour « assurer son droit inaliénable à une vie et un développement qui lui soient propres ». Le primat, à Varsovie, vit un cruel dilemme : certes, l'Eglise ne peut trahir ces ouvriers si pieux qui sont aussi ses ouailles ; mais elle doit tout faire pour ne pas provoquer l'intervention tant redoutée. Depuis l'écrasement du Printemps de Prague, en août 1968, les pays socialistes vivent sous un statut clairement défini par Leonid Brejnev, et appelé *souveraineté limitée*. Concrètement : tout dérapage politique à l'intérieur d'un des « pays frères » est une menace pour tous les autres, et doit être réprimé comme tel.

Le 26 août, à Czestochowa, devant quelque cent mille pèlerins, le primat prononce un sermon très balancé, dans lequel il souligne sans ambiguïté la justesse des revendications des grévistes, mais où il glisse, avec force réserves, ce que le pouvoir espérait : une invitation à reprendre le travail. Gierek et Kania se frottent les mains : venant de Wyszynski en personne, c'est inespéré. Et le Parti de diffuser les extraits les plus conciliants de l'homélie : dans toute la Pologne, par le canal de l'agence PAP, mais aussi vers les grands médias occidentaux, par le Télex de l'agence Interpress. La télévision polonaise elle-même en diffuse trente-cinq minutes, ce qui ne s'était jamais vu ! Mais le Parti en fait trop. Le texte du primat a été soigneusement expurgé de toutes ses critiques envers le pouvoir. Au point que les ouvriers, incrédules, pensent qu'il s'agit d'un faux, et ignorent l'appel de Wyszynski à cesser le mouvement.

L'homélie du primat fait couler beaucoup d'encre. Au point d'occulter un détail : trois jours auparavant, le chef des grévistes, Lech Walesa, s'est doté d'une petite équipe de conseillers, recrutés parmi les plus grands intellectuels du pays. Parmi eux figurent notamment Tadeusz Mazowiecki, rédacteur en chef de la revue *Wiez ;* Bohdan Cywinski, ancien rédacteur en chef de *Znak ;* Andrzej Wielowiejski, secrétaire général du Club d'intellectuels catholiques (KIK) de Varsovie. Trois personnalités proches du Saint-Père.

Les accords de Gdansk, signés le 31 août sous les caméras du monde entier, sont une incroyable victoire qui dépasse largement le cadre d'une négociation difficile entre des ouvriers et leur gouvernement. Nombre d'observateurs notent ainsi qu'en quinze jours d'extrême tension, sur le littoral et dans les grandes cités industrielles, il n'y a pas eu un mort, pas un blessé, pas un coup de poing échangé. On avait souri en apprenant que le comité de grève des chantiers avait interdit d'introduire la moindre bouteille de vodka dans l'entreprise. Dérisoire ? Certes non.

Dangereuse victoire, en vérité. Le pape sait parfaitement que le Kremlin ne peut pas accepter les accords de Gdansk sans réagir tôt ou tard : un parti communiste, bon gré mal gré, peut tolérer bien des choses – une agriculture privée, la liberté du culte – mais pas la remise en cause de son « rôle dirigeant » dans l'organisation de la société. Or, l'indépendance syndicale entérinée par les accords de Gdansk constitue bel et bien une lézarde dans le sacro-saint monopole du POUP dans la gestion des affaires polonaises. Dès le lendemain de la signature des accords, Jean-Paul II évoque, en pleine audience générale, le « droit moral de la Pologne à la souveraineté et à l'indépendance », et fait savoir qu'il prie pour que son pays ne soit « victime d'aucune agression d'où qu'elle vienne ».

Ses appréhensions sont confirmées par le télégramme de « félicitations » qu'envoie Leonid Brejnev à son « cher camarade Kania », lequel remplace Gierek à la tête du Parti polonais le 5 septembre : « Les communistes soviétiques vous considèrent comme un combattant courageux pour les véritables intérêts du peuple [...], pour le renforcement du rôle dirigeant du Parti et la consolidation des positions du socialisme en Pologne [...], comme une personnalité qui s'en tient fermement à l'internationalisme prolétarien... » En d'autres termes : en arrière toute, « cher camarade », et « dans un bref délai », sinon, gare !

Jean-Paul II sait lire ce discours mieux qu'aucun kremlinologue occidental : il sait que l'avenir, sous ces auspices, ne se présente pas bien. Il n'a pas tort. Autour de Leonid Brejnev, en effet, on s'affole. Le 5 décembre 1980, les chefs du pacte de Varsovie se réunissent à Moscou et il s'en faut de peu – un vibrant plaidoyer de Stanislaw Kania, précisément – que la décision soit prise d'intervenir militairement en Pologne pour y imposer la loi martiale. Kania a évité le pire. Mais, un an plus tard, il est remplacé par le général Wojciech Jaruzelski, chargé, puisqu'une intervention soviétique n'est pas souhaitable, de remettre lui-même de l'ordre dans le pays. Mission accomplie le 13 décembre 1981...

Résister ou non ?

Cité du Vatican, 21 décembre 1981. L'« état de guerre » est en vigueur depuis huit jours. Ce lundi, un peu avant minuit, Jean-Paul II accueille sur le pas de son appartement Mgr Bronislaw Dabrowski, évêque auxiliaire de Varsovie et secrétaire général de la conférence épiscopale polonaise, qu'il embrasse et qu'il entraîne dans son bureau pour une longue, longue conversation privée. Enfin le pape va-t-il disposer d'informations fiables sur la situation en Pologne...

Cette conversation avec Mgr Dabrowski est capitale. Le prélat, en grand secret, a pu rencontrer Lech Walesa dans la villa où il est détenu, près de Varsovie : il sait que le président de Solidarité, malgré les offres de collaboration et les pressions dont il est l'objet, ne cédera pas. Il explique que, face aux propositions d' « entente » de Jaruzelski, la conférence épiscopale polonaise a choisi une attitude de fermeté : pas question pour l'Eglise d'accepter de « dialoguer » avec le pouvoir militaire tant que durera l'état de guerre.

C'est après cet échange que Jean-Paul II, en toute connaissance du sujet, prend une décision capitale : *il n'abandonnera pas Solidarité.* Le signe de la résistance sera donné au soir du 24 décembre, lorsqu'il allumera lui-même un cierge à sa fenêtre, qui brûlera toute la nuit de Noël, comme des dizaines de milliers d'autres bougies brûleront ainsi aux quatre coins du monde. En témoignage de... solidarité.

En décidant de soutenir Walesa et ses amis malgré le coup terrible qui leur est porté, et qui est, selon toute vraisemblance, définitif, Jean-Paul II fait un choix crucial. Car il est pape, et non simple curé d'une paroisse de Gdansk ou même archevêque de Cracovie ! Mais l'enjeu est trop grand, à ses yeux, et dépasse la conjoncture polonaise. Si le pouvoir communiste règle son compte à la société polonaise comme il l'a fait à Berlin-Est en 1953, à Budapest en 1956, à Prague en 1968, c'en est fini des espoirs de sortir du cauchemar totalitaire. Solidarité, ce n'est pas seulement un syndicat de dix millions de membres, un mouvement social exceptionnellement puissant, c'est la forme la plus sophistiquée qu'a pu prendre une opposition de masse dans un système communiste, la preuve que la victoire est possible sans contre-révolution armée, sans effusion de sang. Si cette forme d'action non violente, « légaliste », est vouée à l'échec, alors on ne peut plus concevoir, dans l'avenir proche, que des gestes de désespoir, de terrorisme, de mort. L'enjeu est colossal. Il est moral autant que politique, et il dépasse largement le cadre de la Pologne. Jean-Paul II l'explique avec vigueur dans son message de Noël :

— Que la force du bien triomphe sur les forces du mal ! Que la force de la justice, du respect de l'homme, de l'amour de la patrie, triomphe sur les forces adverses que sont la haine et la destruction aussi bien physique que morale !

Le pape voit plus loin. En se lançant dans la lutte, il ne se contente pas de défendre les valeurs universelles qu'incarnait le syndicat interdit : non-violence, solidarité, liberté. Il entend aussi sauver l'organisation Solidarité elle-même, comme partenaire d'un futur dialogue avec le pouvoir. La ligne politique est tracée, et ne changera plus : il faut revenir au dialogue entre le pouvoir et la société, il faut retrouver le chemin d'une entente nationale qui ne soit pas, bien sûr, un marché de dupe. Dialogue, entente nationale : cet objectif, alors peu compris, va résister au temps et triompher, finalement, plus de sept années plus tard.

Dès le 1er janvier 1982, Jean-Paul II confirme sa position, solennellement, lors de l'angélus, devant plusieurs dizaines de milliers de pèlerins, parmi lesquels flottent, ici ou là, quelques banderoles « SOLIDARNOŚĆ ». Le pape les salue de la main ou du regard, et s'appuie sur cette démonstration très militante pour rappeler avec force le droit des travailleurs à constituer des syndicats indépendants, à jouir de leurs droits familiaux et individuels :

— Il s'agit d'une question importante ! Pas seulement pour un pays précis, mais pour l'histoire de l'homme !

La foule applaudit chaleureusement le pape qui ajoute, pour que nul ne s'y trompe :

— Solidarité appartient, à ce titre, au patrimoine de toutes les nations !

Le pape ne néglige pas pour autant la grande politique.

Quelques jours plus tard, il s'adresse, comme tous les ans, au corps diplomatique, dans un discours d'une grande tenue. Il rappelle que l'Eglise a fait de la défense des droits « inviolables » de l'homme, mais aussi des droits « non moins sacrés » des nations, une priorité de son action diplomatique. Il dénonce, solennellement, les séquelles de Yalta :

— Le fait des répartitions en sphères d'hégémonie, qui ont pu avoir leur origine dans des situations particulières et contingentes, ne devraient pas justifier leur persistance, à plus forte raison si elles tendent à limiter la souveraineté d'autrui !

Un mois plus tard, le 12 février, le représentant du Saint-Siège à la Conférence de Madrid sur la sécurité et la coopération en Europe (CSCE), Mgr Silvio Luoni, enfonce ainsi le clou : le Vatican est « décidé à ne pas renoncer à son action, même si la solidarité des autres peuples d'Europe devait, pour une raison ou une autre, s'atténuer ». S'il n'en reste qu'un...

Comment sortir de la « guerre » ?

Varsovie, 16 juin 1983, 17 heures. Lorsque le Saint-Père atterrit à l'aéroport de Varsovie-Okecie, les commentateurs sont partagés : le pape a-t-il raison de venir – officiellement pour le 600e anniversaire du sanctuaire de Czestochowa – alors que l'« état de guerre » n'est pas levé, que le gouvernement polonais ne lui a pas permis d'aller à Gdansk, que la plupart des dirigeants de l'opposition, dont Bronislaw Geremek, Wladyslaw Frasyniuk, Jacek Kuron et sept cents autres cadres de Solidarité sont encore en prison ? Ne fait-il pas le jeu du général Jaruzelski, avide de reconnaissance internationale ?

Mais Jean-Paul II, à peine arrivé, donne le ton en déclarant qu'il aurait aimé aller lui-même « visiter tous les malades et les prisonniers », et en demandant à ceux-ci « d'être proches de lui en esprit ». Et comme si cela ne suffisait pas, il évoque les endroits « où il ne lui est pas possible d'aller cette fois-ci ». Allusion transparente à la ville de Gdansk, où Lech Walesa, « personne privée » aux yeux du gouvernement, bloqué dans son appartement par des dizaines de miliciens, doit regarder l'arrivée du Saint-Père à la télévision.

En réalité, le pape a marqué un point avant même son atterrissage à Varsovie. Car la préparation du voyage de 1983 fut aussi importante que la visite elle-même. Alors que la société polonaise n'a jamais été si menacée par le découragement, la perspective de retrouver l'atmosphère du voyage miracle de 1979 a été un facteur de ressaisissement général : les innombrables réunions pratiques, les multiples rencontres de réflexion spirituelle aux quatre coins du pays, ont été une façon de ne pas baisser pavillon : pour l'Eglise, de mettre du baume au cœur des fidèles ; pour Solidarité, d'affirmer que le syndicat existe encore ; pour tous, d'entretenir la flamme de l'espérance.

Lorsque le pape, dans sa *papamobile* au vitrage blindé, arrive dans le centre de Varsovie, un cri jaillit, ici et là, malgré les consignes de modération, et malgré les risques personnels :

— *So-li-darność !*

La foule contient son émoi et sa colère, elle sait l'enjeu

de ce voyage. Les évêques et les prêtres, sur ordre, n'ont cessé d'expliquer qu'il s'agissait d'un pèlerinage religieux, pas d'une manifestation politique. Mais lorsque le Saint-Père, en arrivant à la cathédrale Saint-Jean, dans la vieille ville de Varsovie, évoque « l'amertume de la déception, de l'humiliation, de la souffrance, de la privation de liberté, du préjudice, de la dignité de l'homme foulée aux pieds », c'est plus fort qu'elle, voilà cinq cents jours qu'elle a envie de crier, de hurler :

— *So-li-darność !*

De même, au soir du 18 juin, à Czestochowa, où un service d'ordre ahurissant, en rangs serrés, filtre l'esplanade et confisque la moindre pancarte, alors qu'une foule de centaines de milliers de jeunes émus aux larmes accueille le pape dans une formidable ovation, le Saint-Père voit soudain se déployer des dizaines de banderoles, parfois immenses, ayant échappé aux fouilles policières, faisant flamboyer dans le crépuscule le sigle interdit : SOLIDARNOŚĆ !

Le pape va répondre à cette longue plainte de tout un peuple – étudiants, agriculteurs, ouvriers, intellectuels – par un discours très ciblé, tournant autour de trois valeurs : la *vérité*, d'abord ; la *solidarité*, ensuite (il joue avec le mot *solidarność*, avec ou sans majuscule, durant tout le voyage) ; mais surtout, le pape insiste sur le thème de la *victoire*. En plein « état de guerre », le paradoxe n'est qu'apparent :

— Il n'y a de victoire que morale ! lance-t-il au Stade du Dixième anniversaire, le 17 juin.

A Czestochowa, le dimanche 19, ils sont un million à faire le V de la victoire, tandis que Jean-Paul II dépose aux pieds de la Vierge noire de Jasna Gora, en guise d'ex-voto, la ceinture blanche, trouée de balles, qu'il portait le jour de l'attentat dont il a été victime le 13 mai 1981 :

— Ne te laisse pas vaincre par le mal, sois vainqueur du mal par le bien ! rappelle le pape, citant saint Paul.

Moins spectaculaire, et moins bien compris à l'époque, le pape pose aussi les jalons pour une résolution de la crise par le « dialogue social ». Il fait preuve, sur ce thème, d'une précision remarquable :

— Tout en tenant compte des intérêts des différents groupes, la concertation pacifique doit se faire constamment par le dialogue, dans l'exercice des libertés et des devoirs démocratiques pour tous, grâce aux structures de participation et aux multiples instances de conciliation...

A quel prix ? Pour le pouvoir, rien de plus clair : il « suffit » de tirer un trait sur les accords de Gdansk. Eglise et Etat, tout patriotisme dehors, se retrouveraient dans une « entente » institutionnelle à la fois nouvelle et « constructive ». Sur le dos de Solidarność, certes, mais le passé est le passé ! Le Saint-Père est-il prêt à cette concession-là ? Une première réponse est donnée le 22 juin, dans la grande salle du Château royal, lorsque le général Jaruzelski teste le soutien du pape à Walesa :

— Est-ce vraiment la volonté de Votre Sainteté de voir cet homme ?

Jean-Paul II ne cille pas :

— C'est ma volonté.

Un silence, et Jaruzelski cède :

— Alors qu'il en soit ainsi.

A tous ceux qui douteraient encore de la détermination papale, un incident vient apporter une réponse spectaculaire, juste après le retour de Jean-Paul II à Rome.

Commentant la rencontre « privée » et un peu acrobatique du Saint-Père avec Lech Walesa dans un chalet de la vallée de Chocholowska, au cœur des Tatras, le vice-président de *L'Osservatore Romano*, don Virgilio Levi, publie un éditorial, dans l'édition du 24 juin, où il explique que le pape a sacrifié le leader de Solidarité aux impératifs supérieurs du dialogue. Simple bourde ? Opération de désinformation ? L'article est intitulé : « Honneur au sacrifice ». Le Saint-Père, furieux, réagit aussitôt : Levi est « démissionné » quelques heures après la publication de l'article !

Gorbatchev change la donne

Juin 1987. Varsovie, Poznan, Lodz... L'Histoire semble se répéter. Ces milliers de fidèles de tous âges se pressant contre les mêmes barrières métalliques, entonnant les mêmes cantiques au passage du Saint-Père debout dans sa *papamobile*. Ces paroisses entières ayant marché toute la nuit derrière leurs curés, bannières et crucifix tenus haut et ferme, les sacs à dos remplis de provisions et, parfois, de quelque banderole soigneusement cachée. Ces forêts de bras tendus, les doigts formant le V de la victoire à la barbe de la milice, et ces slogans qui fusent aussi vite qu'ils s'éteignent dans l'anonymat de la foule : « *So-li-darność ! Lech-Wa-lesa !* » A nouveau, ces immenses rassemblements autour d'autels démesurés, ces régiments d'aubes et de cornettes, de soutanes et d'uniformes de police. A nouveau, ces homélies dites d'une voix familière, sonore et théâtrale, invitant les Polonais à garder l'espérance, et leurs dirigeants à respecter les droits de l'homme...

Et pourtant, l'Histoire a basculé, quelques mois auparavant. Le 13 janvier 1987, en effet, le général Jaruzelski a été reçu par le pape, au Vatican, pendant soixante-dix minutes. Une visite « assurément historique », selon le pape lui-même, à peine plus de cinq ans après l'instauration de l'« état de guerre », et alors que les principaux pays occidentaux continuent de bouder le général aux lunettes noires.

Les deux hommes commencent à se connaître. L'ancien élève des pères marianistes porte toujours ses lunettes fumées, mais il ne tremble plus d'émotion devant le souverain pontife, comme lors de leur première rencontre, en juin 1983. On parle désormais « entre Polonais » responsables de l'avenir de la « patrie » et convaincus, l'un comme l'autre, que la situation ne peut durer, qu'il est obligatoire de débloquer le jeu. Or, le pape et son hôte sont bien placés, l'un et l'autre, pour savoir qu'il se passe quelque chose du côté de Moscou, que le nouveau maître du Kremlin, Mikhaïl Gorbatchev, semble décidé à changer la donne, en URSS comme en Europe. Trois mois auparavant, ils ont lu, tous les deux, un étonnant article d'Andrzej Drawicz, spécialiste de l'URSS, dans le *Tygodnik Powszechny* de Cracovie, sur l'espoir de changement à Moscou. Le moment est peut-être venu de prendre quelques risques.

Puisque l'étiolement de Solidarité laisse l'Etat et l'Eglise face à face, il appartient aux deux institutions, dans l'optique d'une future « réconciliation nationale », de faire des concessions. Le général promet que « si la visite se passe bien », il engagera effectivement un début de pluralisme politique, et de vraies discussions auxquelles la « société » sera associée. Quant au pape, il cède un peu de terrain – ce n'est pas si fréquent – et donne des assurances que le Vatican reconnaîtra diplomatiquement le régime polonais. On l'entend même vanter, au cours de son périple, « le respect de la raison d'Etat, l'acceptation des principes socialistes de l'Etat... ». La grande réconciliation à laquelle rêvent l'équipe dirigeante du Parti et une grande partie de l'épiscopat est peut-être, enfin, engagée.

Pourtant, le voyage lui-même prend une autre tournure. Déjà, à Tarnow, le pape a fait du père Popieluszko, assassiné en novembre 1984 par la police politique, un « modèle pour les prêtres du XXIe siècle ». A Gdynia, il s'est livré à une longue exégèse du mot *solidarité* qui lie aussi bien les êtres humains que les nations. Tout au long du périple, il a martelé l'exigence des droits de l'homme. Le matin même, au fort de Westerplatte, là où furent tirés les premiers coups de canon de la Seconde Guerre mondiale, Jean-Paul II a appelé les jeunes à la *résistance* ! Au grand dam d'un pouvoir qui s'attendait, en cet endroit symbolique, à un discours consensuel sur le thème de la *paix*.

A Gdansk, le pape lâche la bonde. Un million et demi de personnes sont rassemblées sur cet ancien aéroport de Zaspa devenu une cité HLM où habite justement Lech Walesa, rue des Pilotes. Une marée humaine qui, au milieu de la messe, se met à scander :

— *So-li-darność ! So-li-darność !*

Impressionnant, même pour le pape lui-même, dominant la mer des fidèles, sur la proue d'un autel géant de trente-six mètres de haut, en forme de navire dont il « se sent un peu le capitaine ». Sans retenue, sans arguties théologiques, le pape exige l'application des accords de Gdansk et la restauration du syndicat interdit :

— Les travailleurs du monde entier vous remercient pour avoir commencé cette noble lutte ! s'exclame Jean-Paul II du haut de son étonnant vaisseau surmonté de trois croix, à quelques encablures des trois ancres crucifiées qui dominent les chantiers navals Lénine.

Lech Walesa, qui a pu rencontrer le pape en tête à tête avant la messe, et qui a communié de sa main pendant cet office extraordinaire, déclare aux journalistes qui l'assaillent :

— J'ai rechargé mes accus !

Au départ du Saint-Père, le 14 juin, l'attente des personnalités se prolonge, sous une pluie battante. Le matin même, le pape est allé se recueillir sur la tombe de Jerzy Popieluszko, dans le jardin entouré de banderoles de l'église Saint-Stanislaw-Kostka. Mais ce n'est pas l'explication du retard. En fait, à la dernière minute, le général Jaruzelski a souhaité un nouvel entretien avec son hôte, à l'aéroport même. Le général explique au pape qu'il a traité le régime avec une sévérité excessive. Qu'il est allé trop fort sur les accords de Gdansk et la défense de Solidarité. Qu'il n'a pas respecté le contrat. Cinquante-cinq minutes d'un tête-à-tête agité, que conclut un Jean-Paul II aussi suave que déterminé :

— Je n'ai fait que citer les articles de votre propre Constitution !

Il faudra près de deux ans – et l'aval de Gorbatchev – pour mettre en application cette « réconciliation nationale » si peu conforme au dogme communiste. Le 6 février 1989, la « table ronde » historique qui s'ouvre dans la grande salle du palais Radziwill de Varsovie, sous les caméras des télévisions du monde entier, est coprésidée par le bras droit de Jaruzelski, le ministre Kiszczak et par... Lech Walesa, porte-parole enfin reconnu de l'opposition polonaise. Enjeu de ces négociations inédites à l'Est : la participation du syndicat Solidarité à une « entente nationale », seule capable de sortir le pays de l'ornière politique, économique et sociale. C'est exactement ce que le pape propose depuis plus de six ans.

La re-légalisation de Solidarité est définitivement acquise le 17 avril. Les responsables du syndicat sont massivement candidats aux élections législatives des 4 et 18 juin. A l'issue du triomphe électoral du syndicat ressuscité, le 24 août, l'un de ses porte-parole est appelé à constituer à Varsovie, pour la première fois dans l'histoire de l'Europe de l'Est, un gouvernement non communiste. Il s'agit de Tadeusz Mazowiecki. C'est un des plus proches amis de Jean-Paul II.

12

La filière bulgare

Qui était derrière la tentative d'attentat contre Jean-Paul II en 1981 ?

> « L'attentat demeure, dans sa dimension humaine, un mystère. »
>
> Mgr Stanislaw Dziwisz,
> Lublin, 13 mai 2001.

Rome, place Saint-Pierre, le 13 mai 1981. Il est presque 17 heures. A gauche de la basilique, derrière l'arc des Cloches, le pape Jean-Paul II est monté dans sa grosse Jeep découverte, flanqué de son secrétaire Stanislaw Dziwisz, de son majordome Angelo Gugel et de quelques policiers en civil chargés de sa sécurité rapprochée. C'est Sabatino Baglioni qui conduit la Jeep. La routine.

Comme tous les mercredis de printemps, la foule a envahi l'espace compris entre les colonnes du Bernin pour assister à l'audience générale en plein air. Le pape polonais aime ce rendez-vous hebdomadaire avec les pèlerins du monde entier. Il en a fait un moment de catéchèse important qui vient régulièrement ponctuer un programme toujours aussi chargé : à midi, il a déjeuné avec son ami Jérôme Lejeune, le célèbre généticien français ; la veille, il a reçu une délégation de l'université Jagellon, de Cracovie, avec laquelle il a évoqué la situation en Pologne ; tout à l'heure, il va inaugurer une série de méditations sur la doctrine sociale de l'Eglise à l'occasion du quatre-vingt-dixième anniversaire de l'encyclique *Rerum novarum*...

Lorsque la Jeep blanche apparaît, plus de vingt mille personnes éclatent en applaudissements enthousiastes et agitent foulards et chapeaux. Des cris de joie, des exclamations dans toutes les langues, des cantiques aussi. Le véhicule parcourt lentement les rangs des fidèles, selon un trajet circulaire très précis et balisé par des barrières en bois. Debout, l'homme en blanc se tient solidement à la rambarde de la Jeep et, de la main droite, bénit l'assistance. Il se penche en souriant, touche des mains tendues, fait un signe de la tête. Parfois il attrape à pleins bras un enfant en bas âge, l'embrasse et le rend à sa mère. Ce pape sportif, qui ne semble pas souffrir de la chaleur, a du ressort et de l'endurance.

Groupés autour du véhicule, les gardes suisses et les policiers italiens affectés à la sécurité papale scrutent l'assistance sans apercevoir à quelques mètres de là, fondus dans la foule en liesse, deux hommes armés qui attendent tranquillement le moment de tirer sur le Saint-Père. Mehmet Ali Agça, veste grise et chemise blanche, s'est posté près d'une barrière, au deuxième rang des pèlerins, la main crispée sur un Browning 9 mm glissé dans une sacoche qu'il porte en bandoulière. Vingt mètres derrière lui, près d'une fontaine, Oral Celik, un petit homme en blouson de cuir, jean et baskets, serre contre lui un 7,65 Beretta et, dans un petit sac, une grenade offensive. Les deux hommes ont longuement reconnu le terrain, ils savent ce qu'ils ont à faire. Ils ont garé une Ford Taunus sur la via di Porta Angelica qu'ils n'auront pas de mal à rallier dans la panique qui suivra immanquablement leur forfait…

17 h 17. Achevant son premier tour de place, le pape arrive à la hauteur des deux tueurs, du côté de la Porte de Bronze. Agça lève posément son pistolet et tire deux fois sur sa cible, à trois mètres de lui. Celik, de plus loin, tire une fois. Des centaines de pigeons s'envolent d'un coup. Dans la Jeep, Jean-Paul II s'est effondré dans les bras de son secrétaire qui ne comprend qu'une chose : le pape a été touché !

— Où ? crie Dziwisz en polonais.

— Au ventre ! répond le pape en grimaçant.

— Vous avez mal ?

— Oui !

En fait, le Saint-Père est touché à l'abdomen, au coude droit et à l'index de la main gauche. Dans les cris et la bousculade, le chauffeur de la Jeep accélère brutalement afin de rejoindre une ambulance de la Croix-Rouge garée derrière la colonnade. Mais cette voiture n'est pas équipée pour la réanimation, il faut transférer le pape dans une seconde ambulance qui part en trombe en direction de la clinique Gemelli : c'est le pape lui-même qui avait souhaité, le cas échéant, être hospitalisé comme tout le monde, à l'hôpital, et non dans le palais pontifical.

La polyclinique Gemelli, un établissement privé de mille huit cents lits, est à six kilomètres de la place Saint-Pierre, et l'heure est celle de la sortie des bureaux. Malgré les embouteillages, l'ambulance ne met que huit minutes – un exploit – pour faire le trajet. Le médecin personnel du pape, le docteur Buzzonetti, est du voyage, ainsi qu'un infirmier. Penché sur le Saint-Père, Stanislaw Dziwisz l'entend proférer quelques paroles en polonais qui ressemblent à des prières :

— Marie ma Mère... Jésus...

Puis il perd conscience. L'angoisse est à son comble. Le pape est en train de mourir.

Sur la place Saint-Pierre, la stupeur a succédé à l'affolement. Des policiers courent dans tous les sens. A l'endroit où a eu lieu l'attentat, deux touristes américaines, Rose Hall et Ann Odre, ont été blessées par une des balles meurtrières. Des ambulances les ont emmenées à leur tour. Celik s'est enfui : un Américain travaillant pour la chaîne de télévision ABC, Lowell Newton, l'a vu distinctement, tenant encore son pistolet à la main, disparaître dans la foule.

Ali Agça, en revanche, n'a pas pu rejoindre son complice : une petite religieuse tout en noir, sœur Letizia, s'est furieusement agrippée à son bras, faisant tomber son arme à terre en hurlant :

— C'est vous ! C'est vous !

Un policier en civil, de la suite du pape, a plaqué le jeune homme au sol, aussitôt aidé par des *carabinieri* du commissariat voisin et des hommes de la *Vigilanzia*. Le mystérieux tireur, qui s'est débattu comme un fou, n'ira pas plus loin.

Qui est Ali Agça ?

Mehmet Ali Agça est turc. Il est né dans un faubourg pauvre de Malatya, au cœur de l'Anatolie, au nord-ouest du

Kurdistan. Un père alcoolique qui meurt quand il a dix ans. Un frère, Adnan, et une sœur, Fatima, plus jeunes que lui. Une mère incapable de subvenir aux besoins de ses enfants. La misère et la violence en guise de culture. Les enfants perdus de la région constituent un inépuisable vivier pour les groupes extrémistes, terroristes ou mafieux qui pullulent dans la Turquie de l'époque.

Nombre d'adolescents sont enrôlés dans des organisations de jeunesse attachées au mythe d'Ergenekon, la louve grise qui engendra la glorieuse nation turque. Ali Agça et son copain Oral Celik sont de ceux-là. A 19 ans, officiellement inscrits comme étudiants en économie à Istanbul, ils sont logés, nourris, armés et entraînés au tir par l'organisation des Loups gris. Les parrains de la mafia locale financent le réseau, en échange de menus services. Agça et Celik – qui a déjà assassiné un professeur de lycée sur demande – acceptent ainsi d'abattre le journaliste démocrate Abdi Ipecki, rédacteur en chef du *Milliyet*, le 31 janvier 1979, pour la somme de 27 000 dollars. Ali Agça, qui s'est échappé après le meurtre, est finalement arrêté, puis enfermé à la prison de Kartal Maltepe... d'où Oral Celik et les Loups gris le font tranquillement évader le 25 novembre, avec d'évidentes complicités internes. Le lendemain, le quotidien *Milliyet* reçoit une lettre d'Ali Agça annonçant qu'il va tuer le pape Jean-Paul II, dont la visite en Turquie est imminente. La photo d'Agça est dans tous les journaux. Les forces de l'ordre sont sur les dents. Mais aucun drame ne viendra ternir le voyage du pape. L'incident est vite oublié.

Agça est en fuite. Muni d'un faux passeport, il rallie d'abord l'Iran en pleine révolution islamique. En Turquie, sa condamnation à mort est prononcée par le tribunal militaire d'Istanbul. Mais Celik, qui l'accompagne, dira plus tard : « L'Iran en plein désordre n'était pas fait pour nous. » Leurs commanditaires mafieux les envoient alors en Europe. Les Loups gris sont étroitement liés aux différents trafics qui irriguent l'Europe, *via* la Bulgarie voisine : des camions d'armes dans le sens Allemagne-Turquie, des valises de drogue dans le sens Turquie-Allemagne. Le trafiquant Abuzer Ugurlu, notamment, l'assure de sa protection et lui donne des numéros de téléphone à toutes fins utiles.

Muni d'un passeport indien fourni par les services secrets turcs, aussi liés aux trafiquants qu'aux partis d'extrême droite, Agça franchit la frontière turco-bulgare et s'arrête à Sofia, carrefour obligé de tous les trafics routiers entre l'Est et l'Ouest. Il y séjourne à l'hôtel Vitosha, un palace international sinistre construit dans les années 1970 où la monnaie bulgare n'a pas court, où se croisent hommes d'affaires, trafiquants, mafieux, contrebandiers, hommes de main, informateurs interlopes, espions et agents de tout poil. C'est dans la chambre 911 du Vitosha qu'Ali Agça rencontre un « commerçant » nommé Omer Mersan, un Turc d'origine abkhaze, ami d'Ugurlu, qui veille à ce qu'il ne manque de rien.

Le secret dans la tombe

Un jour, Mersan présente à son protégé un personnage important : Bekir Celenk. Un gros bonnet. Interrogé après l'attentat contre le pape, Ali Agça « révèlera » que c'est Celenk qui lui a fourni l'argent et l'arme pour tuer le pape.

Personne ne saura jamais la vérité : d'abord, on a fini par l'admettre, Agça dit n'importe quoi ; ensuite, Celenk est mort dans une prison d'Ankara, d'une mystérieuse crise cardiaque, le 14 octobre 1985. Emportant dans sa tombe, peut-être, un des plus gros secrets des Temps modernes.

Le 31 août 1980, muni d'un nouveau passeport turc au nom de Faruk Ozgun, Agça part pour la Yougoslavie, d'où il rallie l'Allemagne. Là, il prend contact avec la puissante Fédération des idéalistes turcs, un important réseau d'émigré turcs dirigé par Musa Serdar Celebi, lié aux mêmes mafieux et aux mêmes partis d'extrême droite – notamment le MHP (Parti de l'action nationaliste) fondé par l'activiste Alparslan Turkès, que ses partisans appellent « Basbug » : le « meneur ».

Ces réseaux-là sont particulièrement attentifs à ce qui se passe en Turquie : le général Evren vient de prendre le pouvoir à Ankara, avec la complicité de la CIA et fort de la neutralité du KGB, avec l'intention de remettre un peu d'ordre dans ce pays gangrené par le terrorisme quotidien d'extrême gauche et d'extrême droite. Rarement coup d'Etat militaire aura suscité, à l'Ouest comme à l'Est, aussi peu de réactions indignées : pour le reste du monde, il est temps que la Turquie sorte de l'anarchie.

Pour tous ces trafiquants, il est urgent d'attendre. Agça est invité à voyager aux frais de l'organisation – qui compte plus de soixante relais à travers l'Europe occidentale : il séjourne à Zürich (Suisse), Côme (Italie), Lucerne (Suisse), Milan (Italie), Hammamet (Tunisie), Palerme (Sicile), d'où il gagne Rome à la mi-décembre pour un séjour de quelques mois – il loge à l'hôtel Liguria, à l'hôtel Archimède, à la pension Isa – avant de repartir pour Milan, Zürich et

Vienne, où les jeunes gens achètent quatre Browning chez l'armurier Grillmayer.

On connaît presque tout de son emploi du temps : Zürich (hôtel Sheraton puis hôtel Ruetli), Rome (hôtel Archimède), Pérouse (hôtel de la Poste) où il s'inscrit dans un cours d'italien pour étrangers, Rome (hôtel Torino), Milan (auberge d'Aoste) puis... Palma de Majorque (hôtel Flamboyant), pour quinze jours de vacances ! On retrouve sa trace à Milan le 9 mai, puis il revient à nouveau à Rome, où il retrouve son vieux complice Oral Celik. Avec lequel, le 13 mai, il se rend place Saint-Pierre pour assassiner le pape.

Au fil de ses pérégrinations incohérentes, Ali Agça a rencontré des membres du réseau turc. Des trafiquants, des militants, des « idéalistes ». L'un lui a donné une arme, l'autre de l'argent. Mais comment établir avec précision, dans cet imbroglio mafieux, qui lui a remis en tête sa vieille idée de tuer Jean-Paul II ?

A qui profite le crime ?

Dès le lendemain de l'attentat du 13 mai 1981, les spéculations les plus folles prolifèrent dans les médias et les chancelleries du monde entier. Le jeune homme, à peine arrêté, s'est mis à tenir des propos décousus, contradictoires et délirants. Il se dit chilien, puis apatride, puis déclare qu'il est le « plus grand terroriste turc ». Très vite, on découvre qu'il s'appelle Mehmet Ali Agça, qu'il a 23 ans, qu'il est recherché par Interpol et qu'il a déjà voulu tuer le pape deux ans plus tôt. C'est un exalté. A-t-il agi seul ? On l'ignore. Est-il le bras armé d'un complot international ? Mystère.

L'hypothèse la plus immédiate, la plus répandue parce que la plus logique, c'est le KGB. D'ailleurs, dans les populations de l'Est européen, cela ne fait aucun doute : au Kremlin, on avait évidemment décidé de réduire au silence ce pape slave qui avait enflammé la Pologne lors de son voyage apostolique de juin 1979, qui avait encouragé l'aventure du syndicat Solidarité depuis les accords de Gdansk de l'été 1980, qui tenait des propos subversifs en direction de toutes les communautés catholiques du bloc communiste, y compris les Ukrainiens ou les Lituaniens !

A Moscou, à la Loubianka, le KGB s'inquiète. Il est vrai qu'Ali Agça a séjourné en Bulgarie, et que les services secrets bulgares sont connus pour être très proches de leurs collègues soviétiques. Dès le 25 mai 1981, ceux-ci leur adressent d'ailleurs une consigne formelle et ultra-secrète : face au « déchaînement » de la propagande anticommuniste occidentale, prière de tout mettre en œuvre pour réfuter ces « absurdités » !

En réalité, il n'y a pas de « déchaînement » occidental, bien au contraire : si quelques retraités de l'anticommunisme, comme Henry Kissinger, se répandent inconsidérément dans les médias, le président Ronald Reagan et le gouvernement américain – pourtant peu suspects d'accointance avec l'« empire du mal » – font preuve d'une ostensible prudence face à l'événement. En cet été 1981, le président du Praesidium du soviet suprême, premier secrétaire du Parti, Léonid Brejnev, est mourant, et tout laisse à penser que c'est Iouri Andropov, le chef du KGB, qui va lui succéder. Attiser l'hypothèse d'un attentat commandité par le KGB, c'est accuser personnellement le futur patron de l'URSS, avec toutes les conséquences que cela pourrait avoir sur les relations Est-Ouest !

C'est dans l'ombre que l'on s'agite sur le sujet. Dans les couloirs des services secrets, dans les fichiers des renseignements où l'on trouve toujours de quoi étayer une thèse ou son contraire. Dans les cercles faisant profession d'anticommunisme, où cet attentat vient fournir un argument historique, peut-être décisif, contre les tenants de l'idéologie honnie. Dans les rédactions de presse, aussi, où l'on se dit qu'un scoop pareil – la preuve de l'implication du KGB dans l'attentat contre le pape – vaudrait tout l'or du monde.

Parfois, ces trois réseaux se recoupent. Le 16 août 1982, un article sensationnel paraît dans le *Reader's Digest*, le magazine le plus diffusé au monde, sous le titre : « Qui veut tuer le pape ? ». L'auteur, Claire Sterling, proche des *think tanks* anticommunistes de Washington, a travaillé avec Paul Henze, honorable correspondant de la CIA à Ankara. Elle développe avec conviction la thèse de la *Bulgarian Connection :* non, Agça n'est pas un fanatique isolé, c'est un tueur recruté par les services secrets bulgares, derrière lesquels se profile évidemment le « grand frère » soviétique. La thèse sera reprise dans un documentaire de la NBC diffusé le 12 septembre 1982, puis dans un best-seller publié à New York en 1983 : *The Times of the Assassins.*

Paradoxalement, le procès organisé par la justice italienne contre Agça a donné des arguments à Claire Sterling et à tous ceux qui traquent les indices prouvant que le Turc n'est que le bras armé de comploteurs internationaux : le 24 septembre 1981, après deux mois d'instruction, deux jours d'audience et sept heures de délibérations, la cour d'assises de Rome a condamné à la réclusion à perpétuité « un fanatique politico-religieux ayant la folie des grandeurs », coupable de « tentative d'assassinat d'un chef d'Etat ». L'affaire est classée.

Mais qui pouvait croire qu'une procédure aussi expéditive avait fait le tour d'un crime aussi inouï ? Il fallait s'y attendre : quelques semaines plus tard, les révélations multiples de la presse internationale et de nouvelles déclarations d'Ali Agça, faites depuis sa prison d'Ascoli Piceno, pulvérisent les conclusions du premier procès. Le juge romain Ilario Martella se voit confier, en novembre 1981, un supplément d'enquête.

Le dossier s'épaissit de jour en jour, de mois en mois. Chaque nouvelle pièce débouche sur une piste différente : les services secrets américains, la loge maçonnique P2, le scandale de la banque Ambrosiano qui éclabousse le Vatican, les Brigades rouges, etc. Le juge Martella passe des mois à recouper toutes ces informations, à passer au crible tous les indices. Sans résultat.

Le mystère Antonov

En mai 1982, premier coup de théâtre : le petit juge recueille enfin les premières vraies dépositions d'Agça. Le terroriste a-t-il compris que personne, cette fois, ne viendrait le tirer de sa cellule, comme naguère à Istanbul ? Il est stimulé par le vote imminent d'une loi sur les « repentis », dont lui ont parlé en prison certains de ses visiteurs – notamment l'aumônier de la prison, le père Santini – et qui promet d'importantes réductions de peine aux condamnés qui « balancent » leurs complices. Alors il balance. Il parle de ses contacts Omer Mersan, Musa Cerdar Celebi, Bekir Celenk, etc. Le juge Martella complète sa collection de trafiquants turcs, tous plus ou moins connus, déjà, des services de police.

Soudain, le 29 octobre, dans le bureau du juge, second coup de théâtre. Ali Agça révèle spontanément qu'il a bien été le bras armé des services secrets de l'Est. Enfin ! Pendant trois semaines, il raconte avec complaisance que c'est effectivement à Sofia qu'on lui a donné passeport et instructions, qu'il a bien été préparé à son forfait par des agents bulgares : il les reconnaît sur photos, il en décrit longuement les habitudes et les appartements, il connaît leurs noms d'agents, il donne même leurs numéros de téléphone.

Le jeudi 25 novembre 1982, le juge Martella fait arrêter à son domicile Sergueï Antonov, trente-cinq ans, chef d'escale de la compagnie aérienne bulgare Balkan Air. Deux autres accusés, Teodor Aïvazov, caissier de l'ambassade bulgare à Rome, et Zelio Vassiliev, adjoint de l'attaché militaire bulgare, sont en vacances à Sofia. Aïvazov est même sur le point de rentrer à Rome : averti à la dernière minute, il décide de différer son retour. Qu'importe. L'arrestation d'Antonov fait sensation. Sa photo fait le tour du monde. La *filière bulgare* est enfin mise à jour !

Antonov peut bien clamer son innocence, les autorités bulgares peuvent toujours protester, les éléments livrés par Agça sont impitoyablement précis. Ainsi, le tueur décrit par le menu la réunion tenue le 10 mai à 16 heures au domicile de « Bayramic » – c'est le nom de code d'Antonov – au 29 via Pola, où les conspirateurs turcs et bulgares ont mis au point les derniers détails de leur forfait. Les meubles de l'appartement, la vue qu'on a de ses fenêtres, le diminutif de la femme du maître de maison, la collection de « mignonnettes » d'Antonov, la vue basse de ce dernier, le grain de beauté sur la joue de Vassiliev : comment contester des révélations aussi confondantes ? Les hommes, les dates, les faits : tout se tient. Et si, d'aventure, un élément du puzzle ne « colle » pas, tous les experts en coups tordus expliquent doctement que, justement, le b.a.-ba d'un agent secret consiste à brouiller les pistes !

Il y a pourtant quelques sérieuses raisons de douter des aveux d'Agça. La première, la plus banale, est aussi la plus flagrante. Qui peut imaginer que le KGB, ou ses correspondants bulgares, ou n'importe quel autre service secret, aurait laissé en place, à son bureau romain de la Balkan Air, le principal agent d'une opération aussi importante *un an et demi* après l'attentat ? Si Antonov avait vraiment été le cerveau d'une telle « mesure active », il aurait discrètement disparu, d'une façon ou d'une autre, depuis belle lurette !

La personnalité du Bulgare, elle aussi, jette le discrédit sur le dossier. Sergueï Antonov, né en 1948 à Sofia, modeste collaborateur de niveau 3 à la Balkan Air de Rome, a un curriculum – dans le langage du parti communiste local, on dit une *kharakteristika* – d'une banalité désarmante, sans zone d'ombre ni aspérité. Justement, répliquent certains spécialistes : c'est une superbe couverture ! Son mutisme et sa santé déclinante ? Du bluff ! Mais est-il plausible, comme l'enquête révèle, que ce présumé « super-agent », en qui on a voulu voir le cerveau d'un tel montage, ne parle ni l'anglais ni l'italien et sache à peine conduire ?

KGB ou pas KGB ?

Ce que les différentes enquêtes ont révélé, en revanche, c'est qu'Ali Agça a reçu un nombre étonnant de visites discrètes dans ses différentes cellules – notamment de prisonniers mafieux manipulés par les services secrets italiens, lesquels ne pouvaient refuser de rendre quelques services à certains de leurs collègues américains – et que toutes ses révélations lui ont été « soufflées », selon les époques, par les uns et par les autres. Beaucoup de détails secondaires, dans les différents récits du tueur, ressemblent à ceux qu'on trouve dans les fiches des services spéciaux. Y compris quelques erreurs : quand Agça décrit une porte coulissante entre deux pièces dans l'appartement d'Antonov, au 29 via Pola, il se trompe (il n'y a qu'un rideau), mais il y a bien une porte coulissante dans tous les autres appartements de l'immeuble, notamment dans l'appartement... du dessus, occupé à l'époque par un dominicain, le père Morlion, informateur notoire de la CIA !

Le malheureux Antonov sera finalement relâché pour « insuffisance de preuves » en 1986, dans un état psychique désastreux, broyé par une affaire incroyable, aux ramifications insoupçonnables. De retour dans son pays, il mourra prématurément en août 2007, à l'âge de 58 ans. Aucune preuve n'a jamais été trouvée concernant les deux autres inculpés bulgares.

Dix-huit ans après la chute du communisme, il faut se rendre à l'évidence : un grand nombre de journalistes, ex-dissidents, agents étrangers et enquêteurs divers ont plongé dans les archives de l'Est – bulgares, est-allemandes et soviétiques – qui se sont ouvertes, ou entrouvertes, dans tous ces pays. Personne n'a jamais rien trouvé. Jean-Paul II lui-même, quand il a visité la Bulgarie en mai 2002, a déclaré dès son arrivée au président Gueorgui Parvanov :

— Je n'ai jamais cru à la filière bulgare.

La conviction du pape n'était pas partagée par tous les membres de son entourage, surtout chez les Polonais...

La mariée était trop belle. Qui, plus que le Kremlin, au printemps 1981, avait intérêt à la disparition du pape ? Des cercles anticommunistes américains, héritiers de la guerre froide, aux réseaux internationaux occultes impliqués dans des trafics inavouables, nombre d'officines ont absolument voulu prouver l'implication du KGB dans l'attentat contre le pape, quitte à acheter de fausses confidences à des transfuges, à fabriquer des indices inexistants, à pourrir les enquêtes judiciaires jusqu'à les embrouiller de façon irrémédiable.

Ali Agça était un cinglé fanatique imbibé d'une archaïque idéologie nationale-islamiste qui le portait à considérer le pape, parmi d'autres personnalités mondiales, comme une cible emblématique. Lui et quelques autres tueurs itinérants constituaient une réserve d'hommes de main pour les gros bonnets de la mafia turque, lesquels n'avaient pas prévu que ce paranoïaque incontrôlable et ses compagnons de dérive iraient finalement tirer sur le « commandeur des croyants » qu'ils considéraient comme le diable, déclenchant la plus formidable et la plus frustrante affaire d'espionnage de la fin du XXe siècle.

13

La revanche de l'Opus Dei

Pourquoi et comment le fondateur de l'« Œuvre de Dieu » fut canonisé

« Jamais tu ne te repentiras de te taire, mais très souvent d'avoir parlé ! »

José Maria Escrivá de Balaguer, *Camino* (maxime 639).

Rome, 6 octobre 2002. En ce dimanche ensoleillé, la place Saint-Pierre est noire de monde, tout comme la via della Conciliazione qui la relie au Tibre. Ils sont 300 000 fidèles à avoir fait le déplacement. En cet endroit, le chiffre n'est pas exceptionnel. La cérémonie non plus. Le pape Jean-Paul II ayant multiplié les canonisations depuis son élection en 1978, celle d'aujourd'hui n'est qu'une occasion de plus d'élever « à la gloire des autels » un saint contemporain dont le portrait encadré flotte, comme le veut la tradition, sur la façade de la basilique. Cinq mois plus tôt, au même endroit, ils étaient aussi nombreux à assister à la canonisation du moine capucin le Padre Pio. Ce dimanche, on fête le 465e nouveau saint du pontificat. C'est presque la routine.

Pourtant, il flotte dans l'air quelque chose d'étrange. On n'entend pas de cris. Certes, les visages sont joyeux et les yeux brillent, souvent, d'un éclat inhabituel. Mais on n'agite pas frénétiquement de drapeaux espagnols ou polonais, on ne brandit ni foulards ni casquettes, on ne hurle pas « *Viva il Papa !* » dans toutes les langues de la terre. Les fidèles, ce dimanche, sont d'une sagesse rare. Même les jeunes, pourtant très nombreux, portent le costume et souvent la cravate. La moindre attitude négligée, la moindre incivilité sont aussitôt corrigées ou sanctionnées par une remarque d'un des 1 850 volontaires qui encadrent cette foule particulièrement disciplinée.

Au pied des marches où trône l'autel, des têtes connues peuplent les premiers rangs de l'assistance. Gianfranco Fini, Massimo d'Alena : ils sont sept ministres du gouvernement italien à participer à l'office, et autant de représentants de l'opposition. A côté d'eux, Giovanni Trappatoni, l'entraîneur de la Squadra Azzura. Beaucoup de responsables politiques espagnols, latino-américains, africains. Au total, quatre-vingts pays sont représentés. On reconnaît l'ancien président polonais Lech Walesa. Sur la *prima fila*, un vieux médecin espagnol, le Dr Nevado Rey, est très entouré : c'est sa récente guérison miraculeuse qui a permis de boucler le « procès » en canonisation.

Il y a surtout, sagement alignés sur la gauche de l'autel, en soutanes violettes et écarlates, quelque quatre cents évêques et quarante-deux cardinaux. Tous ces *monsignori* et ces *porporati* sont venus célébrer officiellement, autour du pape Jean-Paul II, le saint le plus controversé des Temps modernes, décédé vingt-sept ans plus tôt : José Maria Escrivá de Balaguer (1902-1975), fondateur de l'Opus Dei.

Dès le début de son homélie, prononcée dans un silence absolu, le pape, citant saint Paul, met les choses au point :

— Tous ceux qu'anime l'Esprit de Dieu sont fils de Dieu...

Les choses sont claires. Il n'y a pas plusieurs catégories de chrétiens, il n'y a pas d'Eglise dans l'Eglise. Les membres de l'Opus Dei sont des fils de Dieu comme les autres. Curieuse remarque, en vérité : pourquoi les disciples d'Escrivá ne seraient-ils pas des chrétiens comme les autres ? Ou bien le seraient-ils, justement, depuis ce jour où leur fondateur est entré, par la grâce du pape polonais, dans le grand livre des saints ?

Une histoire espagnole

José Maria Escrivá était espagnol. S'il avait été brésilien, hollandais ou irlandais, l'histoire de l'Opus Dei eût été bien différente. Né en 1902 dans une famille de petits commerçants, séminariste à Saragosse (Aragon) où il est ordonné prêtre en 1925, le jeune homme aurait pu rallier les légions de prêtres que ce pays très catholique allait précipiter massivement dans une guerre civile d'un autre âge – atroce, meurtrière, manichéenne – rappelant, toutes proportions gardées, la Révolution française ou la révolution russe.

Mais, le 2 octobre 1928, alors qu'il prépare son doctorat à Madrid, le jeune Escrivá a une intuition qui va bouleverser sa vie : les actes de l'existence ordinaire, le travail de tous les jours, ne seraient-ils pas, au fond, le meilleur chemin pour atteindre Dieu et la sainteté ? Et dans cette hypothèse, si la sainteté n'est pas réservée aux clercs, aux religieux et aux mystiques, ne faut-il pas aider les simples laïcs à atteindre cette spiritualité et cet idéal dans leur vie quotidienne ?

Trente-cinq ans avant le « schéma XIII » qui sera discuté au concile sur l'apostolat des laïcs, l'idée est peu conventionnelle. Depuis des siècles, l'Eglise repose sur un fort clivage entre les personnes consacrées et le reste des croyants. Le jeune prêtre aragonais mettra d'ailleurs cinq longues années à fonder, dans un simple appartement de Madrid, une petite « académie » estudiantine, à la fois centre de formation pluridisciplinaire et foyer pour étudiants, qui deviendra résidence universitaire en 1934. Cette année-là, il publie la première édition de *Camino* (« Chemin »), un petit livre de spiritualité qui sera tiré, au fil des ans, à plus de quatre millions d'exemplaires !

Hélas, le temps n'est pas à la création tranquille de foyers d'étudiants ou à l'écriture sereine d'ouvrages pieux. L'Espagne en crise, arriérée et divisée, abandonnée par son roi, entre alors dans une période de chaos. La République est à peine proclamée, en 1931, que les exactions antireligieuses se multiplient. L'Eglise catholique, attachée à l'ordre ancien, est présentée comme l'ennemi à abattre. Des églises sont brûlées, des prêtres sont assassinés. Le pays bascule dans l'hystérie et la violence. Le pouvoir républicain se déchire entre communistes, trotskistes et anarchistes qui exacerbent les tensions sociales, arment des milices insurrectionnelles et se disputent la palme de la lutte anticléricale.

En février 1936, les urnes donnent la majorité au Frente popular qui regroupe socialistes, communistes, anarchistes et autonomistes. Mais celui-ci explose aussitôt en fractions révolutionnaires concurrentes. Les violences antireligieuses jettent définitivement l'Eglise dans le camp de la réaction. Le 18 juillet, le général Francisco Franco, qui avait déjà été appelé en 1934 par le gouvernement pour rétablir l'ordre républicain, tente un coup d'Etat, mais celui-ci ne s'impose que dans la moitié du pays : une partie de l'armée reste fidèle à la République, et des dizaines de milliers de militants d'extrême gauche se regroupent en milices révolutionnaires.

C'est dans ce contexte dramatique que l'abbé José Maria Escrivá poursuit son idée folle de constituer un mouvement de laïcs engagés, alors que les églises de Madrid sont fermées, que les activités religieuses sont interdites, que le simple port de la soutane vaut d'être exécuté d'une balle dans la tête ! En trois ans de guerre civile, plus de six mille prêtres et religieux seront assassinés. Escrivá, ses compagnons et ses disciples passent à la clandestinité, en priant le Ciel que le pays retrouve un jour le chemin du pardon et de la réconciliation.

Œuvre ou pieuvre ?

Il faudra trois ans de combats acharnés, d'exécutions sommaires et d'exactions terroristes pour que Franco, en juillet 1939, contrôle le pouvoir « par la grâce de Dieu » – il a la caution de plusieurs évêques – et installe son régime de dictature. Un régime où la religion catholique représente, avec la monarchie, le plus beau fleuron du patrimoine national. Dans l'ombre du Caudillo et dans les couloirs du Movimiento nacional, les soutanes et les mitres côtoient alors les chemises bleues des Phalanges, ces groupes fascisants aux motivations fort peu évangéliques.

Escrivá, qui a dû fuir Madrid, est peu impliqué dans le combat partisan. Mais il lui reste de ces années de plomb une phraséologie paramilitaire, le goût de la dissimulation, un sens exacerbé de la discipline et une aspiration à l'ordre qui lui vaudront, plus tard, de nombreuses critiques. Y compris de la part de certains compagnons de la première heure comme le prêtre britannique Vladimir Felzmann, qui fut l'un de ses adjoints à Rome, ou sa propre secrétaire particulière Maria del Carmen Tapia.

Au début des années 1940, son mouvement, qu'il a baptisé en latin *Opus Dei* (« Œuvre de Dieu »), ne représente encore que quelques dizaines de jeunes qui se méfient de l'engagement politique et prônent la responsabilité individuelle devant Dieu et les hommes. Reconnu officiellement par l'évêque de Madrid, l'Opus Dei fonde quelques centres de formation et de spiritualité à Barcelone, à Séville, et un premier foyer pour jeunes filles à Madrid.

En 1943, à Rome, l'ami et bras droit d'Escrivá, Alvaro del Portillo, obtient du Saint-Siège l'agrément de la « Société sacerdotale de la Sainte-Croix », une association prête-nom qui permet à l'Opus Dei d'incardiner ses propres prêtres, tous issus de ses rangs. Qu'un mouvement fasse ainsi coopérer des prêtres et des laïcs, y compris mariés, aux mêmes activités apostoliques est une innovation audacieuse. Après trois ans de démarches, Escrivá et Portillo obtiennent de Pie XII qu'il leur accorde, en février 1947, le statut d'« institut séculier de droit pontifical ».

C'est une première. Depuis que le pape Pie XI a lancé en 1938 l'idée de « nouvelles formes de vie religieuse », aucun groupement qui ne soit ni congrégation religieuse ou mouvement d'Action catholique n'avait trouvé sa forme canonique. Ce nouveau statut va permettre à l'Opus Dei de se développer beaucoup plus efficacement, y compris hors des frontières espagnoles : en Italie, au Portugal, en Allemagne, puis en Amérique du Sud : Argentine, Chili, Colombie, Pérou, Equateur, Brésil. Suivront l'Autriche, le Canada, l'Angleterre, le Japon. En Espagne, l'université de Navarre, créée à Pampelune par l'Opus Dei en 1952, prend une dimension nationale et forme bientôt, en effet, une partie de l'élite juridique et économique du pays.

Mais ce statut original, définitivement confirmé par Pie XII en 1950, fait rapidement apparaître l'Opus Dei comme un « Etat dans l'Etat », ou plutôt une « Eglise dans l'Eglise ». La Compagnie de Jésus, notamment, lui reproche de marcher sur ses plates-bandes universitaires et ne se prive pas de critiquer son fonctionnement. Pourquoi l'Opus Dei se cache-t-elle derrière des intitulés chaque fois différents ? A Rome, ses filiales s'appellent Villa Tevere ou bien Centre d'éducation Elis ; à Londres, Netherhall House ; à Paris, Centre culturel Garnelles. Pourquoi ces gens-là n'annoncent-ils jamais la couleur ?

Désormais, les critiques se multiplient. Les jésuites espagnols, leurs rivaux directs, ne sont pas les derniers à aligner les sous-entendus les plus rocambolesques. Les phalangistes, aile dure du régime franquiste, ne ménagent pas non plus leurs attaques contre des gens qui, sans être des adversaires du pouvoir, refusent toute radicalisation extrémiste. Selon les uns ou les autres, l'Opus Dei serait une « franc-maçonnerie blanche », une « secte » cultivant la « clandestinité », une « organisation secrète », une

« pieuvre » ou une « sainte mafia » désireuse de « gouverner le monde », etc.

Accusation la plus répandue : l'Opus Dei a collaboré jusqu'au bout avec le franquisme. Ce n'est pas faux. A partir de 1956, plusieurs de ses membres ont été ministres de Franco : Laureano Lopez Rodo, Mariano Navarro Rubio, Alberto Ullastres, Gregorio Lopez Bravo, etc. Leur caractéristique commune : un profil de technocrate, d'expert en droit et en économie capable de contrebalancer l'influence des idéologues fascisants et des nationalistes anti-européens. Leur seule conviction, à tous, est que l'Espagne ne sortira de la misère économique et sociale qu'en s'ouvrant sur l'extérieur – à la fureur de la Phalange, convaincue du contraire – et en réintégrant le concert des nations modernes.

Les ministres « opusiens » ne constituaient ni un parti politique ni un clan. Pas même un groupuscule. Ils partageaient une foi et des valeurs communes, mais ne s'étaient engagés en politique qu'à titre individuel, comme c'est la règle à l'Opus Dei : le mouvement a toujours tout fait pour ne pas apparaître comme un parti politique ! Par-delà les divergences, les scandales et les dérapages qui ont marqué les dernières années de Franco, la plupart des historiens reconnaissent à ces ministres-là un rôle majeur dans la transition douce qui a valu au franquisme, en 1975, de passer la main sans violence.

Mais la guerre d'Espagne est une des épopées idéologiques du siècle, et les médias occidentaux sont terriblement manichéens. L'opinion publique classe d'un côté les conservateurs, de l'autre, les progressistes, surtout en France. Dès les deux premiers articles parus sur l'Opus Dei dans *Le Monde* en 1956, les jeux sont faits : le mouvement, qualifié de « camarilla réactionnaire et ultra-cléricale », est accusé d'avoir été dans le mauvais camp. La quasi-totalité des commentateurs font chorus. Tout ce qui concerne désormais l'Opus Dei sent le soufre et mérite l'opprobre. Y compris dans beaucoup de milieux catholiques.

Le Vatican divisé

Au Vatican même, où Pie XII a toujours préservé de bonnes relations avec le gouvernement d'une des nations les plus catholiques du monde, on a moins de préventions à l'égard de ces laïcs espagnols qui, au fond, n'engagent pas l'Eglise. Qu'ils soient fauteurs de scandales financiers ou artisans de la transition démocratique, cela n'a pas grande importance. Les seuls personnages qui comptent en Espagne, aux yeux du Saint-Siège, sont le cardinal primat et le nonce apostolique !

Mgr Escrivá, qui s'est installé à Rome en 1946, s'est tissé un réseau de relations personnelles qui n'a rien à voir avec le dossier espagnol. En 1961, alors que le concile se prépare, il est nommé par Jean XXIII consulteur auprès de la commission *ante* préparatoire sur le droit canon. En octobre 1962, son adjoint, Alvaro del Portillo, qui a animé la commission sur le laïcat, est même élu secrétaire d'une des dix commissions conciliaires, celle de la « discipline du clergé », où il côtoie son compatriote Mgr Herranz, ancien élève de l'université de Navarre et futur cardinal de la Curie.

Durant le concile, les responsables de l'Opus Dei sont de fervents partisans de l'*aggiornamento*, sauf – ils ne sont pas les seuls – en ce qui concerne les réformes liturgiques. Mais ils se démarquent clairement des ultraconservateurs, traditionalistes et intégristes qui s'opposeront, de l'intérieur et de l'extérieur, aux décisions conciliaires. Mgr Lefebvre les accusera même d'avoir été des cautions « couvrant et justifiant les actes du concile ». Escrivá n'a-t-il pas été un précurseur de la réforme conciliaire concernant le rôle des laïcs dans l'Eglise moderne ?

Escrivá et Portillo n'ont pas que des amis à la Curie – le cardinal Villot, secrétaire d'Etat de Paul VI, et Mgr Giovanni Benelli, son substitut, n'ont aucune bienveillance à leur égard – mais ils savent susciter l'intérêt et s'attirer la sympathie de beaucoup de prélats. A la mort de Mgr Escrivá de Balaguer, le 26 juin 1975, la demande d'ouverture de son procès en béatification recueille plus de mille deux cents signatures d'évêques, ce qui est considérable.

Si Villot et quelques éminences curiales se méfient de l'Opus Dei, d'autres cardinaux entretiennent avec ses dirigeants de cordiales relations. C'est le cas de Franz König (Vienne), de Murphy O'Connor (Londres), mais aussi d'Albino Luciani (Venise). Quelques semaines avant son élection par le conclave, en juillet 1978, celui-ci rédige pour le journal vénitien *Il Gazzetino* un article consacré à Mgr Escrivá, ce « confesseur révolutionnaire qui sauta à pieds joints par-dessus les barrières traditionnelles ». Le futur Jean-Paul Ier, très impressionné par l'idée de sanctification par le travail quotidien, y compare le fondateur de l'Opus Dei à saint François de Sales qui prêchait, lui aussi, la « sainteté pour tous ».

Après la mort de Paul VI, en août 1978, le patriarche de

Venise se recueille sur la tombe d'Escrivá juste avant le conclave qui va bouleverser son propre destin. Mais, en trente-trois jours de règne, Jean-Paul Ier n'aura pas le temps de faire avancer la cause de l'Opus Dei. C'est donc son successeur, Jean-Paul II, qui en assurera la promotion et la respectabilité. Pour des raisons qui n'ont rien à voir avec la légende...

Jean-Paul II est séduit

Contrairement à des rumeurs pas toujours bienveillantes, Karol Wojtyla n'était pas un proche de l'Opus Dei. On a dit que l'Œuvre de Dieu logeait et transportait gratuitement, à Rome, ce malheureux Polonais démuni. Ce n'est pas exact : Wojtyla habitait au Collège polonais, piazza Remuria, et ses billets d'avion lui étaient fournis par l'épiscopat polonais. L'archevêque n'avait eu aucun contact avec l'Opus Dei en Pologne, où le mouvement était quasi inexistant, et il ne connaissait pas personnellement Mgr Escrivá.

En revanche, son meilleur ami romain, Mgr Andrzej-Maria Deskur, très introduit dans les cercles curiaux, était un proche de Mgr del Portillo, l'adjoint et le successeur de Mgr Escrivá à la tête de l'Œuvre de Dieu. Un jour, pendant le concile, Mgr Deskur présenta fortuitement Wojtyla à Portillo. Un témoin de l'entrevue se rappelle que c'était dans la nef latérale droite de la basilique, près des reliques de saint Josaphat. Mais des rencontres comme celle-ci, il y en eut des milliers dans les coulisses de Vatican II.

Des années plus tard, on retrouve la signature de Wojtyla dans une revue de l'Opus Dei, *Studi Cattolici* (avril 1972), et dans la brochure du Centre romain de Rencontres sacerdotales, une officine de l'Opus Dei (octobre 1974) qui choisit de mettre en couverture la photo de ce cardinal polonais en pleine ascension. Rien qui indique une complicité quelconque. Quand Wojtyla deviendra Jean-Paul II, le 16 octobre 1978, il se précipitera à l'hôpital Gemelli au chevet de son ami Deskur, et croisera Portillo venu rendre visite, lui aussi, à son ami victime d'une thrombose cérébrale. Simple coïncidence.

Le premier vrai contact de Jean-Paul II avec l'Opus Dei a lieu le 10 avril 1979. Six mille jeunes participant à Rome au congrès universitaire UNIV, une filiale de l'Œuvre de Dieu, ont sollicité une audience. Jean-Paul II les reçoit dans l'aula Paul VI, et leur parle d'un sujet particulièrement austère, la confession :

— Chers jeunes, ayez le courage du repentir ! Ayez également le courage de chercher la grâce de Dieu dans la confession sacramentelle. Elle vous rendra libre ! Elle vous donnera la force dont vous avez besoin pour faire face aux défis qui vous attendent dans la société et dans l'Eglise, au service des hommes...

Témoin inattendu de cette rencontre, le journaliste français André Frossard ne cache pas sa fascination pour ces jeunes qui, dix ans après mai 1968, applaudissent un pape qui leur parle de la pénitence ! Frossard, qui a conclu le congrès de l'UNIV, est invité à rencontrer le pape après l'audience. Il fait part de son étonnement admiratif à ce pape dont il n'est pas encore l'ami :

— Saint-Père, ces jeunes-là vous suivront où vous voudrez !

— Je le crois.

Jean-Paul II aime passionnément les jeunes. Ancien aumônier d'étudiants à Cracovie, ancien professeur à l'université de Lublin, ce pape quinquagénaire apprécie le contact avec eux, les questions spontanées, la liberté des propos qui caractérisent les adolescents, notamment les étudiants. Il n'a pas encore inventé les Journées mondiales de la jeunesse (JMJ), mais il ne rate pas une occasion de rencontrer jeunes gens et jeunes filles. Aussi reçoit-il avec plaisir, cet été-là, à Castel Gandolfo, un groupe d'étudiants de l'Opus Dei, encadrés par quelques professeurs, pour une rencontre informelle. Le 19 août 1979, le dialogue s'engage entre le pape et ces jeunes, qui se racontent volontiers. Le courant passe. Le pape lâche, en concluant cet échange :

— J'ai beaucoup appris !

Comment le pape polonais ne serait-il pas séduit par cette jeunesse respectueuse, soignée, disciplinée et fervente qui lui rappelle tant les jeunes catholiques qu'il a pratiqués pendant trente ans en Pologne ? Ces jeunes-là sont l'antithèse de la jeunesse contestataire ; ils étudient, ils méditent, ils prient, ils se confessent, ils communient. Ils organisent des camps de jeunes, des recollections, des pèlerinages. Ils sont les gardiens d'une politesse qui se perd...

Or, il y a une incontestable coïncidence entre la vie rêvée des idéalistes catholiques derrière le rideau de fer et les principes exigeants, désuets et spartiates qui guident les membres de l'Opus Dei dans le reste du monde. Leur conception commune de la morale n'est pas très « moderne », et alors ? Jean-Paul II constate qu'il est en phase avec les trois principaux piliers du projet de Mgr Escrivá. Il croit, lui aussi, que la sainteté est l'affaire de tous et se conquiert dans les moindres actes de la vie quotidienne ; que l'engagement et le dialogue avec Dieu concernent tout autant les laïcs que les clercs ; que le travail humain, qu'il soit intellectuel ou manuel, est une vertu sanctifiante.

Quelques semaines après l'élection de Jean-Paul II, Portillo relance par lettre une demande déposée en 1969 par Mgr Escrivá : l'Opus Dei ne pourrait-elle bénéficier du statut de « prélature personnelle » prévue par Vatican II ? Portillo a complété le dossier de 1969 par une longue note de dix feuillets. Cette note faillit faire capoter le projet, car à la suite d'une indiscrétion venant des cercles jésuites espagnols, le texte sortit en novembre 1979 dans *El País*, le plus grand quotidien de Madrid !

Jean-Paul II n'a jamais été très sensible aux campagnes de presse ni aux intrigues de couloir. Sans tenir compte des accusations lancées contre cette « Eglise dans l'Eglise », il publie le 28 novembre 1982 une constitution apostolique intitulée *Ut sit*, où il accorde à l'Opus Dei le statut de « prélature personnelle ». C'est la première fois qu'un mouvement bénéficie de cette innovation juridique du concile, codifiée dans le décret *Presbyterorum ordinis* du 7 décembre 1965. Outre que ce statut rapproche considérablement le mouvement du pape et de la Curie, il permet aux institutions, filiales, organismes et officines gravitant autour de l'Opus Dei de ne pas avoir à en référer aux évêques locaux.

Avant l'attribution de ce statut, l'Opus Dei « se débrouillait » en invitant tel ou tel évêque à ordonner ses propres prêtres. Le cardinal français Roger Etchegaray se rappelle encore comment il fut ainsi « recruté » en 1981 par Mgr Alvaro del Portillo, qui lui demanda de présider une cérémonie d'ordination au sanctuaire espagnol de Torreciudad, non loin de son cher Pays basque :

— C'est la volonté du pape, souligna Portillo.

Le jeune archevêque de Marseille n'allait évidemment pas déranger Jean-Paul II, alité à l'hôpital Gemelli après l'attentat du 13 mai, pour vérifier les dires de Portillo. En outre, pour un archevêque, ordonner des prêtres n'est pas un péché, bien au contraire ! Etchegaray accepte donc. Mais quelle n'est pas sa surprise, en arrivant sur place, le 30 août 1981, de constater qu'il va ordonner... soixante-deux prêtres d'un seul coup, venus de seize pays différents ! Plus qu'il n'en a ordonné pendant tout le reste de sa vie !

La « nouvelle évangélisation »

Est-ce Mgr del Portillo, désormais « prélat » de l'Opus Dei, qui suggère à Jean-Paul II d'engager comme directeur de la *Sala Stampa* son compatriote Joachin Navarro-Valls, médecin et journaliste, membre de l'Opus Dei, qu'il a connu dans les amphis de l'université de Pampelune ? « Fadaises », affirme Navarro-Valls. C'est un proche du pape polonais – probablement Jerzy Turowicz, de Cracovie – qui lui a recommandé le président de la puissante Association de la presse étrangère, professionnel cultivé et polyglotte, qui fut correspondant du journal *ABC* en Pologne avant d'être envoyé au Vatican. Que le directeur de la *Sala Stampa* – où il restera plus de vingt ans – soit un « numéraire » de l'Opus Dei présentait, en outre, un avantage certain : célibataire, ce laïc-là allait se révéler plus disponible que bien des *monsignori*...

Il reste que la nomination de Joachin Navarro-Valls est

une petite révolution dans les couloirs du Vatican : jusqu'à présent, la Compagnie de Jésus détenait un quasi-monopole sur l'information et la communication du Saint-Siège, et voici qu'un représentant notoire de l'Opus Dei vient leur « souffler » l'un des postes les plus sensibles de ce domaine d'activité !

Jean-Paul II voit plus loin que ces rivalités de sacristie. Il y a longtemps qu'il réfléchit aux moyens d'enrayer la déchristianisation des sociétés européennes et, au-delà, de relancer la mission dans le monde entier. A Haïti, en mars 1983, s'adressant aux évêques d'Amérique latine, il lance le concept de « nouvelle évangélisation », qu'il va développer et affiner pendant des années. L'objectif ne se limite pas, loin de là, à une « ré-évangélisation » du Vieux Continent, mais se situe délibérément dans le mouvement de mondialisation, dans lequel les chrétiens doivent jouer un rôle adapté à leur temps. Pour faire passer ce message, le pape entend bien utiliser les nouveaux ferments de dynamisme qui, depuis la dernière guerre mondiale, régénèrent l'Action catholique en dehors des structures classiques de l'Eglise.

Déjà, quand il était archevêque de Cracovie, il bousculait la frange la plus traditionnelle de ses diocésains en allant encourager tel mouvement charismatique, ou patronner telle manifestation musicale : le soutien aux groupes Oasis du père Blachnicki ou la participation de l'archevêque aux festivals de *sacro songs* du père Jan Palusinski étaient des gestes forts, qui plaisaient beaucoup aux jeunes et lui valaient parfois les sarcasmes des bourgeois de l'ancienne capitale royale de la Pologne.

Maintenant qu'il est pape, il n'a pas l'intention de s'enfermer dans un appareil sclérosé. Au risque de choquer les uns ou les autres, le voilà qui encourage les Focolari de Chiara Lubitch, L'Arche de Jean Vanier, Communion et Libération de Luigi Giussani, Sant' Egidio d'Andrea Riccardi, ATD-Quart Monde de Joseph Wresinski, le Chemin néocatéchuménal de Kiko Arguello, etc. A la Pentecôte 1998, il réunira place Saint-Pierre quelque deux cent mille représentants de cinquante-six mouvements très divers, parfois gênants, ou prosélytes, ou radicaux, mais incarnant peu ou prou le renouveau de l'Eglise.

Jean-Paul II n'a pas peur. Il sait qu'il risque de froisser certains évêques ou quelques congrégations plus anciennes – les jésuites, les dominicains – inquiètes de cette concurrence nouvelle, dérangeante et ingérable. C'est le cadet de ses soucis. Il n'hésite pas à encourager un mouvement beaucoup plus rigoriste que l'Opus Dei, les Légionnaires du Christ, même après que leur fondateur, le vieux père Martial Maciel, eut été convaincu d'abus sexuels !

L'Opus Dei, à ses yeux, est un mouvement précieux, utile, providentiel. Alors, qu'importe ce que disent les médias et les témoignages sulfureux d'anciens « repentis » de l'Opus Dei – le sociologue Alberto Moncada, le théologien Raimon Panikkar, l'historien John Roche – qu'on retrouve dans tous les reportages sur le « monstre » ! Qu'importent les rumeurs incontrôlées d'ultraconservatisme, les accusations insistantes d'affairisme ou de sectarisme, si ce mouvement peut concourir à mieux annoncer l'Evangile au monde moderne !

Une béatification explosive

En décembre 1991, une dépêche de l'agence Ansa donne le frisson à toutes les salles de rédaction de la planète : le fondateur de l'Opus Dei, Mgr Escrivá de Balaguer, va être béatifié ! Pour les dirigeants du mouvement, cette nouvelle aurait dû être une consécration officielle, une sorte de réhabilitation solennelle après tant d'années de diabolisation médiatique. Or, c'est le contraire qui se produit : la plupart des journaux du monde entier, en particulier en Europe occidentale, s'interrogent avec plus ou moins de suspicion, voire de malveillance, sur le sens de cette béatification, sur la rapidité du procès qui l'a précédée, sur sa motivation véritable. Jamais la presse n'avait publié autant d'articles critiques sur l'Opus Dei !

Cinq mois plus tard, une seconde vague d'articles hostiles s'abat sur l'Œuvre de Dieu à la veille de la cérémonie prévue à Rome le 17 mai 1992. La foule considérable qui afflue place Saint-Pierre, ce jour-là, renforce les critiques dans leur méfiance systématique. A l'évidence, le mouvement dont le fondateur est désormais « bienheureux » doit revoir entièrement sa communication. Que le procès en béatification fût déclenché par 6 000 lettres de chrétiens, dont 69 cardinaux, 241 archevêques et 987 évêques, n'enlève rien à la suspicion ambiante. Une question, notamment, revient comme un leitmotiv : pourquoi si vite ?

Mgr Escrivá a été déclaré bienheureux dix-sept ans après sa mort. Par rapport à la lenteur habituelle de ce type de procédure, ce délai est exceptionnellement rapide, en effet. Mais, au risque de décevoir les amateurs de complots, l'explication ne tient pas dans un quelconque marchandage sordide entre le pape polonais et l'Opus Dei. Si le dossier n'a mis « que » dix-sept ans à aboutir, c'est que les règles présidant aux béatifications et aux canonisations ont été, à cette époque, sensiblement modifiées.

En 1983, en effet, par la constitution *Divinus perfectionis Magister*, Jean-Paul II simplifie ce règlement en bien des points archaïque. Le Code de droit canonique de 1917 stipulait qu'il fallait attendre cinquante ans après la mort pour proposer qu'un défunt fût béatifié, et requérir deux miracles pour justifier la demande. Désormais, on peut ouvrir une « cause » en béatification cinq ans après la mort du présumé saint, et se contenter d'un seul miracle pour attester l'« héroïcité des vertus » du défunt.

José Maria Escrivá de Balaguer est une des premières personnalités à bénéficier de cette réforme procédurière. Sous Jean-Paul II, plusieurs présumés saints seront même « élevés aux autels » au bout de quelques années, le cas le plus célèbre étant Mère Teresa, béatifiée six ans seulement après sa mort. Sous Benoît XVI, l'ouverture des dossiers de Jean-Paul II lui-même et de sœur Lucia de Fatima n'attendra même pas ce délai.

La réforme de 1983 n'est pas la seule explication de la rapidité de cette procédure. Bien avant son examen minutieux à Rome par la Congrégation des causes des saints, une demande en béatification commence par une phase « diocésaine », sous l'autorité de l'évêque local. Identifier les sources, instaurer les « procès rogatoires », rassembler les témoignages, examiner les dépositions, réaliser les expertises, collecter les documents, les mettre en forme, les reproduire, prenaient des années, voire des décennies. Dans le cas récent de Charles de Foucauld, il avait fallu dix ans pour que deux petites sœurs, à Alger, rassemblent et dactylographient en plusieurs exemplaires les 14 580 feuilles du dossier diocésain ! Les nouvelles techniques de reprographie et de communication – la photocopieuse, le fax, puis l'informatique – ont considérablement réduit les délais de documentation, d'enquête et de constitution d'un dossier. Surtout lorsque celui-ci est entre les mains d'une organisation aussi puissante que l'Opus Dei, parfaitement organisée, et particulièrement motivée : en un temps record, celle-ci réunit soixante-quinze mille témoignages confirmant la sainteté de son fondateur !

Il faudra dix ans pour que les critiques s'estompent – tout étant relatif – et qu'on entende enfin les grands témoins qui, comme Jean-Marie Lustiger en juin 1992, considèrent Escrivá « comme une référence, comme un signe, comme quelqu'un qui indique le chemin spirituel pour les chrétiens de ce temps ». Au lendemain de la canonisation d'Escrivá de Balaguer, le 6 octobre 2002, le cardinal Ratzinger explique dans *L'Osservatore Romano* comment « il a mieux compris le caractère de l'Opus Dei, ce lien surprenant entre une fidélité absolue à la grande tradition de l'Eglise, à sa foi, avec une simplicité désarmante, et l'ouverture inconditionnée à tous les défis de ce monde... » Les choses sont désormais claires. Ratzinger est alors préfet de la Congrégation pour la Doctrine de la foi. C'est lui qui dit ce qui est catholique et ce qui ne l'est pas. Et l'Opus Dei, qu'on se le dise, est un mouvement d'Eglise comme les autres.

14

Le saint suaire de Turin

Pourquoi l'Eglise refuse de considérer le linceul comme authentique

« A cette époque-là, il y eut un homme sage nommé Jésus. Pilate le condamna à être crucifié... »

Flavius Josèphe (37-100 apr. J.-C.).

« C'est Lui ! C'est Son visage ! »

Paul Claudel, Lettre
à Gérard Cordonnier, 16 août 1935.

Turin, le 13 octobre 1988. Le vieux cardinal Anastasio Ballestrero, 75 ans, archevêque de la capitale du Piémont, ne donne pas souvent de conférence de presse. Les journalistes ont répondu en nombre à son invitation. Ils savent, pour la plupart, que Ballestrero a lancé, en septembre 1986, une ambitieuse étude scientifique sur le saint suaire, ce linge censé être le linceul dans lequel le Christ fut enveloppé après sa mort sur la croix, il y a presque deux mille ans, et qui repose dans sa cathédrale. Pour la première fois, on a utilisé la technique du « carbone 14 » pour évaluer la date originelle de l'objet. Sans attendre que ces études fassent l'objet de doctes publications scientifiques, le cardinal a décidé de rendre publics les résultats de cette recherche hors du commun.

Après avoir rappelé le long processus destiné à faire enfin la vérité sur cette relique, après avoir souligné que l'Eglise était « incompétente » en matière scientifique, le cardinal annonce le verdict des trois laboratoires d'Oxford, Tucson (Arizona) et Zürich qui ont travaillé, explique-t-il, de façon indépendante :

— L'intervalle de dates assigné au tissu du suaire se situe entre l'année 1260 et l'année 1390 après Jésus-Christ.

Un long silence accueille cette révélation. De la bouche même d'un des plus hauts responsables de l'Eglise, le saint suaire de Turin est donc un faux qui date du Moyen Age. La datation au carbone 14 est formelle. Le prélat ajoute :

— Le taux de certitude est de 95 %.

Le lendemain, la nouvelle est confirmée lors d'une autre conférence de presse du Dr Tite (British Museum) entouré des professeurs Hedges (Oxford) et Hall (British Museum), responsables de l'ensemble des opérations de prélèvements et de datation. Derrière eux, sur un tableau noir, deux dates et un point d'exclamation : 1260-1390 !

Entre 1260 et 1390. Le compte est bon. Car les historiens sont tous d'accord pour faire remonter à l'an 1357 le premier témoignage crédible sur cette mystérieuse pièce de tissu qui n'a cessé, depuis cette époque, d'attirer les foules de pèlerins. Quoi de plus logique, au fond, que cette date corresponde exactement aux résultats de la recherche initiée par le prélat ?

Une chapelle en Champagne

En cette fameuse année 1357, en effet, eut lieu dans le village de Lirey, en Champagne, la première « ostension » d'une pièce de lin censée être le linceul du Christ. Le rectangle de tissu souillé mesure 4,36 mètres de long et 1,10 mètre de large. On y distingue la double silhouette d'un homme, de face et de dos, au milieu de divers motifs, de vilaines traces, d'étranges taches noires ou brunes.

L'histoire du linceul est rapportée de façon quasi unanime par les quatre évangélistes. Au soir de la crucifixion de Jésus de Nazareth, un riche disciple de celui-ci, nommé Joseph d'Arimathie, après en avoir demandé l'autorisation à Pilate, enveloppa le corps du supplicié « dans un linge propre » pour aller le déposer au plus vite, en cette veille de shabbat, dans un tombeau creusé dans un rocher voisin. Quand deux femmes de sa connaissance viennent procéder à l'onction du corps, le surlendemain matin, elles trouvent le tombeau vide. Simon-Pierre et Jean, les deux disciples appelés à la rescousse, constatent que le corps a disparu. Le drap de lin est là, par terre, ainsi qu'une sorte de mouchoir qui servait à fixer le visage du mort, roulé à part. Que sont devenus ces linges ? Mystère.

La pièce de lin exposée à Lirey était-elle réellement ce linceul dont parlent les Evangiles ? Impossible à dire. Certains contemporains faisaient remarquer que le très brave et très pieux Geoffroy de Charny, seigneur de Lirey, avait accompagné Humbert II de la Tour du Pin, dauphin du Viennois, dans sa croisade en Terre sainte en 1345-1346, et qu'il avait pu en rapporter le linceul sacré. Les pèlerins venaient nombreux, depuis quelques années, se recueillir dans la chapelle fondée par messire Geoffroy. Cette chapelle était-elle destinée, dans l'esprit de son fondateur, à abriter le linceul ? On l'ignore. L'élévation de la chapelle en collégiale par le pape Innocent VI, en 1354, ne mentionne pas la relique.

Ce n'est qu'après la mort de Geoffroy – tué à la bataille de Poitiers en 1356 – que sa veuve Jeanne de Vergy organisa la vénération du linceul, dont l'authenticité provoqua aussitôt des disputes chez les plus hautes autorités de l'Eglise : l'évêque de Troyes, Mgr Henri de Poitiers, puis son successeur, Mgr Pierre d'Arcis, interdirent la vénération de la relique, un « faux » attribué à un peintre inconnu qui avait d'ailleurs, selon l'évêque d'Arcis, confessé sa supercherie. Mais on n'a jamais retrouvé ni le peintre ni sa confession. Le pape de l'époque, Clément VII, autorisa formellement les pèlerinages à Lirey, tout en exigeant des chanoines du lieu qu'ils spécifient que la relique « n'était qu'une copie ou une représentation du suaire de Notre Seigneur Jésus-Christ ».

Vers la fin de la guerre de Cent Ans, le précieux linge fut enfermé dans un coffre et confié par les moines à Marguerite de Charny, petite-fille du sieur Geoffroy, laquelle refusa de le rendre quand la paix fut revenue. Ses raisons étaient vraisemblablement pécuniaires : les « ostensions » attiraient des milliers de fidèles et rapportaient beaucoup d'argent.

En 1453, Marguerite de Charny céda finalement le drap de lin au duc Louis de Savoie, dont le fils, Amédée VIII, déposa la relique dans la toute nouvelle chapelle du château de Chambéry, berceau de la Maison de Savoie. En 1483, l'inventaire officiel des « reliques, meubles et ornements de la Sainte-Chapelle du château de Chambéry » mentionne le linceul, qualifié pour la première fois de « saint suaire ». C'est dans ce lieu sacré, très couru par les fidèles, que le 4 décembre 1532, un mystérieux incendie faillit mettre prématurément un terme à cette histoire : le linge, heureusement plié à l'abri d'un coffre d'argent, fut seulement altéré par les coulées de métal fondu, et par l'eau qui servit à éteindre le feu. Les sœurs clarisses de Chambéry, habiles couturières, se chargèrent de réparer les dégâts.

Lorsque le siège de la Maison de Savoie fut transféré à Turin, capitale du Piémont, le duc Emmanuel-Philibert y fit porter la fameuse relique le 14 septembre 1578. Elle ne quittera plus Turin, sauf pendant la dernière guerre où elle fut cachée dans la région de Naples. Depuis 1694, la *Santa Sindone* est enfermée dans un reliquaire déposé dans une chapelle spécialement aménagée, juste derrière le maître-autel de la cathédrale Saint-Jean-Baptiste de Turin.

La science confirme... le mystère !

C'est là, en mai 1898, que l'avocat Secundo Pia, photographe à ses heures, fit le premier cliché du morceau de tissu sur lequel, à l'œil nu, on distingue vaguement la trace brunâtre et floue du cadavre d'un homme, de face et de dos. Or, le négatif de cette photo, qui va bientôt faire le tour du monde, est beaucoup plus lisible que l'original, et va provoquer réactions et polémiques en chaîne. Certains scientifiques catholiques, comme le chanoine Ulysse Chevalier, crieront aussitôt à la mystification, tandis que d'autres pourtant agnostiques, comme le professeur français Yves Delage, plaideront pour l'authenticité du linceul. Un comble : en avril 1902, Delage se fera censurer par le secrétaire de l'Académie des sciences, le très anticlérical Marcellin Berthelot, affolé à l'idée qu'on puisse attester l'existence de Jésus !

Il faut dire, d'abord, que le corps ainsi « révélé » est d'une précision anatomique et physiologique exceptionnelle. Au fil des recherches, on découvrira que l'homme mesurait environ 1,78 mètre, qu'il avait une trentaine d'années, qu'il était de type sémitique, etc. Les médecins et spécialistes qui ont travaillé sur le sujet n'en reviennent pas : le faussaire, si faussaire il y a, devait être un génie de la médecine ! Le chirurgien Pierre Barbet, qui a minutieusement étudié le suaire dans les années 1930 et 1940, n'a cessé de déclarer, de conférence de conférence :

— Même actuellement, aucun de nous ne réaliserait de telles images sans commettre quelque bévue !

Plus troublant encore : la photographie de Secundo Pia révèle aussi, avec une précision inouïe, que le corps de l'homme au linceul présente différentes traces de coups et blessures, et que ces stigmates correspondent très exactement au récit de la crucifixion de Jésus de Nazareth : marque des clous dans les mains et les pieds, port d'un objet lourd sur l'épaule, traces de flagellation, lésions autour de la tête, blessure franche près du cœur.

Est-ce possible ? Le suaire de Turin serait-il, réellement, le linge acheté par Joseph d'Arimathie au soir de la crucifixion de Jésus ? Ou, peut-être, d'un autre crucifié ? Tout au long du XXe siècle, des dizaines de savants vont se pencher sur la relique présumée et l'étudier sous toutes les facettes possibles : exégètes, historiens, archéologues, iconographes, paléographes, numismates, épigraphes, palynologues, chimistes, anthropologues, chirurgiens anatomistes, spectrographes, opticiens, papyrologues, auront tous un mot à dire, une découverte à révéler, une hypothèse à émettre, un livre à publier.

De nouvelles photos réalisées par Giuseppe Enrié en 1931, un congrès international consacré au suaire à Rome et à Turin en 1950, de nombreuses investigations scientifiques, notamment en 1959, 1969 et 1973, un nouveau congrès de savants organisé à Albuquerque (Etats-Unis) en 1977, ont permis d'avancer à grands pas dans la connaissance du mystérieux morceau de tissu. Or, ces nouvelles recherches historiques, l'étude physique et chimique du tissu, l'analyse des poussières et des pollens, les observations anatomiques les plus précises, les observations spectrographiques les plus poussées, ont plutôt conforté les tenants de l'authenticité : oui, le drap en lin peut provenir de Terre sainte ; oui, la structure du tissu, à chevrons et en lin, était fréquente dans le Proche-Orient antique ; oui, il mesure, au centimètre près, 8 x 2 « coudées » en vigueur à l'époque du Christ ; oui, l'homme a été cruellement supplicié comme l'a été Jésus ; oui, les blessures observées correspondent bien au récit de la Passion...

Le carbone 14 a tranché

C'est pourquoi la conférence de presse du cardinal Ballestrero, le 13 octobre 1988, fait l'effet d'une bombe. La datation par le carbone 14, forcément, doit mettre tout le monde d'accord. Les trois laboratoires d'Oxford, Tucson et Zürich ayant participé à la recherche sont formels : le linceul a bien été fabriqué au Moyen Age, en cette époque où, tous les historiens le savent, le trafic de reliques battait son plein : combien de clous de la crucifixion, de morceaux de la vraie croix et... de faux linceuls furent ainsi offerts à la vénération des fidèles ! Tout se tient. Des centaines d'articles de presse, d'émissions de télévision, d'expositions et de livres vont reprendre, développer et confirmer le diagnostic émis solennellement par l'archevêque de Turin. Le ton général étant au soulagement : après tant de controverses où les fantasmes et la mauvaise foi le disputent à l'irrationnel, enfin, le doute n'est plus permis !

L'Eglise elle-même voit sa prudence récompensée. Dès l'apparition du linceul, en 1357, les évêques du diocèse de Troyes avaient mis en doute son authenticité. Et si le pape Clément VII autorisa sa vénération contre l'avis des évêques du lieu, c'est peut-être aussi parce qu'il était le neveu du second mari de Jeanne de Vergy ! Certes, le pape Sixte IV a finalement reconnu l'authenticité du linceul en 1471. Certes, le pape Jules II a approuvé, dans une bulle de 1506, le culte public du « linceul dans lequel Notre Seigneur Jésus-Christ lui-même fut mis au tombeau ». Mais au XXe siècle, le doute et la méfiance ont repris l'avantage.

Les archevêques de Turin, les papes eux-mêmes, bien qu'ébranlés par les arguments de plus en plus nombreux en faveur de l'authenticité du mystérieux linge, ont toujours fait preuve d'une prudence extrême. Comme pour les visions de Fatima, les miracles de Lourdes ou toute autre manifestation irrationnelle, il n'y a pas plus sceptique que l'Eglise catholique elle-même : le pape, les cardinaux, les évêques redoutent par-dessus tout l'imposture et la crédulité.

En 1931, pourtant, le jeune archevêque de Turin, Maurilio Fossati, organise la première ostension du XXe siècle. Parmi les innombrables fidèles qui découvrent la relique à cette occasion se trouve un jeune professeur d'histoire diplomatique à Rome, un certain Giovanni Battista Montini, dont personne n'imagine qu'il sera pape, beaucoup plus tard, sous le nom de Paul VI. Le cardinal Fossati pousse les scientifiques à s'intéresser au linceul, et c'est lui qui organise le premier congrès de « sindonologie » (le mot linceul se dit *sindone* en italien) en 1950.

En revanche, le cardinal Michele Pellegrino, qui lui succède en 1965, est hostile à tout examen scientifique. C'est contre son gré que l'ex-roi d'Italie Humbert de Savoie, propriétaire légal du linceul, pousse à l'organisation d'un nouveau colloque en 1969, à l'exposition du saint suaire dans le salon des Suisses du palais royal de Turin en 1973, et, avec la complicité du pape Paul VI, accepte le principe d'une ostension de 30 minutes à la télévision en novembre 1973.

A cette occasion très médiatique, Paul VI, pourtant peu mystique, a rappelé publiquement qu'il avait eu la « chance » d'assister, à l'occasion de l'ostension de 1931, à une projection sur écran du saint suaire, et que le visage du Christ lui était apparu « si vrai, si profond, si humain et divin » qu'il en avait été « fasciné ». Le pape Montini n'avait pas mâché ses mots :

— Quelle chance et quel mystère de voir Jésus ! Lui, vraiment Lui !

En 1978, pour le 400e anniversaire de l'arrivée du saint suaire à Turin, le même Paul VI autorisera une nouvelle ostension de quarante-trois jours, en août et septembre, mais sa mort, le 6 août, l'empêchera de faire le voyage.

Son successeur Jean-Paul Ier autorise une équipe permanente de chercheurs spécialisés, le *Shroud of Turin Research Project* (STURP), à réaliser examens et prélèvements sur le linge à l'occasion de cette ostension. Inquiet et sceptique, le nouvel archevêque de Turin, Mgr Ballestrero, impose aussitôt au STURP la tutelle d'une commission présidée par son ami le professeur Luigi Gonella, afin de garder la haute main sur le résultat de toutes ces études. On ne sait jamais.

Trois millions de pèlerins affluent vers la capitale du Piémont pour cette ostension estivale. Le 1er septembre, rentrant du conclave qui a élu Jean-Paul Ier, un certain Karol Wojtyla, archevêque de Cracovie, fait le détour et contemple, à son tour, le linceul.

Devenu pape, Jean-Paul II effectuera deux visites pastorales dans la capitale du Piémont. Lors du premier séjour, en avril 1980, on lui organise une présentation privée du linceul. Quelques mois plus tard, en mars 1981, l'ex-roi d'Italie lègue au pape le saint suaire, qui lui est remis solennellement par la famille royale. Jean-Paul II accepte alors de rencontrer les scientifiques du STURP en mai 1981, mais l'attentat perpétré par Ali Agça sur la place Saint-Pierre, la veille du rendez-vous, l'éloigne durablement du dossier.

Le programme de la seconde visite pastorale à Turin, en septembre 1988, ne prévoit aucune vénération du linceul : il y a fort à penser que le pape s'est rendu aux arguments de l'archevêque en place, le cardinal Ballestrero, qui n'a jamais cru à l'authenticité de la relique, et qui connaissait les résultats de la recherche au carbone 14. La thèse de la fausse relique fabriquée au Moyen Age étant sur le point d'être confirmée par les savants les plus éminents, il eût été inopportun de s'appesantir...

Un faussaire vraiment génial

La fameuse conférence de presse du cardinal Ballestrero, en octobre 1988, aurait dû calmer le jeu. Or, paradoxalement, elle va susciter une nouvelle vague de contestations et de doutes chez les savants et les experts du monde entier. Car cette conclusion péremptoire ne faisait que mettre en évidence toute une série de mystères scientifiquement incompréhensibles. Et la thèse désormais officielle d'une fausse relique réalisée par un artisan génial du XIVe siècle impliquait trop de postulats insensés pour pouvoir être acceptée sans de sérieuses réserves :

— Pour obtenir des marques de coups et des traces de sang aussi précises, y compris la lésion due au frottement de la croix sur l'épaule du supplicié, y compris les marques rondes qu'aurait pu laisser le *flagrum* qu'utilisaient les Romains pour fouetter les condamnés, il aurait fallu que le faussaire ait flagellé, crucifié et assassiné un de ses contemporains dans les conditions exactes de la mise à mort de Jésus de Nazareth. Cette hypothèse, sur le strict terrain scientifique, ne peut évidemment être exclue, mais elle frôle les limites du bon sens.

— Expert en anatomie et en hématologie, le falsificateur aurait pris soin d'envelopper le corps du malheureux pendant une quarantaine d'heures pour éviter le phénomène de redissolution des caillots de sang, et aurait trouvé une astuce pour retirer le corps du drap sans provoquer l'arrachement du tissu et du sang séché. On ne voit vraiment pas comment un homme du Moyen Age, fût-il un médecin génial, aurait pu combiner avec une aussi parfaite maestria les différents types de sang qui ont coulé sur le suaire : le sang artériel ayant coulé du vivant du supplicié, et le sang de cadavre qui s'est échappé du corps après la mort, notamment par la plaie du côté.

— Quel faussaire, par ailleurs, aurait eu la géniale intuition du transpercement de la main dans le pli de flexion du poignet, à l'encontre de la tradition iconographique qui, depuis des siècles, faisait supporter le poids du corps crucifié par la paume des mains ? Et comment aurait-il eu vent du principe de rétractation du pouce par la suite de la lésion du nerf médian, qui était ignoré par la médecine de cette époque ?

— D'autre part, le mystificateur aurait dû se procurer un drap ayant voyagé autour de la Méditerranée, de Palestine jusqu'en Europe, puisque l'on trouve sur le linge des pollens et des spores provenant de régions méditerranéennes, non seulement du Proche-Orient, mais aussi d'Asie Mineure, de France et d'Italie. On trouvera même les traces d'un coton cultivé au Proche-Orient, le *Gossypium herbaceum*, et des résidus d'aragonite, un carbonate de calcium provenant du travertin – cette pierre de construction propre à certaines villes de la Méditerranée, notamment Jérusalem.

— Enfin, pourquoi ledit faussaire se serait-il escrimé à introduire sur sa toile de vieilles inscriptions de type oriental, qui ne seront découvertes qu'à la fin du XXe siècle, et que seule l'informatique permettra d'étudier grâce aux techniques numériques ? En 1994, l'équipe du professeur

André Marion, de l'Institut d'optique d'Orsay, a émis toutes les hypothèses possibles sur ces inscriptions figurant, à l'origine, sur une *logette* – un cadre de bois destiné à maintenir droite la tête du mort – et datant, selon toute vraisemblance, de l'époque du Christ.

Pas fiable, le carbone 14 ?

Voilà beaucoup de questions, de mystères, d'absurdités. Assez pour que certains chercheurs aient posé, dès 1989, la question de la fiabilité de la méthode de datation par le carbone 14. En bousculant à la fois le « scientifiquement correct » des savants de l'époque et le « religieusement correct » d'une Eglise durablement sceptique.

Mise au point au lendemain de la Seconde Guerre mondiale par le chimiste américain William F. Libby, la méthode de datation par le carbone 14 mesure le temps de désintégration naturelle d'une variété de carbone instable contenu dans toute matière organique. Elle fut utilisée dans des milliers de recherches archéologiques : peintures rupestres, ossements humains, fossiles végétaux, etc. Mais de l'aveu même de son inventeur, si la méthode vaut pour les morceaux de bois ou les résidus de squelettes, elle est beaucoup moins fiable pour les textiles anciens...

Dès sa généralisation, en 1955, on proposa de l'appliquer au saint suaire de Turin. Mais il eût fallu, à l'époque, sacrifier près de 900 centimètres carrés du précieux tissu, ce qui n'était pas envisageable. Puis les conditions de prélèvement ont évolué grâce à une nouvelle technique dite « AMS » (Accelerator Mass Spectrometry) qui n'implique pas la destruction de l'échantillon prélevé : en 1988, moins de 2 centimètres carrés ont suffi à faire les expériences requises par un programme de recherche proposé en 1984 et lancé en 1986 par les chercheurs du STURP.

Or, au fil de sa mise en œuvre, le programme n'a pas été réalisé dans la clarté souhaitée : compétition entre laboratoires, appât du gain, conflits de personnes ont retardé et embrouillé la recherche. Le cardinal Ballestrero a précisé, le 10 octobre 1987, les instructions de la secrétairerie d'Etat (présidée par le cardinal Casaroli), très en retrait par rapport à l'ambition initiale d'un grand programme pluridisciplinaire validé par la Congrégation pour la Doctrine de la foi (présidée par le cardinal Ratzinger) et reposant sur des études contradictoires toutes effectuées « à l'aveugle ». Ces cafouillages ont encore compliqué la démarche. Finalement, le prélèvement s'est fait, le 21 avril 1988, dans une confusion dommageable qui a provoqué, une fois avérée, un légitime climat de suspicion dans les milieux scientifiques.

Par ailleurs, des exemples d'erreurs dans la datation par le carbone 14 – parfois grossières, comme la coquille de cet escargot vivant évaluée vieille de vingt-quatre mille ans – ont été retrouvés, cités, comparés. On a surtout examiné les hypothèses d'éléments exogènes contrariant son utilisation : tremblement de terre, forte chaleur, radioactivité, pollutions diverses, manque de pureté des échantillons, etc. On a aussi rappelé que, depuis le Moyen Age, des millions de cierges allumés par les pèlerins ont brûlé à côté de la relique ! Jusqu'à ébranler définitivement la communauté scientifique : non, décidément, le carbone 14 n'est pas infaillible, et il n'est pas du tout certain que le linceul de Turin date du XIVe siècle...

L'histoire revisitée

Voilà au moins qui a rassuré les scientifiques hongrois. Tous les historiens de ce pays connaissent le *Codex Pray*, un manuscrit de la fin du XIIe siècle conservé à la Bibliothèque nationale de Budapest : ce document contient le plus ancien texte connu écrit en langue hongroise, assorti de miniatures anciennes représentant des scènes de la Passion du Christ. L'une d'entre elles représente les « saintes femmes » devant le tombeau de Jésus, et le fameux linceul. Or, selon nombre d'historiens, certains détails de la reproduction ne trompent pas : l'artiste qui a réalisé cette miniature s'est incontestablement inspiré du linceul de Lirey qui, par conséquent, ne peut dater du XIVe siècle !

Pendant toutes ces années, les historiens n'ont pas ménagé leur peine pour reconstituer le cheminement du linceul avant 1357. Si nul ne dispose du moindre témoignage avant le IVe siècle, période où les premiers chrétiens se cachaient des autorités romaines, on a retrouvé la trace du linge sacré en Palestine, d'abord, puis à Edesse (sud-est de la Turquie), puis à Constantinople où il fut transféré en grande pompe en 944 et où il a été vu, contemplé et vénéré par des milliers de gens jusqu'au sac de la ville par les croisés en 1204. Certains historiens le font réapparaître dès 1205 à Athènes, où l'aurait emporté l'un des chefs de la quatrième croisade, Othon de la Roche, arrière-grand-père de Jeanne de Vergy, épouse de Geoffroy de Charny, seigneur de Lirey...

Une autre découverte troublante a été faite en 2002,

quand on a restauré le linceul : sur la face cachée du linge, on a découvert une couture latérale, à 9 centimètres du bord, conforme à celles trouvées sur des tissus provenant de Massada, la forteresse de Palestine détruite par les Romains en 74 après J.-C.

Enfin, des recherches parallèles ont été récemment menées sur deux autres reliques évoquant la Passion de Jésus. Sur les dizaines de reliques comparables, à l'origine souvent contestable, il en est deux qui paraissent authentiques et qui présentent des détails pour le moins troublants :

— *La Tunique d'Argenteuil*, d'abord. Quand on a cloué Jésus sur la croix, racontent les Evangiles, ses bourreaux se sont partagés ses vêtements mais ont tiré au sort sa tunique, qui était « sans coutures » et qu'il eût été dommage de découper. C'est ce linge en laine, aujourd'hui très abîmé, que l'impératrice Irène de Constantinople offrit à Charlemagne, lequel en aurait fait don à sa fille Theodrade, religieuse au monastère d'Argenteuil, où la relique fut découverte en 1156, puis vénérée par Louis VII, Henri II, Louis XIII, Richelieu et bien d'autres. La tunique a donc traversé, non sans encombres, les invasions normandes, les guerres de Religion et la révolution de 1789. Et c'est en 1934, lorsqu'on eut l'idée de l'examiner et de la photographier aux infrarouges, qu'on a commencé à la comparer scientifiquement avec le saint suaire de Turin.

— *Le suaire d'Oviedo*, ensuite. A Oviedo (Espagne), où il est arrivé en 812, un linge ensanglanté de 84 centimètres sur 53 centimètres, provenant de Jérusalem, de texture proche du linceul de Turin, rappelle lui aussi la Passion de Jésus, plus précisément le suaire qu'on aurait appliqué sur le visage du Christ à sa descente de croix. Que le groupe sanguin soit aussi AB – un groupe très rare correspondant à 4 % de la population – peut être une coïncidence. Mais en superposant ce grand mouchoir et le drap de Turin, les scientifiques ont constaté que soixante-dix taches de sang coïncident. D'autres ont repéré les mêmes pollens incrustés aux fibres des deux linges, notamment des traces de plantes qu'on ne trouve que dans la région de Jérusalem.

Comme si le mystère du saint suaire ne suffisait pas à alimenter les controverses entre scientifiques du monde entier ! La confrontation avec ces deux autres linges, dont les premiers résultats sont plus que déconcertants, ne fait que commencer...

Mystères et fantasmes

Ces contradictions non résolues et ces nouvelles découvertes historiques n'ont pas fait oublier le principal mystère : si le dessin du cadavre n'est pas dû à une peinture quelconque, ce que plus personne ne conteste, quelle technique l'artiste a-t-il utilisé pour reproduire la double image du corps d'un supplicié et de toutes les séquelles de sa mort : taches de sang, de sérum, de sueur, etc. ? Plus les techniques scientifiques se perfectionnent, plus elles révèlent des détails nouveaux qu'aucun faussaire médiéval, fût-il génial, n'aurait même imaginés à son époque.

Ainsi les experts de la NASA, en 1976, ont utilisé leur analyseur d'images VP8, connu pour faire des photos en relief des planètes, afin de confirmer que l'image imprimée sur le drap était *tridimensionnelle* – c'est-à-dire que sa projection permet d'extrapoler une vision en relief parfaitement fidèle. L'image, due à une infime et régulière oxydation de la cellulose du lin, est parfaitement *plane* : elle n'a rien d'une empreinte qui eût été normalement déformée par le relief du corps, celui-ci semblant avoir impressionné le drap tendu comme une pellicule photographique. Quel faussaire aurait eu simplement l'idée de réaliser ce prodige, et dans quel but ?

Alors ? Le linceul de Turin vient-il d'un événement inexpliqué ? Oui. D'un simulacre artificiel ? Non. S'il n'était pas censé avoir enveloppé Jésus, les scientifiques auraient depuis longtemps confirmé la thèse de l'authenticité. Mais le débat est constamment relancé par l'intensité passionnelle et la nature idéologique de cette recherche en tous points extraordinaire. Même si le clivage se fait, peu à peu, entre la recherche sur l'origine de l'objet, et la signification religieuse et théologique de cet objet : admettre que le linceul de Turin est authentique, contrairement à ce qu'espéraient de bonnes âmes, n'en ferait pas une preuve de la résurrection du Christ !

Les avancées de la science génèrent elles-mêmes de nouvelles interrogations, voire de nouveaux fantasmes. En 1998, révèle le romancier Didier Van Cauwelaert, qui s'est passionné pour le sujet, le pape Jean-Paul II a reçu en audience le professeur Leoncio Garza-Valdès, microbiologiste de l'université de San Antonio (Texas). Le savant, qui s'était procuré une fibre du linceul à la faveur des cafouillages de 1988, a mis en garde le Saint-Père contre le risque de clonage du crucifié à l'aide du sang contenu dans le tissu sacré. Déjà, sur Internet, des sectes comme le *Second Coming Project*, en Californie, proposent de tenter ce clonage pour accélérer le retour du Messie sur la terre. Les chimistes, hématologues et autres biologistes ont beau assurer qu'on ne peut cloner personne avec du sang vieux de deux mille ans, l'hypothèse est évidemment vertigineuse.

Un an plus tôt, dans la nuit du 11 au 12 avril 1997, un incendie criminel a failli réduire en cendres le linceul sacré. Grâce à l'obstination et au courage d'un pompier turinois, le suaire avait échappé de justesse aux flammes qui ravageaient la cathédrale. Qui a bien pu vouloir supprimer la relique ? Et dans quel but ?

Une « provocation à l'intelligence »

Dimanche 24 mai 1998. Fête de l'Ascension. Depuis le 18 avril, des centaines de milliers de fidèles défilent quotidiennement devant l'autel central de la cathédrale de Turin où est exposé le saint suaire. Le souvenir de l'incendie criminel est encore dans toutes les mémoires. La crainte d'un acte de folie est dans tous les esprits. Le linceul est enchâssé dans une cage de verre à l'épreuve des balles.

Un peu après 17 heures, ce dimanche-là, un pèlerin pas comme les autres pénètre à petits pas dans la cathédrale. Le pape Jean-Paul II a décidé de profiter de sa troisième visite pastorale dans le Piémont pour aller se recueillir devant le tissu sacré, à l'invitation du nouvel archevêque, Mgr Giovanni Saldarini. C'est un geste historique. Une consécration pour cette pièce de tissu qui suscite tant de fantasmes et de controverses.

Le saint suaire, dit Jean-Paul II dans un discours dont tous les mots ont été pesés au trébuchet, est une « provocation à l'intelligence », mais il ne pose aucun « problème de foi ». L'Eglise n'a rien à dire sur l'authenticité du linceul, elle n'a « pas de compétence spécifique » pour se prononcer sur le sujet. Elle attend des scientifiques qu'ils mènent leurs recherches en toute liberté et qu'ils apportent des réponses concrètes. Mais qu'il soit authentique ou non, le linceul n'est qu'un morceau de tissu. Et on n'adore pas un morceau de tissu, même s'il a enveloppé le corps du Christ !

Si le pape s'agenouille devant le linceul, explique Jean-Paul II ce jour-là, c'est pour vénérer l'« icône de la souffrance d'un innocent », qui, vraie ou fausse, présente une coïncidence « frappante » avec le récit évangélique de la Passion. Les chrétiens contemplent le linceul en tant que *signe* de la souffrance, *miroir* de l'Evangile, *image* de l'amour de Dieu. Sans plus. D'ailleurs, toujours pédagogue, Jean-Paul II n'est pas allé directement contempler le linceul accroché au grand autel central : à son entrée dans la cathédrale, il est d'abord allé prier devant l'autel du Saint-Sacrement pendant cinq bonnes minutes. C'est ce sacrement-là qui « se trouve au centre des attentions de l'Eglise » et qui signifie « la présence véritable, réelle et substantielle du Christ ».

Jean-Paul II a demandé au cardinal Saldarini de programmer une nouvelle ostension pour le Grand Jubilé de l'an 2000, à l'attention spéciale des jeunes qui se rendront aux JMJ romaines. Ce jour-là, à Rome, le pape s'écriera, devant les pèlerins :

— L'Eglise n'a-t-elle pas reçu la mission de faire resplendir le visage du Christ ?

Son message est clair : nul ne doit se priver d'une occasion d'éveiller le « désir de rechercher le visage du Seigneur ». Tout est bon qui rapproche de Dieu. Le linceul est une icône qui mérite vénération. Mais, au regard de la foi, qu'il soit authentique ou non n'a strictement aucune importance.

15

Son Excellence le « banquier de Dieu »

Comment le pape fut mêlé au plus grand scandale financier de l'après-guerre

> « Nul ne peut servir deux maîtres : Dieu et l'argent. »
>
> Luc, 16, 13 ; Matthieu, 6, 24.

Londres, 18 juin 1982. Au bord de la Tamise, sous le pont de Blackfriars, les policiers découvrent au petit matin, pendu à un échafaudage, le corps de Roberto Calvi, 62 ans, directeur d'une grande banque italienne. L'homme a quitté précipitamment l'Italie quelques jours plus tôt, alors que ses affaires tournaient au désastre. Le suicide paraît évident. A un détail près : on trouve, glissées dans les poches de son pantalon, des liasses de dollars et une moitié de brique. C'est un signe maçonnique. Le suicidé a-t-il voulu laisser un message caché ? Quelqu'un a-t-il voulu l'accuser d'appartenir à la franc-maçonnerie ? Si c'est le cas, le plus vraisemblable est qu'il s'agit d'un meurtre. Le nom du pont, Blackfriars, confirme l'allusion : les « frères noirs », en italien, c'est le surnom des maçons. L'énigme est totale : suicide ou meurtre camouflé ? Le crime, si c'est bien un crime, fut-il un sordide règlement de compte entre francs-maçons, ou est-ce justement ce que veulent faire accroire les auteurs de cette mise en scène macabre ?

Le MI-5 commence à peine l'enquête, fin juin, que la banque dirigée par Roberto Calvi, le Banco Ambrosiano, se retrouve en faillite. C'est un énorme scandale : l'Ambrosiano est la première banque privée du pays. Perte annoncée : plus d'un milliard de dollars. Très vite, des créditeurs se manifestent et réclament le recouvrement de leurs créances. Un groupe de plusieurs banques étrangères par la voix de ses mandataires, réclame la restitution d'un apport de 600 millions de dollars en brandissant des « lettres de garantie » émises par... le Vatican ! Stupeur des enquêteurs. Séisme dans les médias britanniques et italiens. Que vient faire le pape dans cette crapuleuse affaire ?

Un scandale retentissant

L'enquête révèle bientôt que l'Istituto per le Opere di Religione (IOR), qu'on appelle aussi la « Banque du Vatican », a bel et bien participé, avec le Banco Ambrosiano de Roberto Calvi, au montage de dix sociétés fictives, presque toutes enregistrées au Panama, dont il était l'actionnaire majoritaire. L'IOR, c'est l'établissement bancaire fondé par Pie XII en 1942 pour gérer l'argent appartenant non pas à l'Eglise, mais à ses « œuvres » : les missions, les congrégations, les mouvements d'action catholique, les employés de la Cité du Vatican, etc. Ses recettes sont multiples. Ses dépenses, opaques. Au Vatican, en général, on ne révèle pas le montant d'un don ou d'un legs, et on reste discret sur l'attribution d'une aide à tel ou tel diocèse du tiers-monde. Quelles sommes la banque gère-t-elle exactement ? Personne ne le sait. Pas même son président, Mgr Paul Marcinkus.

Marcinkus ! Le nom fait le tour des rédactions du monde entier. Interrogé sur ces mystérieux engagements, celui qu'on va surnommer le « banquier de Dieu » déclare que ces étranges sociétés étaient des garanties imaginées par Roberto Calvi en échange de grosses sommes prêtées par le Vatican à l'Ambrosiano. Pour monter ces dix établissements, Calvi avait aussi emprunté 600 millions de dollars à des banques étrangères – qui réclament désormais leur argent – en demandant à Mgr Marcinkus de signer des lettres assurant que le Vatican contrôlait bien ces dix sociétés. La signature d'un des plus proches collaborateurs du pape est évidemment un gage de confiance comme il en est peu : quand le Saint-Siège se porte garant d'une créance, comment douter de sa solidité ?

L'implication de l'IOR dans cet imbroglio ne fait aucun doute. Sans attendre, le cardinal Agostino Casaroli, secrétaire d'Etat, mène alors des négociations visant à dégager au maximum la responsabilité de l'Eglise. Rien ne filtre des premières conversations qui débrouillent péniblement l'écheveau de cette intrigue aux multiples ramifications. Après de rugueux échanges avec les avocats des banques créditrices, Casaroli accepte de les dédommager à hauteur de 244 millions de dollars, à la condition que ce règlement soit définitif et qu'il n'implique aucunement la culpabilité du Vatican. Toute la stratégie du Saint-Siège est là : minimiser son rôle dans le scandale, payer ses dettes au mieux de ses intérêts, et retrouver sa crédibilité morale. Vaste programme.

La tâche de Casaroli est d'autant plus problématique qu'un déluge d'informations plus ou moins fantaisistes, véhiculées par la presse italienne, déferle sur le Vatican. Tout laisse à croire, selon ces témoignages partiels et ces bribes de confidences, que l'IOR et son mystérieux président sont « mouillés » depuis très longtemps dans d'innombrables carambouilles et autres machinations du peu scrupuleux Roberto Calvi.

Ce n'est pas faux. Dès le milieu des années 1970, Calvi a utilisé l'opacité de l'administration vaticane et la respectabilité de l'IOR – établissement extraterritorial hors de tout soupçon – pour renflouer les opérations douteuses de sa propre banque, par ailleurs ostensiblement catholique : longtemps, les personnels embauchés au Banco Ambrosiano durent produire un certificat de baptême ! D'opérations mercantiles en coups de main occasionnels, Calvi a entraîné l'IOR dans des secteurs clefs de l'économie italienne : édition, assurances, régions, etc. Au-delà du raisonnable.

L'un des objectifs de Calvi était d'empêcher le rachat de sa banque, durablement mal en point, en attribuant à l'IOR, *via* des sociétés de façade, une minorité de contrôle (10 % des parts) à la fois inextricable et insoupçonnable. En échange de son concours, l'IOR touchait honoraires, commissions et, bien sûr, intérêts. Son président, Mgr Marcinkus, volontiers hâbleur, n'a jamais caché qu'il s'efforçait de placer son argent là où il pouvait « en gagner un maximum ». Beaucoup l'ont entendu citer sa maxime préférée :

— On ne gère pas l'Eglise avec des *Ave Maria* !

De l'Opus Dei à la Mafia

L'affaire aurait pu n'être qu'une gigantesque magouille financière si les réseaux de Calvi, comme l'enquête va le montrer, n'étaient liés à toutes les affaires louches, parfois retentissantes, de l'Italie post-soixante-huitarde. Les conditions rocambolesques de la faillite de l'Ambrosiano, le spectaculaire « suicide » de son président et l'implication inattendue du Vatican dans ce dossier explosif enflamment les imaginations.

D'abord, en juillet 1982, une étrange déclaration d'un promoteur sarde lui-même en cavale, Flavio Carboni, relayée un mois plus tard par le fils de Roberto Calvi, oriente les regards vers l'Opus Dei. Le patron de l'Ambrosiano ne serait pas allé à Londres pour fuir la justice italienne, comme on le disait alors, mais pour y rencontrer de mystérieux responsables de l'Œuvre de Dieu prêts, selon son héritier, à renflouer son empire. Si le Vatican est impliqué dans le scandale, il est plausible qu'une organisation secrète comme l'Opus Dei soit mêlée à ces combines occultes. Scoop géant ou habile diversion ? La thèse, excitante à souhait, fait le tour du monde. Elle n'a jamais été étayée par le moindre commencement de preuve.

Une deuxième vague de spéculations est due à l'appartenance notoire de Roberto Calvi à la loge maçonnique P2, qui électrise les médias italiens et mobilise durablement les enquêteurs. La loge Propanga Massonica Due fut naguère le pilier du Grand Orient d'Italie, principale obédience du pays, avant de devenir un gigantesque réseau affairiste dont l'aventurier néofasciste Licio Gelli devint « vénérable » en

1975. Anticommuniste viscéral, lié à plusieurs dictateurs sud-américains, Gelli tissa en quelques années une toile de plusieurs milliers de « frères », parmi lesquels figuraient notamment la quasi-totalité des dirigeants des services secrets italiens ! La loge P2 fut mêlée, de près ou de loin, à tort ou à raison, à tous les grands scandales qui agitèrent l'Italie des « années de plomb » : l'assassinat d'Aldo Moro (1978), l'attentat de la gare de Bologne (1980), la tentative d'assassinat de Jean-Paul II (1981), l'enlèvement tragique d'Emmanuela Orlandi, fille d'un employé du Vatican (1983), la mise à jour du réseau anticommuniste international Gladio (1990), etc. De quoi nourrir des centaines d'instructions judiciaires et des milliers d'articles de presse.

Calvi fréquentait donc cette étrange loge où il rencontrait hommes politiques, journalistes, hauts fonctionnaires, banquiers et magistrats. Ainsi, selon sa veuve, un juge milanais membre de la P2 le renseignait-il sur toutes les procédures judiciaires le concernant, et c'est ainsi qu'il prit la fuite juste avant d'être arrêté pour trafic de devises. Que la loge P2 fût impliquée dans le scandale de l'Ambrosiano, cela ne fait guère de doute. Mais rien, dans toutes ces investigations, ne permit de soupçonner le pape Paul VI, ou Mgr Marcinkus lui-même, de collusions criminelles.

Une troisième piste, tout aussi sulfureuse, implique Cosa Nostra, la mafia sicilienne. Cette thèse va se révéler la plus sérieuse. Au printemps 1982, Calvi doit des sommes considérables à la Mafia, et il sait que celle-ci ne lui fera pas de cadeau. Quand il comprend qu'il ne pourra jamais rembourser ce dangereux créditeur, il tente de se faire renflouer d'urgence par Marcinkus, qui refuse – malgré les menaces proférées par le banquier de tout dévoiler à la presse. Il fuit l'Italie pour l'Autriche, puis s'envole pour Londres où l'attend un chef mafieux nommé Francesco di Carlo. Selon les inspecteurs de Scotland Yard, Calvi, aux abois, espère qu'il pourra encore se rattraper grâce à de juteux trafics de drogue. Mais il tombe dans un traquenard : ses peu fréquentables créanciers ont préféré supprimer leur ancien ami – d'abord pour l'empêcher de révéler au grand jour tous leurs secrets communs, ensuite pour envoyer un message à d'autres éventuels débiteurs en délicatesse.

En 2005, en effet, cinq personnes seront accusées du meurtre de Calvi : le mafioso Giuseppe « Pippo » Calo, le gangster Ernesto Diotallevi, le contrebandier Silvano Vittor, l'homme d'affaires Flavio Carboni, et la maîtresse de celui-ci. Tous les cinq seront acquittés en 2007 pour « insuffisance de preuves », mais le procès confirmera que Calvi, de combine en combine, avait bien « égaré » d'énormes sommes d'argent sale que lui avait prêtées Cosa Nostra. Et qu'il a payé cette dette de sa vie.

Mais si le « suicide » de Roberto Calvi a finalement trouvé une explication, aucun des dossiers constitués sur l'affaire n'a répondu à la question subsidiaire : comment l'Eglise s'est-elle trouvée mêlée à cette sinistre guerre de l'ombre ? Pour avoir la réponse, il faut s'arrêter sur la personnalité peu commune du principal protagoniste de ce désastre, l'homme par qui le scandale est arrivé : Mgr Paul Marcinkus.

Les trottoirs de Chicago

Paul Casimir Marcinkus est né en 1922 à Cicero, une banlieue pauvre de Chicago peuplée d'immigrés polonais, tchèques, irlandais, etc. C'est le quartier où a vécu Al Capone – la mère de ce dernier habitait là, dans la 16e Rue. C'est évidemment une coïncidence, mais ce clin d'œil du destin va peser longtemps sur l'image du « banquier de Dieu » qui joua au ballon sur les trottoirs de Cicero avec d'autres fils d'immigrés devenus, eux, de vrais mafiosi.

Casimir, son second prénom, est celui du saint patron de la Lituanie : c'est depuis ce lointain pays balte que le père Marcinkus a émigré en Amérique en 1914, comme beaucoup de ses compatriotes, pour y devenir laveur de carreaux. A Chicago, il a retrouvé une jeune fille de sa terre d'origine à laquelle il fit cinq enfants. Paul est le quatrième.

A 13 ans, le petit Paul veut devenir prêtre. Il passe son bac au grand séminaire de Sainte-Marie-du-Lac à Muderlein (Illinois), où il laisse le souvenir d'un sportif accompli. Ordonné prêtre en 1947, il baptise, il enterre, il catéchise dans une paroisse de Chicago avant de partir pour Rome se spécialiser dans le droit canon. En 1952, il est invité à entrer dans la section anglaise de la secrétairerie d'Etat, puis à l'Académie pontificale pour le clergé et la noblesse. C'est une chance inespérée pour ce garçon qui n'a pas de fortune, qui n'est ni un génie ni un érudit – ses interlocuteurs notent la pauvreté de son vocabulaire – et qui ne vient pas, loin de là, d'une grande famille aristocratique italienne...

Envoyé comme nonce en Bolivie, puis muté à Ottawa, il réintègre bientôt la secrétairerie d'Etat, à Rome, où son travail consiste à traduire en anglais la correspondance du pape Jean XXIII, comme d'autres, dans le même temps, la traduisent en espagnol, en français ou en allemand. Energique, levé à 6 heures chaque matin, Marcinkus, cette force de la nature, ne peut se contenter d'un travail de bureau, et multiplie les activités pastorales et relationnelles ; il joue au tennis, pratique le golf avec assiduité. Il fume volontiers le cigare et circule dans une immense Chevrolet qui plaît beaucoup aux petits Romains auxquels il enseigne le baseball. Les jeunes resteront sa passion toute sa vie.

Au début du concile, en octobre 1962, trois cents évêques américains débarquent à Rome. Beaucoup sympathisent avec ce compatriote rompu aux arcanes de la Ville Eternelle – ses magasins, ses *trattorias,* ses médecins, son administration. Marcinkus rend mille et un services, il se fait des relations. En 1963, il fait construire un immeuble dédié aux prélats américains en visite à Rome, la villa Stritch – du nom d'un ancien archevêque de Chicago. Il en devient le premier recteur et, à ce titre, côtoiera pendant des années toutes les éminences nord-américaines de passage au Vatican.

En 1964, Paul VI, à qui Marcinkus a donné quelques leçons d'anglais, l'associe à la préparation de son voyage à Bombay, ville anglophone. C'est le premier grand voyage du pape. Toute la logistique, qui deviendra routine sous Jean-Paul II, est encore à inventer. Marcinkus étonne par son sens de l'organisation, mais aussi par son courage physique. A la fois interprète, garde du corps et homme à tout faire, il se rend indispensable. Il est associé à tous les autres voyages de Paul VI : ONU, Fatima, Turquie, Colombie, Genève, Ouganda, Extrême-Orient. Paul VI prend en affection ce colosse de 1,96 mètre qui l'a déjà tiré physiquement, à deux reprises, de situations dangereuses.

— Je m'étais sans doute trop approché du pape, raconte

ce photographe familier des voyages apostoliques. Un ecclésiastique taillé comme un rugbyman m'agrippa soudain par le blouson et me fit voler, malgré mon quintal, derrière la barrière de sécurité : c'était Marcinkus !

Marcinkus n'est pas un *monsignor* comme les autres. Il est direct, bourru, plein de bon sens, pragmatique et... fort peu diplomate. C'est, dit un proche du pape, « le seul prêtre de la Curie qui n'ait pas peur de dire non à un cardinal » ! Déjà ses manières peu raffinées choquent certains *porporati* : à New York, juste avant le discours de Paul VI à l'ONU, il pique une colère contre un cardinal qui s'offusquait que les agents de sécurité tournent irrespectueusement le dos au pape pendant son discours pour surveiller la salle ! A Bogota, au moment de l'arrivée du Saint-Père, il se heurte durement à Mgr Benelli, le puissant substitut de la secrétairerie d'Etat, pour des problèmes subalternes de sécurité. Ces heurts laisseront des traces.

Au risque de se salir les mains

En 1969, son sort bascule. Pour remplacer le vieux cardinal Alberto di Jorio, président de l'IOR, Paul VI propose le nom de Marcinkus. Quoi de mieux qu'un Américain débrouillard et sans complexes pour gérer les affaires d'argent dont aucun prélat, à Rome, ne veut s'occuper ? Personne n'ose contester le choix du pape. Pourtant, l'heureux élu n'a aucune compétence en la matière. Marcinkus lui-même affirmera plus tard que sa seule expérience financière fut celle de la quête de la messe dominicale dans sa paroisse de Chicago, et qu'il a voulu refuser le poste :

— Pourquoi ne prenez-vous pas quelqu'un d'autre, je n'ai aucune expérience de la banque !

— Vous aurez juste à surveiller...

Il est vrai qu'en principe, le président de l'IOR ne s'occupe pas lui-même des transactions et se contente de superviser cet organisme de second rang, compliqué mais nécessaire, qui gère les comptes des ordres religieux et des associations catholiques. Dans l'Eglise, à quelque niveau que ce soit, on déteste parler argent. Voilà deux mille ans que cela dure. Discuter avec un banquier, négocier un prix, obtenir un prêt, exiger un dû, réduire une dépense, dégager une recette, on ne sait pas faire. Les rares prêtres qui acceptent d'assumer ces tâches ingrates, au risque de se salir les mains, sont une bénédiction pour cette institution qui brasse des sommes pourtant rondelettes. Tout est d'ailleurs relatif quand on parle des « richesses » de l'Eglise : dans les années 1990, le budget du Vatican est de 1,2 milliard de francs, soit quatre fois moins que le seul budget de fonctionnement de la Communauté européenne. Et puis, jamais, depuis que le Saint-Siège a retrouvé son autonomie en 1929, le Vatican n'a connu de problèmes financiers.

Or, les temps changent. Depuis le concile Vatican II, les dépenses générales ont crû de façon vertigineuse : tous ces synodes épiscopaux, ces dicastères nouveaux, ces commissions à réunir, ces nonciatures à installer, ces efforts faits en matière de communication, sans parler des voyages apostoliques au bout du monde, tout cela coûte fort cher. Il a fallu trouver de nouvelles sources de financement, rationaliser les budgets et mettre à contribution les diocèses, notamment dans les deux pays où l'Eglise est le plus riche : l'Allemagne et les Etats-Unis. En 1981, Jean-Paul II a créé un conseil de quinze cardinaux chargés de rationaliser la comptabilité générale. Parmi ceux-ci, bien sûr, un Allemand (Höffner, archevêque de Cologne) et un Américain (Krol, archevêque de Philadelphie). Qu'un autre Américain fût promu à la tête de l'IOR n'était pas totalement le fruit du hasard.

Marcinkus part faire un stage de quelques jours à la Chase Manhattan (à New York) puis à la Continental Bank (à Chicago), où on lui explique ce qu'est une action, une lettre de change, un crédit à long terme. Le reste, dit-il, est « une question d'organisation ». Sa secrétaire, Vittoria Marigonda, avec laquelle il collaborera près de vingt ans, a travaillé auparavant pour une société de bourse : elle saura guider son patron dans ce vocabulaire nouveau.

En 1981, Marcinkus se voit confier, en sus, le poste de vice-gouverneur de la Cité du Vatican : pour les responsables de la Curie, la gestion des finances et l'organisation du *Governatorato* du Vatican (musées, parc automobile, supermarché, bâtiments, pharmacie, jardins, salaires des personnels), c'est un peu la même chose. On répète alors qu'il n'a pas les qualifications suffisantes, mais à l'époque, qui, au sein de la Curie, possède ces qualifications ?

Occasionnellement, Marcinkus reste chargé de l'organisation des derniers voyages de Paul VI. Celui-ci ne voyage pas autant que le fera plus tard Jean-Paul II : cumuler les deux charges n'est pas insurmontable. Cela lui permet de rester en contact direct avec le pape, d'entretenir ses relations au sommet de l'appareil, et de veiller au grain. Mais cela lui vaut aussi critiques acerbes et rumeurs malveillantes : qu'un non-Italien disposât de tant de pouvoir à Rome indisposait certains membres de la Curie.

Combien de personnes, alors, savent que cette image du prélat puissant, solitaire et controversé – image qu'il se plaisait à entretenir – en cachait une autre : celle d'un homme incompétent, négligent et irresponsable ?

Mauvaises fréquentations

Quand il a pris ses fonctions à l'IOR, en 1969, Paul Marcinkus a fait la connaissance d'un ancien self-made man sicilien devenu banquier, Michele Sindona. L'homme se vante d'être proche de Paul VI qu'il a côtoyé naguère, à Milan, dans les mouvements d'action catholique. Il a conseillé le pape, en effet, quand la nouvelle législation italienne a contraint l'IOR à devenir une banque indépendante, non soumise au fisc italien. Puis il s'est incrusté en continuant de « rendre des services ». Marcinkus admire Sindona et sa maîtrise des circuits financiers. Il n'imagine pas que son sympathique interlocuteur est proche de la Mafia – selon certaines sources, il en est même l'un des grands argentiers – et que son activité de conseil sert d'abord les intérêts de sa propre banque, la Banca Unione de Milan.

Les méthodes de Sindona aboutissent, en 1975, à une faillite frauduleuse et spectaculaire – des fausses actions contrefaites au Vatican pour le compte de la Mafia – qui, déjà, entraîne l'IOR dans l'opprobre. En coulisse, certains prélats commencent à reprocher onctueusement à Marcinkus ses amis douteux, ses réseaux personnels, ses combines scabreuses. Marcinkus ne bronche pas – il sort de cette affaire blanchi par le FBI – et, malgré les critiques qui commencent à pleuvoir sur sa gestion, garde sa confiance à son ami Sindona. Il n'imagine pas que celui-ci va finir empoisonné dans la cellule d'une prison de Vénétie, en 1986, par un café au cyanure !

Ce que Marcinkus ignore aussi, c'est que Sindona est un proche de Licio Gelli, le grand maître de la loge P2 : c'est en perquisitionnant un jour de mars 1981 la villa du banquier sicilien que la police italienne met la main sur une liste de neuf cent vingt-six noms qui confirme que la Propaganda Due est devenue un carrefour d'intérêts financiers, de services réciproques et de secrets inavouables. C'est Sindona, du reste, qui a présenté à Marcinkus un certain Roberto Calvi, directeur adjoint du Banco Ambrosiano... et membre de la loge P2.

Après la mort de Calvi, Marcinkus dément avoir rencontré Calvi plus de « deux ou trois fois ». Ce n'est pas exact. Pendant plusieurs années, Sindona et Calvi ont entretenu avec Marcinkus des relations mi-professionnelles mi-amicales. Ils ont compris que le prélat américain est un novice, qu'il ne connaît pas grand-chose aux affaires, mais qu'il fait à peu près ce qu'il veut des fonds de sa banque. Et qu'il joue au golf avec les principaux dirigeants de la puissante conférence épiscopale américaine, le cardinal Krol (Philadelphie) et le cardinal Cody (Chicago). Avec la complicité de Licio Gelli, ils se servent de lui – de ses amitiés intéressées et de ses facilités de crédit – pour promouvoir Calvi à la tête du Banco Ambrosiano en 1975. Calvi réalise ainsi le rêve de sa vie. Il veut réussir à tout prix, et ne lésine pas sur les méthodes : blanchiment d'argent, sociétés écrans, mouvements factices sur certains cours de la Bourse de Milan, etc.

Avec l'aide de Sindona, Calvi a profité de la candeur de Marcinkus pour mouiller le Vatican dans sa tentative de redressement, qui ne pouvait réussir qu'avec la complicité passive et benoîte du grand argentier du Saint-Siège. En échange de son soutien, Marcinkus avait demandé à Calvi une lettre dégageant le Vatican de toute responsabilité, ce qui ne coûtait pas cher. Pour Marcinkus, il fallait aider l'Ambrosiano pour la simple raison que l'IOR y possédait nombre de créances – quitte à entrer dans un jeu peu recommandable, et à mettre en péril les retraites des personnels du Saint-Siège !

Protégé par Jean-Paul II

C'est dire si l'Eglise, en 1982, est impliquée dans le scandale de l'Ambrosiano. Au point que la justice italienne, l'année suivante, en vient à inculper les trois principaux responsables de l'IOR : Mgr Marcinkus, le président ; Luigi Mennini, le vice-président ; et Pellegrino de Stroebel, le chef comptable. Mais les trois inculpés ne répondront pas à la mise en demeure, et resteront protégés par l'épaisseur des murs de la Cité du Vatican, Etat souverain, donc inviolable, où ils se terrent avec la complicité tacite du pape !

Quand Jean-Paul II a été élu, il a pris en affection Paul Marcinkus. D'abord parce qu'il est lituanien, et que le pape polonais voue à ce pays une affection particulière : sa propre mère n'avait-elle pas des origines lituaniennes ? Ensuite, dans un univers où l'on chuchote beaucoup dans les couloirs, où la litote assassine est reine, où la charité chrétienne n'est pas toujours de mise, cet Américain au langage direct et aux manières brutales plaît au Polonais. Enfin, Karol Wojtyla ne déteste rien comme l'injustice, la rumeur ou, pis, le lynchage médiatique :

— La presse est vraiment trop cruelle *(sic)* avec lui. Tant qu'on n'aura pas donné de preuves de ce qu'on lui reproche, il restera à son poste !

De là à couvrir un évêque poursuivi par la justice italienne, il y a une marge – que Jean-Paul II franchit sans scrupule. Une nouvelle inculpation rattrape Mgr Marcinkus en 1986 : le pape continue de faire la sourde oreille. Pour sa défense, le Vatican argue toujours que l'IOR jouit de l'extraterritorialité. Depuis les accords du Latran, la Cité du Vatican instruit ses propres affaires et juge ses citoyens. D'ailleurs, il n'y a pas d'accord d'extradition entre l'Italie et le Saint-Siège. Jean-Paul II gardera en place Marcinkus, au moins fictivement, jusqu'à l'abandon des poursuites contre lui, en mars 1989.

Le pape polonais ne s'est jamais intéressé aux comptes. La seule chose qui lui importait était de pouvoir glisser des enveloppes de 50 000 ou 80 000 dollars à tel ou tel évêque du tiers-monde venu plaider sa cause à Rome. C'est le président de l'IOR qui apportait lui-même les sacoches, à la demande du secrétaire Stanislaw Dziwisz, par l'ascenseur, jusque dans son bureau au troisième étage du palais apostolique. Ou qui fournissait directement telle ou telle éminence en partance pour tel ou tel diocèse d'Afrique...

En 1990, sur le conseil de son entourage, le pape polonais acheva de réformer les pratiques financières du Vatican, et confia notamment au cardinal Szoka – encore un Américain – la préfecture des Affaires économiques du Saint-Siège, avec deux mots d'ordre très simples : *profes-*

sionnalisation et *transparence*. Les deux qualités qui manquaient le plus à Mgr Marcinkus. Le successeur de celui-ci à la tête de l'IOR, Angelo Caloia, lui-même banquier milanais, dira de lui :

— C'était un type superficiel qui se contentait de l'à-peu-près, sans doute mal conseillé, mais d'une honnêteté personnelle absolue...

Plus personne n'entendra parler du « banquier de Dieu ». Reparti aux Etats-Unis où il est redevenu « simple prêtre », Marcinkus mourra en février 2006, à 84 ans, dans un faubourg de Phoenix, Arizona. Emportant, sans nul doute, quelques secrets inédits dans la tombe...

16

Le troisième secret de Fatima

Qu'avait vraiment révélé la Vierge aux trois bergers portugais ?

« Je ne sais pas qui a armé le bras du tueur, mais je sais qui a dévié la balle... »

Jean-Paul II.

« Ceux qui attendaient des révélations apocalyptiques excitantes sur la fin du monde vont être déçus... »

Cardinal Joseph Ratzinger.

Rome, 14 mai 1981. Il est un peu plus de midi. Au dixième étage de l'hôpital Gemelli, le pape Jean-Paul II reprend connaissance. Assis près de son lit, son secrétaire, Stanislaw Dziwisz, lui raconte qu'après l'attentat de la place Saint-Pierre, la veille, il a subi une longue et dramatique opération, qu'il est passé très près de la mort, que le monde entier est suspendu aux nouvelles de sa santé, que les médecins sont plutôt optimistes. Le pape écoute, encore très affaibli.

Dziwisz, au passage, lui fait remarquer que l'événement de la veille a eu lieu le jour anniversaire de la première apparition de Fatima, le 13 mai 1917. La remarque intéresse le Saint-Père. La coïncidence le frappe. Jean-Paul II n'est jamais allé à Fatima, il connaît mal cette histoire d'apparitions, mais il vénère tant la Sainte Vierge ! Il demande à Dziwisz de lui apporter un dossier sur le sujet. Les premiers visiteurs du pape alité – le cardinal Confalonieri, le cardinal Pironio, mais aussi tel ou tel ami venu de Pologne – s'étonneront de le voir plongé dans la documentation que Dziwisz, sans attendre, lui a fait préparer. C'est Mgr Paul Hnilica, un évêque slovaque passionné par le sujet, qui lui a constitué le dossier. Le pape est vite fasciné par l'aventure extraordinaire de ces trois pastoureaux portugais auxquels la Vierge a délivré un message qui, pense-t-il, pourrait bien le concerner directement.

« Cela, ne le dites à personne »

C'est le 13 mai 1917, en fin d'après-midi, que le petit Francisco Marto (9 ans), sa sœur Jacinta (7 ans) et sa cousine Lucia dos Santos (10 ans) ont vu apparaître au-dessus d'un chêne vert de la Cova da Iria, près du village de Fatima, dans le diocèse de Coïmbra, une « dame vêtue de soleil », très belle, tenant un chapelet à la main. Elle leur a donné rendez-vous pendant six mois, le 13, toujours à la même heure. A six reprises, la Vierge a tenu aux trois gosses des propos compliqués et effrayants, mêlant exigences catéchétiques et prophéties apocalyptiques – que des enfants de cet âge ne pouvaient ni comprendre ni inventer – jusqu'à provoquer un « miracle » collectif, le 13 octobre, où quelque soixante-dix mille personnes ont vu « danser le soleil ». Hallucination collective, manipulation géniale ou signe du Ciel ?

Le contexte politique dans lequel le Portugal se débat à l'époque explique le scepticisme qui a longtemps entouré le phénomène : alors que la guerre fait rage en Europe, la République vient d'être proclamée à Lisbonne, au grand dam d'une Eglise hier toute-puissante et brutalement confrontée à un anticléricalisme triomphant. Quoi de plus efficace qu'un miracle pour rasséréner les fidèles déconcertés ? Les autorités ecclésiastiques, alertées par l'évêque local, se gardent bien d'authentifier le phénomène. L'Eglise a appris à être prudente sur ces sujets peu rationnels – apparitions, visions, stigmates, signes surnaturels – qu'elle a toujours laissés à la dévotion des fidèles sans jamais les intégrer à la Révélation.

L'évêque du lieu, Mgr José Alves Coreira da Silva, se sent un peu seul. Il ne tarde pas à acheter le terrain alentour, à y bâtir une chapelle et à aménager une esplanade où les fidèles se font de plus en plus nombreux. Mais il attend 1922 pour déclencher le « procès » en reconnaissance des apparitions. A Rome, le vieux pape Benoît XV ne réagit pas. Son successeur, Pie XI, prend son temps. Le 1er novembre 1926, le Vatican envoie discrètement le nonce Gaetano Nicotra à Fatima : celui-ci est ébranlé par l'évidente piété qui imprègne le lieu, pourtant difficile d'accès. Son rapport est favorable. En janvier 1927, le pape donne aux prêtres et aux pèlerins l'autorisation d'aller prier la Vierge à Fatima puis, en octobre 1930, autorise officiellement le culte. Huit années se sont écoulées depuis l'ouverture de l'enquête.

Comme la Vierge le leur avait prédit, Francisco et Jacinta sont morts très jeunes. Lucia, restée seule, a été envoyée comme novice au couvent Santa Dorotea de Tuy, en Galice espagnole, où elle a plusieurs nouvelles visions. Le 17 décembre 1927, elle entend Jésus lui ordonner d'écrire ce que la Madone leur a dit, à tous les trois, ce 13 juillet 1917 où elle a notamment demandé, pour éviter bien des maux à l'humanité, que l'on rétablisse le rituel de « la communion réparatrice des premiers samedis » et que l'on « consacre la Russie à son cœur Immaculé ». A l'époque, les trois petits bergers, analphabètes, ne savaient même pas ce qu'était la « Russie » : Lucia, plus tard, expliquera qu'ils pensaient que c'était le nom d'une femme pécheresse pour laquelle il leur fallait se sacrifier...

Ce mémorable 13 juillet, la « dame » leur a révélé trois « secrets ». Le premier, tel que Lucia l'a couché une première fois sur le papier – mais son confesseur, le père Gonçalves, lui ordonna, dit-on, de brûler cette première version – consiste en une vision menaçante de l'enfer, « grande mer de feu » où les démons et les âmes, telles des « braises transparentes ayant forme humaine », flottent dans un épouvantable incendie « avec des cris et des gémissements de désespoir ». Un deuxième récit suit cette description terrifiante et annonce une nouvelle guerre, encore pire que celle de 1914-1918, et de terribles persécutions contre l'Eglise. C'est à la fois pour éviter ces malheurs et pour sauver les âmes de l'Enfer que la Vierge demande que l'on restaure le rite de la communion le premier samedi de chaque mois et que l'on consacre la Russie à son « Cœur

Immaculé », faute de quoi la Russie « répandra ses erreurs à travers le monde », provoquant des guerres, persécutant l'Eglise et détruisant « diverses nations ».

Le récit s'arrête là. Lucia explique à son évêque qu'elle ne peut révéler la troisième partie des propos de la Vierge. Après avoir ajouté qu'« au Portugal se conserverait toujours le dogme de la foi », l'apparition a précisé aux enfants : « Cela, ne le dites à personne ». Et, ce 17 décembre 1927, Lucia a cru entendre Jésus lui confirmer : « Le reste du secret, garde-le sous silence. » C'est cette dernière partie de la prophétie qui va constituer le « troisième secret » de Fatima.

Trois secrets dont un

Dix ans plus tard, Lucia a prononcé ses vœux perpétuels et s'appelle désormais sœur Marie des Douleurs. Elle n'a jamais cessé de demander à ses confesseurs d'avertir le pape. Au Portugal, les visions de Fatima sont désormais prises au sérieux par les évêques qui, le 13 mai 1931, suivant à la lettre les prescriptions de la Vierge, ont consacré solennellement le monde et le Portugal au Cœur Immaculé de Marie. En 1936, au moment où l'Eglise espagnole est victime d'une guerre civile qui s'annonce longue et meurtrière, ils prient la Vierge de préserver le Portugal de ces atrocités et promettent de revenir à Fatima en pèlerinage d'action de grâces – ce qu'ils feront le 13 mai 1938, devant 500 000 fidèles.

C'est à cette époque que l'évêque de Leira, Mgr José Alves Coreira da Silva, écrit personnellement à Pie XI pour lui communiquer les demandes de la Vierge telles que Lucia les lui a rapportées. Pie XI, vieux et malade, ne lui répond pas. En revanche, son secrétaire d'Etat, Eugenio Pacelli, est très attentif à ces curieuses prophéties venant du fin fond du Portugal et portant sur la paix et la guerre. Le futur Pie XII a été ébranlé par une coïncidence : le premier jour des apparitions de la Vierge à ces petits bergers portugais, le 13 mai 1917, il était lui-même ordonné évêque, à Rome, à la chapelle Sixtine, des mains du pape Benoit XV. Il confiera plusieurs fois à des proches qu'il « ne cessait de penser aux confidences faites par la Vierge à la petite Lucia de Fatima ».

L'évêque de Leira n'ignore pas ce détail. Quand il apprend que Pacelli a été élu pape, il autorise Lucia à lui écrire directement pour tout lui raconter. Le texte que la voyante rédige alors, et qu'elle remet à son évêque le 31 août 1941, mentionne les prophéties de la Vierge dans les termes suivants :

« Le secret comporte trois choses distinctes, et je vais en dévoiler deux. La première fut la vision de l'Enfer. Notre Dame nous montra une grande mer de feu, qui paraissait se trouver sous la terre et, plongés dans ce feu, les démons et les âmes, comme s'ils étaient des braises transparentes, noires ou bronzées, avec une forme humaine. Ils flottaient dans cet incendie, soulevés par les flammes, qui sortaient d'eux-mêmes, avec des nuages de fumée. Ils retombaient de tous côtés, comme les étincelles retombent dans les grands incendies, sans poids ni équilibre, avec des cris et des gémissements de douleur et de désespoir qui horrifiaient et faisaient trembler de frayeur. Les démons se distinguaient par leurs formes

horribles et dégoûtantes d'animaux épouvantables et inconnus, mais transparents et noirs. Cette vision dura un moment, grâce à notre bonne Mère du Ciel qui auparavant nous avait prévenus, nous promettant de nous emmener au Ciel [à la première apparition]. *Autrement, je crois que nous serions morts d'épouvante et de peur.* »

La religieuse poursuit :

« *Ensuite nous levâmes les yeux vers Notre Dame, qui nous dit avec bonté et tristesse : Vous avez vu l'Enfer où vont les âmes des pauvres pécheurs. Pour les sauver, Dieu veut établir dans le monde la dévotion à mon Cœur Immaculé. Si l'on fait ce que je vais vous dire, beaucoup d'âmes seront sauvées et on aura la paix. La guerre va finir. Mais si l'on ne cesse d'offenser Dieu, sous le pontificat de Pie XI, en commencera une autre pis encore. Lorsque vous verrez une nuit illuminée par une lumière inconnue, sachez que c'est le grand signe que Dieu vous donne, qu'Il va punir le monde de ses crimes par le moyen de la guerre, de la faim et des persécutions contre l'Eglise et le Saint-Père. Pour empêcher cette guerre, je viendrai demander la consécration de la Russie à mon Cœur Immaculé et la communion réparatrice des premiers samedis. Si on accepte mes demandes, la Russie se convertira et on aura la paix ; sinon elle répandra ses erreurs à travers le monde, provoquant des guerres et des persécutions contre l'Eglise. Les bons seront martyrisés, le Saint-Père aura beaucoup à souffrir, diverses nations seront détruites. A la fin, mon Cœur Immaculé triomphera. Le Saint-Père me consacrera la Russie, qui se convertira, et il sera concédé au monde un certain temps de paix..* »

Pie XII est ému par ces récits. Il prend très au sérieux les demandes persistantes portant sur la « communion réparatrice des premiers samedis » – un rite qu'il restaure aussitôt – et sur la « consécration de la Russie au Cœur Immaculé de Marie ». Il va procéder solennellement, à Saint-Pierre de Rome, le 8 décembre 1942, à la consécration du monde au Cœur Immaculé de Marie : il ne cite pas explicitement la Russie – qui résiste alors désespérément à l'invasion nazie – mais fait une allusion aux « peuples séparés par l'erreur ou la discorde, où les icônes à la Vierge sont cachées et gardées pour de meilleurs jours ».

Pour le reste, Pie XII lui-même n'en sait pas davantage. Comme elle l'avait dit à son évêque, comme elle l'avait écrit au pape, Lucia a gardé le « troisième secret » pour elle.

« Pas avant 1960 »

En juin 1943, dans son couvent espagnol, la voyante tombe gravement malade, victime d'une pleurésie. On pense qu'elle va mourir. Inquiet, l'évêque Da Silva lui suggère de rédiger la troisième partie de la prophétie, puis, face aux réticences de la malade, lui en donne l'ordre par écrit. Après une longue hésitation, entre le 2 et le 9 janvier 1944, la religieuse rédige « par obéissance » le texte sur quelques feuilles de papier qu'elle plie et glisse dans une enveloppe qu'elle envoie, cachetée, à l'évêque le 17 juin 1944 : le prélat la place dans une seconde enveloppe, scellée à la cire, sur laquelle il écrit : « A remettre à SE le cardinal don Manuel, patriarche de Lisbonne, après ma mort – Leira, 8 décembre

1945 » avant de signer : « José, évêque de Leira ». Puis il la range dans le coffre-fort du palais épiscopal. Lucia précise qu'en tout état de cause, le document ne doit pas être ouvert « avant 1960 ».

Lorsque le cardinal Ottaviani, pro-secrétaire du Saint-Office, vient lui rendre visite en 1955 au carmel Santa Teresa de Coïmbra, où elle vit désormais sous le nom de sœur Lucie du Cœur Immaculé, il l'interroge :

— Pourquoi cette date ?

— Parce que alors tout paraîtra plus clair.

Etrange réponse. Quand le cardinal rentre à Rome, perplexe, il en réfère à Pie XII. L'intérêt de celui-ci pour Fatima n'a pas diminué, bien au contraire. Le 30 octobre 1950, à quelques jours de la proclamation solennelle du dogme de l'Assomption de Marie, le pape a vécu personnellement, dans les jardins du Vatican, le « miracle » qui avait clôt le cycle des apparitions de Fatima en 1917, le globe du Soleil tournant mystérieusement sur lui-même. A quatre reprises, cet automne-là, le pape a observé ce curieux phénomène qu'il a décrit méticuleusement au cardinal Federico Tedeschini – auquel il demanda de le représenter à la cérémonie de clôture de l'Année sainte, à Fatima, le 13 octobre 1951, en présence d'un million de fidèles. Un an plus tard, le 7 juillet 1952, Pie XII procède à une nouvelle consécration du Cœur Immaculé de Marie mais en citant nommément, malgré la guerre froide, « tous les peuples de la Russie ».

En 1957, l'évêque de Leira reçoit l'ordre d'envoyer au Vatican tous les écrits de Lucia « en l'état ». Est-ce Pie XII qui en a exprimé le désir ? Est-ce Ottaviani, dévoré par la curiosité après son séjour à Fatima ? On ne le saura jamais.

Le prélat, obéissant, prépare une photocopie du texte de 1941, qui n'est plus un mystère depuis longtemps, et ressort la fameuse enveloppe cachetée contenant le « secret ». En mars, son auxiliaire, Mgr Joao Pereira Venancio, emporte le tout à la nonciature. Discrètement, il regarde l'enveloppe en transparence, mais il distingue à peine quelques lignes qu'il ne peut déchiffrer. Le 16 avril, le document part pour Rome, où Ottaviani le réceptionne et le dépose aux Archives secrètes du Saint-Office.

Quelques mois plus tard, Pie XII meurt. Il n'a pas pris connaissance du secret : il n'existe aucune trace d'une quelconque demande, consultation ou entrevue à ce sujet. Le cardinal Roncalli, qui le remplace sous le nom de Jean XXIII, connaît Fatima pour y être allé en pèlerinage, le 13 mai 1956, comme patriarche de Venise. A l'égard de ces apparitions, Jean XXIII n'a ni la prévention de Pie XI ni la dévotion de Pie XII. Mais il se demande, à son tour, pourquoi Lucia a fixé à « 1960 » la date d'ouverture du secret. Or cette année fatidique approche...

Le 17 août 1959, un collaborateur du cardinal Ottaviani, le père Pierre-Paul Philippe, apporte discrètement le document au pape. Celui-ci a décidé de décacheter l'enveloppe et d'en prendre connaissance en présence d'un témoin : son confesseur, Mgr Alfredo Cavagnat. Mais le texte est dans un portugais difficile à lire, et il fait venir un traducteur de la secrétairerie d'Etat, Mgr Paulo José Tavarès. Jean XXIII découvre le texte, et reste silencieux. Puis il rédige une note personnelle qu'il glisse dans l'enveloppe, et range le document dans le bureau de ses appartements privés.

Fantasmes, rumeurs et manipulations

Le 13 mai 1960, jour anniversaire des apparitions, beaucoup d'observateurs s'attendent que Jean XXIII révèle le contenu du document. En vain. Certes, le 8 octobre 1961, il prie la Vierge de Fatima, dans une lettre, pour la réussite du concile Vatican II. Mais c'est tout. Le « bon pape Jean » meurt en avril 1963 sans avoir rien révélé. Trop occupé par la préparation du concile qu'il a convoqué, s'est-il désintéressé du secret de Fatima ? Ou a-t-il sciemment décidé d'enterrer le sujet ?

Le futur cardinal Silvio Oddi, futur président de la Congrégation du clergé, qui avait été le secrétaire de Roncalli à Paris, avait osé poser la question au vieux pape malade. La réponse de Jean XXIII fut sèche :

— Ne me parle plus de cela !

— Mais, Très Saint-Père, on ne peut empêcher les gens d'en parler.

— Je t'ai dit de ne plus m'en parler !

Oddi, intrigué, pense alors, comme tout le monde, que ce secret doit être terrible pour être ainsi occulté par le pape lui-même ! Vingt ans plus tard, il ira voir Lucia au carmel de Coïmbra, en marge du pèlerinage qu'il préside à Fatima en mai 1985. La sœur lui explique que Jean XXIII a pensé, comme Jean-Paul II lui-même lors de leur tête-à-tête de mai 1982, que ce secret « pouvait être mal interprété ». Conclusion d'Oddi : « Ce doit être vraiment grave ! » Quoique, pense le prélat, s'il s'agit de la crise de l'Eglise, elle est là, visible par tous...

Le silence de Jean XXIII a étonné les Portugais, intrigué les connaisseurs, et relancé spéculations absurdes et fantasmes divers. Déjà, en mai 1958, après une visite à sœur Lucia, l'abbé mexicain Agustin Fuentes, vice-postulateur de la cause des petits Francisco et Jacinta appelés à être béatifiés, avait expliqué que le « secret » était apocalyptique : la justice de Dieu allait s'abattre sur le monde, beaucoup de nations devaient disparaître, la fin était proche, etc. Au point que l'évêché de Coïmbra dut publier, le 2 juillet 1959, un démenti formel de sœur Lucia, furieuse d'avoir été abusée par le prêtre !

Après la mort de Jean XXIII, l'agence de presse Asian News International croit bon de titrer : « Vatican : Il est probable que le secret de Fatima ne sera jamais rendu public ». Tous les médias vont désormais dans ce sens et relancent les rumeurs. On voit apparaître, dans certains journaux, des « spécialistes du secret de Fatima ». Chacun y va de son commentaire, de sa confidence, de son explication. Ainsi, le 15 octobre 1963, le *Neues Europa* de Stuttgart affirme, sous la signature de Louis Emrich, que le pape Paul VI a envoyé le texte du « secret » à John Kennedy, Harold Macmillan et Nikita Khrouchtchev, pour les inciter à arrêter la course au nucléaire ! Le cardinal Ottaviani, seule autorité qui puisse alors le faire, dément la rumeur, qu'il qualifie de « pure fantaisie ».

Le bon pape Jean voulait enterrer le secret : c'est raté. Son silence a eu exactement l'effet inverse. Des milliers de curieux, aux quatre coins du monde, se passionnent pour le mystère de Fatima. A peine élu par le conclave, en juin 1963, Paul VI reçoit une pétition de cinq cents évêques participant à Vatican II lui demandant de consacrer le monde à Marie en citant explicitement « la Russie et les autres nations dominées par le communisme sectaire », comme la

Vierge de Fatima l'a souhaité. Le nouveau pape décide de prendre connaissance du document : impossible de le retrouver au Saint-Office ! C'est don Loris Capovilla, le secrétaire de feu Jean XXIII, appelé en renfort par le substitut Dell'Acqua, qui finit par le découvrir dans un bureau de l'appartement papal où l'avait remisé le pape défunt.

Paul VI n'aime pas beaucoup les apparitions. On le sait par son ami le philosophe Jean Guitton. Ce pape intellectuel n'est pas un mystique. Certes, le 21 novembre 1964, à la clôture de la troisième session du concile, il a proclamé Marie « Mère de l'Eglise » devant les 2 148 évêques présents. Certes, il a solennellement offert une « rose d'or » au sanctuaire de Fatima, le 13 mai 1965, portée par son légat personnel, le cardinal Cento. Mais comme son prédécesseur, après avoir pris connaissance du « secret » le 25 mars 1965, Paul VI préfère renvoyer l'enveloppe scellée au Saint-Office – sans rien en dire à quiconque.

Mais voici qu'approche le cinquantième anniversaire des apparitions. Paul VI hésite à aller présider les cérémonies, prévues en mai 1967, ce qui relance les spéculations médiatiques : que cache le souverain pontife ? La vérité est que Paul VI a surtout peur de se faire manipuler par le dictateur portugais Salazar : celui-ci déteste ce pape pourfendeur du colonialisme et des violations du droit, mais il sait aussi qu'une visite apostolique à Lisbonne le rendrait, lui, tellement plus fréquentable aux yeux de ses concitoyens !

Finalement, Paul VI se rend à Fatima le 13 mai pour un voyage d'une seule journée, et sans autre but que religieux. Le jour dit, il publie une *Exhortation à toute l'Eglise sur le culte et l'imitation de Sainte Marie*, où il se réfère à la consécration solennelle du 31 octobre 1942, vingt-cinq ans plus tôt. Un million de pèlerins sont venus, malgré le mauvais temps, l'écouter prononcer son homélie sur la paix, sur la liberté religieuse, sur ce monde « en danger ».

Paul VI a invité sœur Lucia, qui vit toujours cloîtrée au carmel de Coïmbra, et lui donne la communion. La foule, qui la reconnaît, l'ovationne. Selon le récit de l'interprète personnel du pape, le père Almeida, qui était à ses côtés, Lucia s'agenouille alors devant Paul VI pour lui remettre un cadeau – une palle brodée, ce linge qui recouvre le calice pendant la messe – et, profitant de la proximité du Saint-Père penché vers elle, lui dit qu'elle veut lui dire quelque chose en particulier. Mais Paul VI lui répond assez durement :

— Vous voyez bien que ce n'est pas le moment ! Si vous voulez me communiquer quelque chose, adressez-vous à votre évêque !

Et le pape de bénir, comme si de rien n'était, la religieuse ainsi éconduite.

« Le pape aura beaucoup à souffrir... »

Une décennie s'est écoulée. Le cardinal Luciani a succédé à Paul VI en août 1978, mais il n'a pas eu le loisir, en trente-trois jours de pontificat, de se pencher sur les révélations de Fatima. Il connaissait le sanctuaire pour s'y être rendu en pèlerinage en tant que patriarche de Venise, le 11 juillet 1977. Il avait longuement rencontré sœur Lucia, sur un banc, dans le parloir du couvent de Coïmbra (les cardinaux sont les seuls hommes à pouvoir franchir la clôture d'un carmel), et en était ressorti, selon le témoignage de son secrétaire, « pâle comme un linge ». On a dit, de plusieurs sources, que Lucia lui avait prédit qu'il deviendrait pape, et même que son pontificat serait « bref et douloureux ». Interrogée là-dessus, la religieuse avouera ne plus se rappeler cet échange. Albino Luciani lui-même, qui a pourtant publié un récit détaillé de son entrevue avec Lucia, n'a jamais parlé de cette prédiction à personne.

En octobre 1978, quand Karol Wojtyla est élu pape, le mystère est intact. Catastrophistes, millénaristes et « fatimistes » ont multiplié les livres sulfureux ou apocalyptiques. Polémiques, révélations et accusations n'ont cessé de nourrir la contestation au sein même de l'Eglise, surtout depuis la fin du concile : Jean XXIII et Paul VI, les deux artisans de Vatican II, n'ont-ils pas sciemment caché la vérité au peuple chrétien ? Traditionalistes et intégristes, notamment, ne cessent d'utiliser le mystère du « troisième secret » à leur profit : la Vierge aurait mis en garde l'Eglise contre les erreurs que furent le concile lui-même, la réforme liturgique, la nouvelle messe, etc.

Mais, en 1978, la crise postconciliaire se résorbe doucement, et les philippiques acerbes sur les dangers mortels encourus par l'Eglise postconciliaire commencent à lasser. Sœur Lucia, bon pied, bon œil, garde le silence. Le pape polonais, pourtant très proche de la Vierge Marie, ne connaît pas Fatima. Il a d'autres priorités. En novembre 1980, lors d'une visite apostolique à Fulda, en Allemagne, le directeur du journal *Stimme des Glaubens* pose la question à Jean-Paul II : le contenu du « secret » de Fatima annonce-t-il des maux si graves pour l'Eglise ?

— S'il existe un message où il est écrit que les océans inonderont des régions entières de la planète et que, d'un moment à l'autre, périront des millions d'hommes, faut-il tant désirer la divulgation d'un tel secret ?

Le pape saisit alors un chapelet et le montre à l'assistance :

— Voici un remède à ces maux ! Priez, priez beaucoup et ne me demandez plus rien !

La boutade de Jean-Paul II trahit mal son agacement. En réalité, le pape ignore encore le contenu du secret. Le Polonais n'y a jamais attaché d'importance : si ses prédécesseurs ont jugé bon d'enterrer le sujet, ils devaient avoir leurs raisons.

C'est l'attentat manqué du 13 mai 1981, on l'a vu, qui l'amène à s'intéresser au sujet. La coïncidence des dates, d'abord. Et ces curieuses prophéties qui résonnent aux oreilles du pape slave : « La Russie répandra ses erreurs à travers le monde », « Diverses nations seront détruites », « Le Saint-Père aura beaucoup à souffrir », etc. A la mi-juillet 1981, après avoir lu et relu le dossier que Dziwisz lui a préparé, Jean-Paul II cède à la curiosité et demande qu'on lui apporte l'enveloppe contenant le « troisième secret ». Le cardinal Franjo Seper, préfet de la Congrégation pour la Doctrine de la foi, lui fait alors remettre par le substitut, Mgr Eduardo Somalo, deux enveloppes : l'une, blanche, contient le texte original de Lucia ; l'autre, de couleur orange, la traduction du texte en langue italienne. Avant de quitter l'hôpital pour Castel Gandolfo, le 11 août, Jean-Paul II restituera les deux enveloppes aux Archives de l'ex-Saint-Office. Sans en révéler le contenu.

Jean-Paul II rentre à Rome le 30 septembre. Pendant ses longs mois de convalescence, sa conviction s'est forgée, de plus en plus insistante. Il l'exprime lors de sa première audience générale, le 7 octobre. Après cinq mois d'interruption, dit-il, « je ne peux manquer de faire référence à la journée du 13 mai : comment pourrais-je oublier que l'événement qui a eu lieu place Saint-Pierre s'est déroulé au jour et à l'heure où, depuis plus de soixante ans, on commémore à Fatima, au Portugal, la première apparition de la Mère du Christ aux pauvres petits paysans ? Car vraiment, ce jour-là, j'ai ressenti dans tout ce qui m'est arrivé cette extraordinaire protection maternelle, qui s'est démontrée plus forte que le projectile de mort ! »

« Merci, Mère céleste... »

Quelques mois plus tard, le secrétaire d'Etat Agostino Casaroli envoie une lettre à l'ensemble des évêques annonçant que Jean-Paul II va se rendre à Fatima pour « remercier Notre Dame de lui avoir sauvé la vie » et « renouveler, en union spirituelle avec tous les évêques du monde », l'acte de consécration de la Russie « au Cœur Immaculé de Marie » qu'avait déjà effectué Pie XII en 1942 et 1952.

Le 13 mai 1982, « uni à tous les prêtres de l'Eglise » et en « union collégiale avec tous les évêques du monde », Jean-Paul II préside une cérémonie solennelle à Fatima, devant plus d'un million de personnes agitant régulièrement des mouchoirs blancs. Au plus fort de la cérémonie, le pape agitera, lui aussi un mouchoir blanc, joignant son geste à celui de la foule. C'est « en tant que témoin des menaces presque apocalyptiques qui pèsent sur les nations et sur l'humanité », qu'il vient confier à la Vierge le destin de « ce monde du second millénaire en train de s'achever », et qu'il lui lance un appel déchirant, d'une voix émue qui vibre dans le silence du sanctuaire :

— Délivrez-nous de la faim et de la guerre ! Délivrez-nous de la guerre nucléaire !

En mars 1984, Jean-Paul II fait venir au Vatican la statue de la Vierge de Fatima. A cette occasion, il invite à déjeuner l'évêque de Leira auquel il confie personnellement « un présent pour Notre Dame » : une petite boîte aux armes du pape contenant... la balle qui a failli le tuer, en mai 1981, place Saint-Pierre. Quelques mois plus tôt, à l'occasion de son voyage en Pologne, Jean-Paul II avait déjà offert à la Vierge de Czestochowa la ceinture, trouée par la balle, de la soutane qu'il portait le jour de l'attentat. De retour au sanctuaire de Fatima, le recteur, Mgr Luciano Guerra, ouvre le coffre-fort où repose la couronne de la statue, qu'il examine avec une certaine réticence : comment loger un vulgaire morceau de métal dans ce chef-d'œuvre de joaillerie précieuse ? Sceptique, le prêtre tourne et retourne le joyau entre ses mains. Il aperçoit bien un petit trou, entre les tiges et la croix : il y loge la balle et constate, stupéfait, qu'elle s'y adapte à la perfection. Au millimètre près.

La chute du communisme va modifier le discours papal sur Fatima. En 1981-1982, toutes les allusions à la « conversion de la Russie » paraissaient irréelles. Que Mikhaïl Gorbatchev parvînt au pouvoir à Moscou juste un an après la consécration de la Russie pouvait passer pour une coïncidence fortuite. Mais, dix ans plus tard, l'écroulement du communisme est patent. Comment ne pas faire le rapprochement entre la prophétie sur les « nations qui vont disparaître » et la renaissance de la Lituanie ou de l'Ukraine ?

Lors de son deuxième pèlerinage à Fatima, le 13 mai 1991, le pape a cette prière :

— Merci, Mère céleste, d'avoir conduit les peuples à la liberté...

Jean-Paul II reviendra souvent sur le sujet. Pour lui, sans aucun doute, les prophéties de Fatima sont « un point de référence et de rayonnement pour notre siècle ». Ces apparitions et l'attentat du 13 mai 1981 s'inscrivent sur la même toile de fond, qui est l'histoire tragique du XXe siècle, lequel a commencé en 1917 et s'est terminé avec la chute du Mur de Berlin en 1989. C'est pourquoi il aura à cœur d'intégrer Fatima à la célébration du Jubilé de l'an 2000, en bousculant le programme établi pour se rendre spectaculairement sur place le 13 mai 2000.

Début avril, Jean-Paul II convoque dans son bureau, au troisième étage du palais apostolique, la fine fleur de la Curie : le secrétaire d'Etat (Sodano), le substitut (Ré), le préfet de la Congrégation pour le Doctrine de la foi (Ratzinger) et son secrétaire (Bertone). Le secrétaire personnel du pape (Dziwisz) est là, lui aussi. Le pape a pris une décision et il veut la tester auprès de ces hommes en qui il a toute confiance. Selon lui, béatifier les deux petits bergers de la Cova da Iria, comme c'est prévu, sans publier le « troisième secret » de Fatima relancerait les fantasmes et les rumeurs au détriment de la vérité sur ces apparitions.

« Maintenant, on peut mieux comprendre »

Jusqu'à présent, les papes, y compris lui-même, ont pensé que la publication d'un texte aussi abscons, confus, mystique, aurait le même impact que les prédictions de Nostradamus et autres légendes médiévales. Dans son livre *Entretien sur la foi*, paru en 1985, le cardinal Ratzinger l'avait parfaitement expliqué. Si le secret « n'a pas été révélé à ce jour, avait-il écrit, ce n'est pas parce que les papes ont voulu dissimuler quelque chose de terrible », mais pour deux raisons : d'abord, « cela n'ajouterait rien à ce qu'un chrétien doit savoir sur la Révélation » ; mais surtout, publier le texte « exposerait son contenu au risque d'utilisations sensationnalistes ».

Désormais, c'est l'inverse : dès lors que ce texte a un sens reconnu, explicable, c'est son maintien dans les sous-sols du Saint-Office qui suscitera les commentaires les plus fous et les plus malveillants ! Jean-Paul II a donc tranché : le « troisième secret » doit être révélé, le plus officiellement du monde. Pour couper court à toutes les fadaises qui pourraient s'ensuivre, il conviendra d'accompagner la publication du texte, qui doit être définitif et incontestable, par un commentaire théologique du cardinal Ratzinger. D'ici là, Bertone se rendra auprès de Lucia pour vérifier que le texte est bien authentique et qu'il n'y a aucun risque de mauvaise interprétation.

C'est ainsi que Mgr Tarcisio Bertone, soudain plongé au cœur du mystère, découvre le fameux texte que connaissent déjà Jean-Paul II et Ratzinger, et dont le monde entier prendra bientôt connaissance :

Après les deux parties que j'ai déjà exposées, nous avons vu sur le côté gauche de Notre-Dame, un peu plus en hauteur, un Ange avec une épée de feu dans la main gauche ; elle scintillait et émettait des flammes qui, semblait-il, devaient incendier le monde ; mais elles s'éteignaient au contact de la splendeur qui émanait de la main droite de Notre Dame en direction de lui ; l'Ange, indiquant la terre avec sa main droite, dit d'une voix forte : « Pénitence ! Pénitence ! Pénitence ! » Et nous vîmes dans une lumière immense qui est Dieu : « Quelque chose de semblable à la manière dont se voient les personnes dans un miroir quand elles passent devant » un évêque vêtu de blanc, « nous avons eu le pressentiment que c'était le Saint-Père ». Divers autres évêques, prêtres, religieux et religieuses monter sur une montagne escarpée, au sommet de laquelle il y avait une grande Croix en troncs bruts, comme s'ils étaient en chêne-liège avec leur écorce ; avant d'y arriver, le Saint-Père traversa une grande ville à moitié en ruine et, à moitié tremblant, d'un pas vacillant, affligé de souffrance et de peine, il priait pour les âmes des cadavres qu'il trouvait sur son chemin ; parvenu au sommet de la montagne, prosterné à genoux au pied de la grande Croix, il fut tué par un groupe de soldats qui tirèrent plusieurs coups avec une arme à feu et des flèches ; et de la même manière moururent les uns après les autres les évêques les prêtres, les religieux et religieuses et divers laïcs, hommes et femmes de classes et de catégories sociales différentes. Sous les deux bras de la Croix, il y avait deux Anges, chacun avec un arrosoir de cristal à la main, dans lequel ils recueillaient le sang des Martyrs et avec lequel ils irriguaient les âmes qui s'approchaient de Dieu.

Tuy, 3 janvier 1944.

A la lecture de la prophétie, Bertone n'a aucun état d'âme : la vision est bien liée, de toute évidence, à l'histoire de Jean-Paul II. Mais il est essentiel de savoir si sœur Lucia pense de même. Le 19 avril, le pape écrit personnellement, de sa main, à la religieuse pour lui annoncer la venue du secrétaire de la Congrégation pour la Doctrine de la foi, qui souhaite s'entretenir avec elle « en son nom ». Le 27 avril, le prélat rencontre la sœur, dans son carmel de Coïmbra, en compagnie de l'évêque du lieu, Mgr Seraphim de Souza Ferreira e Silva. Il a apporté avec lui l'enveloppe où Lucia avait enfermé ses quatre feuillets manuscrits en 1944. La religieuse palpe longuement le document et relit lentement son texte :

— Oui, oui, ce sont mes feuilles, c'est mon enveloppe, c'est mon écriture...

— Est-ce là le « troisième secret », ou y a-t-il encore un texte ?

— Non, je n'ai jamais rien écrit d'autre.

L'entretien se prolonge. Lucia, racontera Bertone, est une femme « parfaitement équilibrée, réfléchie et, malgré son grand âge, précise dans ses souvenirs ». Elle est « crédible ». Elle ne confirme pas seulement l'authenticité du document. Elle entérine le sens général donné par le pape au texte : oui, cette vision prophétique concerne la lutte du communisme athée contre les chrétiens ; oui, l'« homme en blanc » est bien le pape, même si on ne peut pas être certain qu'il s'agit bien de ce pape-là. Bertone, qui prend des notes, veut en savoir plus :

— Pourquoi fallait-il attendre 1960 ?

— C'était mon intuition. On n'aurait pas compris. Maintenant on peut mieux comprendre.

Bertone pose encore quelques questions. Mais la sœur les évite :

— J'ai décrit ce que j'ai vu, l'interprétation ne me regarde pas, elle regarde le pape !

Tarcisio Bertone est satisfait. Il offre un chapelet à la religieuse de la part de Jean-Paul II, puis s'en va prendre le premier avion pour Rome.

La fin du mystère

Le 13 mai 2000, à Fatima, Jean-Paul II béatifie Francisco et Jacinta dans une atmosphère de liesse générale. Avant l'office, dans la sacristie, il a croisé et béni sœur Lucia, âgée de 93 ans. A la fin de la cérémonie, le cardinal Sodano, secrétaire d'Etat, s'adresse à la foule :

— Le Saint-Père m'a chargé de vous faire une annonce à propos de ce qu'on appelle la « troisième partie du secret de Fatima »...

Surprise : après avoir rappelé que les apparitions de Fatima sont des « visions prophétiques » dont le caractère est « symbolique » et qu'il ne faut pas les prendre à la lettre, le cardinal annonce que le Vatican publiera prochainement le fameux texte dans son intégralité, assorti d'un commentaire approprié, « pour permettre aux fidèles de mieux recevoir le message de la Vierge de Fatima ».

C'est le cardinal Joseph Ratzinger qui rédige de sa main le commentaire. Le futur Benoît XVI est alors président de la Congrégation pour la Doctrine de la foi, dépositaire du « secret » depuis qu'Ottaviani l'a rapatrié du Portugal. Quand il s'était rendu en pèlerinage à Fatima le 13 octobre 1996, Ratzinger avait été harcelé par les journalistes :

— Ce secret confirme toutes les données essentielles du

message de Fatima que nous connaissons déjà, il n'y a pas de nouveautés !

Et d'ajouter au micro de la journaliste Aura Miguel, de Radio Renascença :

— Je vous rassure, Notre Dame ne fait pas de sensationnalisme, elle ne fait pas naître la peur, elle ne fait pas de prévisions apocalyptiques : elle nous conduit à son Fils, et donc à l'essentiel !

Ratzinger, lui non plus, n'est pas un mystique. Comme Paul VI, il se méfie de l'irrationnel. Dans sa présentation du « secret », parmi d'autres hypothèses, il n'exclut pas que les apparitions de Fatima soient « seulement les projections du monde intérieur d'enfants ayant grandi dans une ambiance de profonde piété, mais en même temps bouleversés par la tourmente qui menaçait leur époque ». On ne saurait être plus prudent.

Le 26 juin, le texte est rendu public. Ratzinger confirme et développe les propos tenus par Sodano à Fatima. Ces révélations ne sont qu'une « vision prophétique », qui, à l'instar de celles dont la Bible fait mention, « ne décrit pas de matière photographique les faits des événements à venir », mais « résume et condense sur un même arrière-plan des faits qui se répartissent dans le temps en une succession et une durée non précisées ». Sachant que le texte « ne peut que revêtir un caractère symbolique », Ratzinger explique qu'il concerne, en réalité, l'immense souffrance endurée par les chrétiens au XXe siècle face au communisme athée, « interminable chemin de croix sous la conduite des papes ». Jean-Paul II, notamment, a éprouvé cette souffrance dans sa chair mais, grâce à la protection de la Vierge, s'est arrêté « au seuil de la mort ». Globalement, résume

Ratzinger, le principal message de la Vierge est sa propre réponse à Dieu : « Que Ta volonté soit faite ». Voilà la vraie leçon que les chrétiens doivent retenir de Fatima.

Rome, le 8 octobre 2000. La statue de la Vierge de Fatima est installée sur le parvis de la basilique Saint-Pierre à l'occasion du jubilé des évêques. En union avec les 1 500 évêques présents, Jean-Paul II entend consacrer le troisième millénaire à la Vierge. En ce jour de la fête de Notre-Dame du Rosaire, premier samedi du mois, le Saint-Père récite le rosaire et les « quinze mystères » qui accompagnent les *Ave Maria* récités à la chaîne. C'est sœur Lucia qui a personnellement convaincu le pape de promouvoir, comme la Vierge le lui avait demandé, la prière du rosaire.

Surprise et émotion : le dernier « mystère », dit du « couronnement de la Vierge », est récité par la vieille religieuse, que l'on voit sur un grand écran, en direct du carmel de Coïmbra. Ce mystère-là, au moins, ne risque de déclencher ni l'Apocalypse ni la troisième guerre mondiale.

17

La surprise Ratzinger

Pourquoi le Panzerkardinal *ne devait pas succéder à Jean-Paul II*

> « Qui entre pape au conclave en sort cardinal, qui entre cardinal au conclave en sort pape. »
>
> Proverbe romain.

— *E bianca !*

Il est 17 h 50, ce mardi 19 avril 2005. Place Saint-Pierre, un brouhaha et quelques cris semblent réveiller la foule qui attend sagement que les cardinaux réunis en conclave désignent le 265e pape de l'Histoire. Est-elle vraiment blanche, la fumée qui s'élève du toit de la chapelle Sixtine ? Toutes les télévisions du monde, de TF1 à CNN, montrent en gros plan l'étroite et archaïque cheminée qui se dresse étrangement au milieu des tuiles du palais apostolique, et qui crache une vague fumée grise. Ces volutes soudaines, en contre-jour, ne sont pas convaincantes.

A chaque conclave, la question de la fumée se pose au préfet de la Maison pontificale. Pour obtenir une fumée noire, signe que l'élection n'a encore rien donné, on ajoutait naguère de la paille humide aux bulletins de vote jetés dans le traditionnel poêle en fonte. Cette année, on a ajouté des petites bûchettes de corde et de poix pour que la fumée soit bien noire. Mais comment faire pour la fumée blanche ? Utiliser d'autres fumigènes ? Par précaution, afin d'éviter toute ambiguïté, il a été décidé que les cloches de Saint-Pierre sonneraient en même temps que la fumée blanche sortirait de la cheminée.

Mais comment imaginer que, pour l'heure, le vieux poêle refoule dans la chapelle et que les cardinaux, énervés par l'incident, en ont oublié de prévenir le sonneur de la basilique ? Le suspense prendra fin au bout de dix minutes, lorsque l'homme des cloches aura officié. Maintenant, *Maria*, *La Rota*, *Campanella* et *Predica* et les deux bourdons de la basilique carillonnent joyeusement dans le ciel de Saint-Pierre. Un pape a été choisi. Il est 18 h 04. Dans la foule, les cris fusent :

— *Viva il Papa !*

Encore faudra-t-il encore attendre une bonne demi-heure pour savoir quel est l'élu. Celui-ci, après avoir accepté son élection, a dû annoncer aux cardinaux le nom qui serait le sien, avant de se diriger vers une petite pièce appelée la « chambre des larmes » : c'est là que le nouveau pape est censé pleurer d'émotion en réalisant ce qui lui arrive, avant d'essayer l'une des trois soutanes blanches, de tailles différentes, préparées par la maison romaine Gammarelli qui fournit la papauté depuis deux siècles. L'élu du conclave revêt l'habit pontifical qu'il portera tout à l'heure, lorsqu'il sortira sur la loggia des Bénédictions et s'adressera pour la première fois, depuis ce balcon imposant, au peuple de Rome.

Le suspense n'est pas terminé. Le pape revêtu de blanc est retourné dans la chapelle Sixtine pour y entendre une page de l'Evangile selon saint Matthieu :

— Tu es Pierre et sur cette pierre je bâtirai mon Eglise... Je te donnerai les clefs du royaume des cieux...

Puis le nouveau pontife monte à l'autel et, tournant le dos au célébrissime *Jugement dernier* de Michel-Ange, qui rappelle à chacun qu'il comparaîtra un jour, lui aussi, devant le Juge suprême, il reçoit l'hommage des cardinaux présents avant d'entonner un *Te Deum*. Dehors, la foule commence à s'impatienter. A 18 h 43, enfin, le cardinal protodiacre Jorge Arturo Medina Estévez apparaît au balcon et s'approche du micro :

— *Annuntio vobis gaudium magnum ! Habemus papam !*

En français : « Je vous annonce une grande joie : nous avons un pape ! » L'orateur poursuit, toujours en latin :

— *Eminentissimum ac reverendissimum Dominum... Josephum...*

Joseph ! Aux quatre coins du monde, les commentateurs retiennent leur souffle : il n'y a pas beaucoup de « Joseph » parmi les *papabili* :

— *...cardinalem Ratzinger !*

C'est Ratzinger. En quelques secondes, le nom fait le tour de la terre. C'est à peine si l'on prête attention au prénom qu'il s'est choisi, « Benoît XVI », et au sens qu'il faut donner à ce choix. Pourtant, que le premier pape allemand des Temps modernes se situe dans la lignée de Benoît XV, le pape de la guerre 1914-1918, n'est pas anodin. Mais le temps n'est pas encore à l'exégèse. Pour le moment, c'est la surprise qui l'emporte. Car si un cardinal, un seul, semblait ne pas pouvoir succéder à Jean-Paul II, c'était bien Joseph Ratzinger.

Le Panzerkardinal

La première raison, la plus répandue, tient à son positionnement sur l'échiquier de l'Eglise. Certes, celle-ci n'est pas un parti politique, et il n'y a rien qui agace davantage un cardinal de la Curie que cette distinction entre « progressistes » et « conservateurs » dont usent et abusent les médias. Pourtant, ces nuances existent. Le concile Vatican II a fixé durablement le clivage entre les partisans de l'ouverture de l'Eglise au monde moderne, et les défenseurs d'une tradition quasi immuable – même si les hommes qui dirigent l'Eglise, à plus forte raison les papes, ne sont jamais ni totalement progressistes ni complètement conservateurs.

Joseph Ratzinger, c'est clair, n'est pas un progressiste. Sans doute aurait-il pu être qualifié ainsi lorsqu'il fut, quatre décennies plus tôt, pendant le concile, le conseiller du cardinal Frings, archevêque de Cologne. Jeune professeur de théologie à Bonn, il fréquentait alors les évêques allemands, majoritairement réformateurs, et nombre de théologiens de pointe, les Rahner, Schillebeeckx, Lubac, Congar, Küng ou Häring, qui firent front contre l'immobilisme de la Curie avant d'éclater, après Vatican II, en diverses tendances.

Mais l'application brouillonne du concile, dont il désapprouva les dérives, et les événements de Mai 68, dont les débordements le poursuivirent jusqu'à son amphi de Tübingen, firent basculer le professeur Ratzinger dans le camp des gardiens de la tradition et des défenseurs du dogme. Définitivement. Et jusqu'à incarner, pour nombre d'observateurs, la tendance conservatrice de l'Eglise moderne. Impression confortée lorsque son collègue Karol Wojtyla, devenu le pape Jean-Paul II, lui confia en 1981 la présidence de la Congrégation pour la Doctrine de la foi, l'ancienne Sacrée congrégation du Saint-Office, héritière directe de la Sainte Inquisition.

Même sous sa nouvelle appellation, ce dicastère garde une réputation sulfureuse. Longtemps considéré comme un tribunal pourchassant implacablement toute hérésie réelle ou supposée, il est resté l'organisme qui décide de ce qui est catholique et de ce qui ne l'est pas. C'est là, dans l'imposant immeuble du San Uffizio, juste à côté de la place Saint-Pierre, que se concoctent les enquêtes, les avertissements ou les condamnations visant les théologiens trop audacieux, les intégristes trop radicaux, les missionnaires trop accommodants ou les évêques trop laxistes.

La Congrégation pour la Doctrine de la foi est le « bras armé » du pape, la houlette du pasteur universel dont le premier souci est de préserver l'unité de son troupeau. Qu'une institution aussi ancienne et aussi sophistiquée que l'Eglise catholique veille à sa propre cohérence, cela ne peut choquer personne. Qu'elle fasse preuve de discipline est logique. Mais le préfet de cette congrégation redoutée ne peut éviter deux écueils : d'abord, son intransigeance doctrinale se heurte forcément à la double nécessité, pour l'Eglise, de s'adapter à un monde qui change et de dialoguer avec les non-catholiques ; ensuite, sa responsabilité disciplinaire lui assure, dans les médias du monde entier, la plus impopulaire des réputations, celle de « premier flic » de l'Eglise universelle.

C'est cette image négative, accolée à ses origines allemandes, qui explique bon nombre des titres de journaux, au lendemain de l'élection de Joseph Ratzinger à la succession de Jean-Paul II : celui qu'on avait déjà qualifié de *Panzerkardinal* se voit soudain affublé de quelques surnoms peu élégants : le « rottweiler de Dieu », le « berger allemand », etc. La rumeur un peu floue, mais incontournable, sur son engagement volontaire dans les Jeunesses hitlériennes – elle sera démentie plus tard – conforte les réactions critiques des éditorialistes, l'ironie cinglante des chansonniers et l'ardeur assassine des caricaturistes...

Une « barque prête à couler »

Conservateur, impopulaire, le cardinal Ratzinger est aussi *pessimiste.* Ce trait de caractère n'est pas anecdotique. Le pessimisme d'un homme d'Eglise n'est pas rédhibitoire quand il caractérise un cardinal, il est plus problématique quand il s'agit d'un pape. Surtout quand celui-ci succède à un Jean-Paul II impressionnant par sa foi, sa confiance, son enthousiasme : en avril 2005, lors du conclave provoqué par sa mort, le fameux « N'ayez pas peur ! » du pontife polonais résonne encore dans toutes les mémoires.

Or, à l'ouverture de ce conclave, lors de la messe solennelle *pro eligendo pontifice* présidée à Saint-Pierre par Joseph Ratzinger, doyen du Sacré Collège, l'homélie du premier des cardinaux surprend par sa noirceur :

— Combien de vents de la doctrine avons-nous connus

au cours des dernières décennies, combien de courants idéologiques, combien de modes de la pensée ! La petite barque de la pensée chrétienne a été souvent ballottée par ces vagues, jetée d'un extrême à l'autre : du marxisme au libéralisme jusqu'au libertinisme ; du collectivisme à l'individualisme radical ; de l'athéisme à un vague mysticisme religieux ; de l'agnosticisme au syncrétisme et ainsi de suite ! [...] Posséder une foi claire, suivre le *credo* de l'Eglise, est souvent défini comme du fondamentalisme. Tandis que le relativisme, c'est-à-dire le fait de se laisser entraîner à tous les vents de la doctrine, apparaît comme l'unique attitude à la hauteur de l'époque actuelle. L'on est en train d'instaurer une *dictature du relativisme* qui ne reconnaît rien comme définitif et qui donne comme mesure ultime uniquement son propre ego et ses désirs. [...] Une foi adulte ne suit pas les courants de la mode et des dernières nouveautés !

Un frisson traverse la basilique. Le propos du prédicateur est puissant, mais désespérant. Quelques cardinaux, dont Camillo Ruini, le très conservateur président de la Conférence épiscopale italienne, applaudissent. D'autres sont gênés. La plupart connaissent les inquiétudes profondes de leur doyen. Le 24 février, lors des obsèques de Dom Giussani, fondateur du mouvement Communion et Libération, ils l'avaient déjà entendu décrire notre époque comme « une sombre vallée pleine de tentations et d'erreurs ». Lors des méditations de la Semaine sainte, au Colisée, ils avaient été frappés par les accents dramatiques de son oraison :

— Que de souillures dans l'Eglise, et particulièrement parmi ceux qui, dans le sacerdoce, devraient lui appartenir totalement ! Combien d'orgueil et d'autosuffisance ! [...] Souvent, Seigneur, ton Eglise nous semble une barque prête à couler, une barque qui prend eau de toute part ! [...] Les vêtements et le visage si sale de ton Eglise nous effraient ! [...] Sauve ton Eglise et sanctifie-la !

Cette vision tragique des Temps modernes n'est-elle pas significative d'un Vieux Continent qui n'en finit pas de se lamenter sur son sort et de douter de lui-même ? Aux yeux de nombreux chrétiens, le cardinal Ratzinger est un peu trop « européen » pour incarner l'Eglise du XXIe siècle. Il est né en Bavière en 1927, au cœur de cette Europe de l'entre-deux-guerres grosse des plus grandes dérives morales de l'histoire de l'humanité : le fascisme, le nazisme, le communisme, l'antisémitisme. Cette Europe-là, avec ses drames et ses sursauts, avec son passé et son patrimoine, avec ses traditions et sa culture, a donné à l'Eglise toute une génération de grands serviteurs – les König, Wojtyla, Willebrands, Döpfner, Suenens, Wyszynski, Lustiger et autres Ratzinger, qui correspondaient à une époque précise.

Trop vieux ? Trop européen ?

Mais les temps changent. L'Europe se déchristianise. Elle se marginalise, aussi : en 2030, elle représentera 8 % de la population mondiale. Déjà, plus de 80 % des catholiques habitent dans l'hémisphère sud, et ne placent pas au cœur de leur foi l'expérience du goulag et de la Shoah. Depuis quelques années déjà, les regards se tournent vers les continents neufs, l'Afrique et l'Amérique latine, voire l'Asie, pour y déceler quelque futur *papabile*. Depuis quelques jours, des noms circulent, qui fleurent bon le tiers-monde : Francis Arinze (Nigeria), Claudio Hummes (Brésil), Oscar Rodriguez Maradiaga (Honduras), Jorge Mario Bergoglio (Argentine), Ivan Diaz (Inde), etc.

Dernier handicap : l'âge du capitaine. De même qu'être européen n'est pas un défaut, avoir 78 ans n'est pas un péché. Mais Karol Wojtyla en avait 58 quand il a été élu. Vingt de moins ! L'âge de Ratzinger est un obstacle majeur à son éventuelle élection. Qui peut imaginer qu'un pape quasi octogénaire continuera de parcourir le monde en tous sens, comme Jean-Paul II le fit pendant tant d'années ? Plus de cent voyages officiels, dont quelques périples aussi longs que mémorables, cent trente-neuf pays visités, sans compter les voyages en Italie et plus de trois cents paroisses romaines honorées ! Le ton et l'allant qu'un pape sportif de 58 ans a donnés à la papauté, comment un pape enseignant de 78 ans, dont on sait qu'il n'aime ni la foule ni les voyages, pourrait-il les perpétuer ?

Quelques commentateurs ont beau rappeler que le cardinal Roncalli avait 77 ans quand il est devenu Jean XXIII, et que son âge ne l'a pas empêché de convoquer le concile Vatican II, l'âge de Ratzinger est un problème. L'intéressé en est conscient. Lui-même avait demandé à son ami Jean-Paul II de le décharger de toutes ses responsabilités, afin de prendre une retraite studieuse, à fréquenter les bibliothèques et à publier des livres de théologie. Il a plusieurs idées en tête, dont un ambitieux projet sur la vie de Jésus.

Jean-Paul II n'avait pas voulu renvoyer son ami bavarois à ses chères études, mais Ratzinger espérait bien prendre sa retraite au plus tôt. Non sans assumer au mieux ses obligations de doyen du collège des cardinaux – le seul responsable de l'Eglise, avec le camerlingue, à animer le processus de succession. C'est lui, notamment, qui préside le conclave. Mais n'ayant jamais fait partie d'une coterie, d'un réseau ou d'un clan, il ne prétend même pas jouer les « grands électeurs » et peser sur la succession.

Pour toutes ces raisons, à la mort de Jean-Paul II, le cardinal Ratzinger ne semble pas pouvoir lui succéder. Certains médias – notamment en Europe occidentale – le présentent comme une véritable calamité pour l'Eglise. Pour beaucoup de journaux, reprenant le pronostic de l'AFP du 2 avril, « ses chances d'être élu sont minces ». D'autres, comme *L'Express*, ne citent même pas son nom dans la liste des *papabili*. Ou bien, comme *La Repubblica* italienne, multiplient les arguments négatifs : « Huit cardinaux américains sur onze et cinq cardinaux allemands sur six sont opposés à Ratzinger ! » Même *La Croix* souligne avec insistance qu'il est « le champion d'une identité catholique à restaurer ». Tous, ou presque, se délectent du vieil adage des vaticanistes : « Qui entre pape au conclave en sort cardinal ; qui y entre cardinal en ressort pape... »

Ratzinger contre Martini ?

Lundi 18 avril, 16 h 30. Les 115 cardinaux électeurs – les plus de 80 ans, à l'instar du cardinal Etchegaray, ne participent pas à l'élection – font leur entrée en procession dans la chapelle Sixtine, en surplis blanc et camail pourpre, aux accents de la *Litanie des saints* et du *Veni creator* chanté en chœur :

— *Veni Creator Spiritus, mentes tuorum visita...*

« Viens, Esprit créateur, visite l'âme de tes fidèles... » Sous la conduite de leur doyen, le cardinal Ratzinger, ils gagnent leurs places numérotées et déposent sur leurs pupitres respectifs leur barrette rouge et un épais dossier vert olive contenant la constitution *Universi Dominici gregis* qui rappelle, dans les moindres détails, toutes les règles de l'élection. S'ils lèvent les yeux, ils voient, tel un avertissement symbolique, le *Jugement dernier* de Michel-Ange.

Le doyen du collège cardinalice les invite à prier en silence avant de prêter serment :

— Nous tous et chacun de nous, cardinaux électeurs présents à cette élection...

Les princes de l'Eglise jurent de tenir secret « tout ce qui se rapporterait à l'élection du pontife romain ». Peu après, ils confirmeront ce serment, la main sur l'Evangile. Les éventuels bavards encourront, en principe, l'excommunication.

Le maître des célébrations, Mgr Piero Marini, prononce ensuite, en latin, l'ordre qui invite toutes les personnes étrangères au conclave à quitter les lieux :

— *Extra omnes !*

Puis les cardinaux désignent entre eux, par tirage au sort, les « scrutateurs » (qui vont organiser le scrutin), les « infirmiers » (qui iront recueillir le vote des éventuels malades) et les « réviseurs » (qui comptabiliseront les votes). A chaque scrutin, chaque cardinal devra remplir un bulletin où est déjà inscrite la formule « *Eligo in summum pontificem...* » En français : « Je choisis pour souverain pontife... » Un espace libre est prévu en bas de la feuille de papier. La procédure est facile : il ne reste plus qu'à ajouter le nom de son candidat, plier le bulletin, et aller, à l'appel de son nom, le glisser dans le grand calice couvert d'une patène qui trône sur l'autel :

— Je prends à témoin le Christ Seigneur, qui me jugera, que je donne ma voix à celui que, selon Dieu, je juge devoir être élu...

En cette fin d'après-midi, la foule est dense sur la place Saint-Pierre, et les milliers de journalistes – deux cents envoyés spéciaux pour la seule chaîne CNN – sont à leurs postes. Personne ne s'attend à ce que la cheminée de la Sixtine crache soudain une fumée blanche. Traditionnellement, le premier scrutin est une sorte de sondage, un test sur la popularité de certains noms et sur les éventuels rapports de forces au sein du collège des cardinaux. Aucun des *papabili* en présence, sauf miracle, n'est en mesure de rassembler sur son nom, dès le premier tour, les soixante-dix-sept voix correspondant à la majorité des deux tiers exigée par le règlement. Ni Ratzinger, évidemment, ni son principal challenger, le cardinal Martini.

Carlo Maria Martini, 78 ans, ancien archevêque de Milan, est une des personnalités les plus fortes de l'Eglise. Jésuite, bibliste réputé, il a été nommé par Jean-Paul II à la tête du prestigieux archevêché de Milan, qu'il a quitté en 2002 pour aller prendre sa retraite à Jérusalem. Longtemps président de la conférence des évêques européens, connu pour ses nombreux livres et pour ses prises de position anticonformistes, Martini est très populaire dans toutes les couches progressistes et réformatrices de l'Eglise, où l'on regrette amèrement qu'il soit atteint d'un début de maladie de Parkinson.

Le premier tour de scrutin vient de s'achever. Le dépouillement se fait à haute voix. Joseph Ratzinger obtient quarante-sept suffrages, ce qui correspond *grosso modo* aux évaluations des spécialistes. La surprise est ailleurs : contrairement aux espoirs des réformateurs, qui escomptaient un important vote symbolique en faveur de Martini, celui-ci n'obtient que neuf voix. Sachant que le Milanais refuserait le poste s'il était élu, ses propres partisans ont porté leurs choix ailleurs. Et c'est un autre jésuite, l'Argentin Jorge-Maria Bergoglio, qui arrive en deuxième position avec dix voix, tandis que trente autres voix s'éparpillent sur des noms divers.

Les commentaires vont bon train, le soir, à la maison Sainte-Marthe, pendant et après le dîner. A haute et intelligible voix, comme le veut le règlement : les messes basses sont interdites ! Jorge-Maria Bergoglio n'est pas un inconnu. Il figure même dans la plupart des listes de *papabili*. Fils d'immigrés italiens, âgé de 69 ans, l'archevêque de Buenos Aires est un personnage de grande qualité, plutôt austère, qui vit simplement et qui est notoirement proche des bidonvilles de la capitale argentine où il est très populaire. Il représente à la fois l'attention pour le tiers-monde et le souci de la rigueur doctrinale. Le qualifier de réformateur serait inexact, mais il ne fait pas partie des prélats ultraconservateurs qui règnent sur le sous-continent. Pourquoi pas lui ? L'Amérique latine, où vit 44 % de la catholicité, serait enfin au pouvoir...

L'Histoire bascule

Mardi 19 avril. Retour dans la chapelle Sixtine où deux scrutins sont prévus pendant la matinée. Si Ratzinger recueillait moins de voix que la veille, c'en serait fini pour lui, et le camp conservateur devrait trouver une solution de remplacement. Beaucoup pensent déjà au cardinal Angelo Scola, 63 ans, patriarche de Venise, qui pourrait rassembler, en effet, une majorité de voix sur son nom. Or, c'est le contraire qui se passe : Ratzinger recueille 65 voix, Bergoglio, 35 : les deux hommes progressent ! Les deux candidatures deviennent crédibles, voire incontournables, ce que confirme le troisième tour : Ratzinger atteint 72 voix. Bergoglio, 40. Le premier s'approche de la majorité des deux tiers, mais le second atteint, de son côté, le tiers bloquant. Tous les pronostics sont battus en brèche. L'Histoire est en train de basculer.

Un conclave n'est pas une élection politicienne. Le but de ce vote « sans candidature, sans programme et sans campagne » n'est pas de faire élire un homme contre un autre homme, mais de désigner la personnalité la plus apte à diriger l'Eglise tout entière. C'est bien pour cela que la candidature de Ratzinger faisait peur à beaucoup, parce que trop peu consensuelle : il n'y aurait rien de pire, pour les cardinaux, que d'élire le représentant d'une moitié de l'Eglise contre l'autre moitié. Mais 72 voix, ce n'est plus l'expression d'une quelconque minorité.

C'est pourquoi certains cardinaux qui étaient hostiles à Ratzinger vont se rallier, désormais, à sa candidature. Le doyen du Sacré Collège n'a-t-il pas fait la preuve, ces derniers jours, de ses qualités de dialogue, de modération, mais aussi d'autorité ? N'a-t-il pas montré qu'il était capable, en ces temps difficiles, de diriger l'Eglise ? Après un géant comme Jean-Paul II, dont la mort a bouleversé la terre entière, quel autre cardinal peut prétendre faire le poids ?

Ratzinger est, de l'avis de tous, un théologien hors pair, un homme d'une culture exceptionnelle. Ami intime et conseiller privilégié du pape défunt pendant plus de vingt ans, n'est-il pas, au fond, l'héritier naturel de Wojtyla ? N'est-il pas le mieux placé pour assurer la continuité du pontife disparu, et pour éviter toute dérive inattendue dans un monde dangereusement globalisé ? Quitte à n'assurer, vu son âge, qu'une transition délicate ?

Quant à ceux qui lui reprochent ses positions conservatrices, ils savent bien que l'ancien archevêque de Munich n'est pas le monstre fascisant décrit par ses détracteurs et diabolisé par les médias européens : attentif, gentil, voire timide, l'homme est, dans le privé, le plus tolérant et le plus rassurant des interlocuteurs...

A ce stade du scrutin, Joseph Ratzinger est conscient de ce qui se passe, et prie... pour ne pas être élu ! Il le racontera lors de l'audience accordée à ses compatriotes, quelques jours plus tard :

— Il y avait des candidats plus jeunes, meilleurs. Je pensais que l'œuvre de ma vie était terminée et que des années plus tranquilles m'attendaient. Quand, lentement, le déroulement du scrutin m'a fait comprendre que la guillotine s'approchait, j'ai demandé au Seigneur de m'épargner ce sort, mais cette fois, évidemment, il ne m'a pas écouté !

Il racontera aussi, ce jour-là, qu'il a alors reçu un petit mot d'un cardinal qui lui a rappelé son sermon à propos de la parole « Suis-moi ! » qui avait tant compté pour Karol Wojtyla : « Souviens-toi de ce que tu as prêché, disait le petit mot, et ne refuse pas ! »

Après le déjeuner, le quatrième vote est le bon. Quand le décompte des bulletins « Ratzinger » atteint le chiffre fatidique de 77 voix, tout le monde se lève et applaudit. Puis le décompte s'achève : 84 ! Tout le monde applaudit de nouveau, debout. On ignore si les cardinaux les plus hostiles à la candidature Ratzinger – l'Allemand Kasper, le Belge Danneels – ont salué, eux aussi, ce résultat. Mais la messe est dite. Bergoglio est retombé à 26. L'Argentin, dit-on, aurait fait des signes, pendant la pause, laissant entendre qu'il ne voulait pas de la charge. La consigne est donc passée, dans les rangs « réformateurs », de rallier la candidature Ratzinger.

Malgré leurs éventuelles réserves, expliquera l'archevêque de Westminster, Cormac Murphy O'Connor, ils ont estimé que « pour l'unité de l'Eglise », il valait mieux « changer d'avis et voter finalement en sa faveur ». Y a-t-il eu une sorte de négociation entre les uns et les autres ? On ne le saura probablement jamais. Des témoins rapportent que Ratzinger et Martini se sont longuement entretenus, bras dessus, bras dessous, à l'heure du déjeuner :

— Les deux hommes s'estiment et se respectent, explique un observateur. On peut imaginer que Martini, moyennant quelques garanties sur les grandes orientations du pontificat, ait lui-même orienté ses partisans vers Ratzinger...

L'élu étant le doyen du Sacré Collège, c'est le vice-doyen, Angelo Sodano, qui lui demande solennellement, comme le veut le règlement, s'il accepte son élection :

— Obéissant au Saint-Esprit, au vote des cardinaux, je réponds : oui.

Nouvelle question rituelle de Sodano :

— De quel nom voulez-vous être appelé ?

— Benoît XVI.

C'est la dernière surprise de ce conclave : beaucoup pensaient que le meilleur ami et le plus proche conseiller du pape polonais choisirait de s'appeler Jean-Paul III, ne serait-ce que pour atténuer le choc de son élection dans les médias, lesquels ne vont pas manquer, en effet, de commenter âcrement l'élection du « Grand Inquisiteur ». En Europe du Nord et en Amérique latine, le ton des journaux est à la consternation.

Mais le pape doit-il calquer son attitude sur la tendance médiatique du moment ? Le cardinal Lustiger, interrogé après le scrutin, n'a pas caché que l'élection avait commencé dans « une grande incertitude et une grande confusion » avant de tourner à « l'évidence paisible ». L'archevêque de Paris a aussi rappelé que l'élu du conclave était le nouveau chef de l'Eglise, et non son chargé de communication...

Bibliographie

1. Un pape contre les Soviets

HERBIGNY Michel d', *La Tyrannie soviétique et le malheur russe*, Spes, 1923.

LESOURD Paul, *Entre Rome et Moscou : le jésuite clandestin Mgr Michel d'Herbigny*, Lethielleux, Paris, 1976.

TRASATTI Sergio, *Vatican-Kremlin, les secrets d'un face-à-face*, Payot, 1995.

WENGER Antoine, *Rome et Moscou (1900-1950)*, Desclée de Brouwer, 1987.

—, *Catholiques en Russie (D'après les archives du KGB) – 1920-1960*, Desclée de Brouwer, 1998.

2. « Vive le pape ! Vive le Duce ! »

COCHAUX Henri, *Le Pape et l'Italie (Les accords de Latran)*, Beauchesne, 1929.

HILAIRE Yves-Marie, *Histoire de la papauté*, coll. « Approches », Tallandier, 1996.

KELLY J.N.D., *Dictionnaire des papes*, Brepols, 1994.

LAUNAY Marcel, *La Papauté à l'aube du XXe siècle*, Cerf, 1997.

LOISEAU Charles, *Saint-Siège et fascisme (Les accords du Latran devant l'Histoire et la politique)*, Gamber, 1930.

MERCIER Jacques, *Vingt ans d'Histoire du Vatican*, éd. Lavauzelle, 1976/1984.
ONORIO Joël-Benoît d', *Le Saint-Siège dans les relations internationales*, coll. « Ethique et Société », Cerf/Cujas, 1989.
PERTINAX, *Le Partage de Rome*, Grasset, 1929.
VIAN Giovanni-Maria, *La donazione di Costantino*, Il Mulino, 2004.

3. L'encyclique interrompue

BERGERRE Max, *Quatre papes, un journaliste*, Téqui, 1978.
CHARLES-ROUX François, *Huit ans au Vatican (1932-1940)*, Flammarion, 1947.
PASSELECQ Georges et SUCHECKY Bernard, *L'Encyclique cachée de Pie XI*, La Découverte, 1995.
GOYAU Georges, *Sa Sainteté le pape Pie XI*, Plon, 1937.
PICHON Charles, *Histoire du Vatican*, Sefi, 1946.
TINCQ Henri, *Ces papes qui ont fait l'Histoire*, Stock, 2006.

4. Les silences de Pie XII

BLET Pierre, *Pie XII et la Seconde Guerre mondiale (d'après les archives du Vatican)*, Perrin, 1997.
CHENAUX Philippe, *Pie XII, diplomate et pasteur*, Cerf, 2003.
CORNWELL John, *Le Pape et Hitler*, Albin Michel, 1999.
DALIN David, *Pie XII et les Juifs*, Tempora, 2007.
NOBECOURT Jacques, *Le Vicaire et l'Histoire*, Seuil, 1964.
SERROU Robert, *Pie XII, le pape-roi*, Perrin, 1992.
TARDINI Domenico (cardinal), *Pie XII*, Fleurus, 1961.

5. L'affaire Finaly

KAPLAN Jacob, *L'Affaire Finaly*, Cerf, 1993.
KELLER Moïse, *L'Affaire Finaly telle que je l'ai vécue*, Fischbacher, 1960.
LATOUR Germain, *Les Deux Orphelins*, Fayard, 2006.
POUJOL Catherine, *Les Enfants cachés (L'affaire Finaly)*, Berg International, 2006.

6. Le drame des prêtres-ouvriers

CONGAR Yves, *Journal d'un théologien (1946-1956)*, Cerf, 2000.
GODIN Henri et DANIEL Yvan, *La France, pays de mission ?* (3e édition), éd. de l'Abeille, Lyon, 1944.
HURET Jean-Marie, *Prêtre-ouvrier insoumis*, Cerf, 1993.
LEPRIEUR François, *Quand Rome condamne*, coll. « Terre Humaine », Plon/Cerf, 1989.
POULAT Emile, *Naissance des prêtres ouvriers*, coll. « Religion et sociétés », Casterman, 1965.
VINATIER Jean, *Les Prêtres-ouvriers, le cardinal Liénart & Rome*, éditions ouvrières, 1985.

7. Main basse sur le concile

ALBERIGO Giuseppe (sous la direction de), *Histoire du concile Vatican II (1959-1965)*, Tome I, Cerf-Peeters, 1997.
—, (sous la direction de), *Histoire du concile Vatican II (1959-1965)*, Tome II, Cerf-Peeters, 1998.
DREYFUS Paul, *Jean XXIII*, Fayard, 1979.
GROOTAERS Jan, *Actes et acteurs à Vatican II*, Leuven University Press, 1998.
LEVILLAIN Philippe, *Dictionnaire historique de la papauté*, Fayard, 1994.
MARTIN Jacques, *Mes Six Papes*, Mame, 1993.

8. La pilule, de justesse...

GREMION Catherine et TOUZARD Hubert, *L'Eglise et la contraception : l'urgence d'un changement*, Bayard, 2006.
GROOTAERTS Jan, MARTELET Gustave, ROUCHE Michel et POUTHIER Jean-Luc, Contributions au recueil *Paul VI et la modernité dans l'Eglise (Colloque des 2-4 juin 1983)*, Ecole française de Rome, Palais Farnèse, 1984.
LESOURD Paul et BENJAMIN Jean-Marie, *Paul VI (1897-1978)*, France Empire, 1978.

McCLORY Robert, *Rome et la contraception. Histoire secrète de l'encyclique « Humanae vitae »*, éd. de l'Atelier, 1998.
NOONAN John, *Contraception et mariage. Evolution ou contradiction dans la pensée chrétienne ?*, Cerf, 1969.

9. Un schisme pour rien

LEVILLAIN Philippe, BOUTRY Philippe, FRADET Yves-Marie, *150 ans au cœur de Rome : le Séminaire français* (1853-2003), Karthala, 2004
PERRIN Luc, *L'Affaire Lefebvre*, Cerf/Fides, 1989.
SENEZE Nicolas : *La Crise intégriste*, Bayard, 2008.
TISSIER DE MALLERAIS Bernard, *Marcel Lefebvre, une vie*, Clovis, 2002.
WENGER Antoine, *Le Cardinal Villot (1905-1979)*, Desclée de Brouwer, 1989.

10. La mort du « pape au sourire »

BOURDARIAS Jean, CHEVALLIER Bernard, VANDRISSE Joseph, *Les Fumées du Vatican (de Paul VI à Jean-Paul II)*, Fayard, 1979.
CORNWELL John, *Comme un voleur dans la nuit*, Robert Laffont, 1989.
HUBER Georges, *Jean Paul Ier*, éditions SOS, 1979.
WENGER Antoine, *Le Cardinal Villot (1905-1979)*, Desclée de Brouwer, 1989.
YALLOP David, *Au nom de Dieu*, Christian Bourgois, 1984.

11. « So-li-darność ! »

LECOMTE Bernard, *La vérité l'emportera toujours sur le mensonge,* JC Lattès, 1991. Réédité et actualisé sous le titre, *Le pape qui fit chuter Lénine*, CLD, 2006.
OFFREDO Jean, *L'aventurier de Dieu*, Carrère-Lafon, 1986.
—, *Jean-Paul II en Pologne (textes et documents)*, Cana, 1987.
WEIGEL George, *Jean-Paul II, témoin de l'espérance*, JC Lattès, 2005.

12. La filière bulgare

LECOMTE Bernard, *Jean-Paul II*, Gallimard, 2003.
OUGARTCHINSKA Roumiana, *La Vérité sur l'attentat contre Jean-Paul II*, Presses de la Renaissance, 2007.
ROULETTE Christian, *Jean-Paul II, Antonov, Agça : la filière*, éditions du Sorbier, 1984.
—, *Jean-Paul II, Antonov, Agça : le procès*, éditions des Halles de Paris, 1985.
STERLING Claire, *Le Temps des assassins*, Mazarine, 1984.
STOERKEL Jean-Marie, *Les Loups de Saint-Pierre*, Plon, 1996.

13. La revanche de l'Opus Dei

ALLEN John, *Opus Dei, an Objective Look*, Doubleday, 2005.
MAZERY Bénédicte et Patrice Des, *L'Opus Dei (Enquête sur une Eglise au cœur de l'Eglise)*, Flammarion, 2005.
OBERLE Thierry, *L'Opus Dei : Dieu ou César ?*, JC Lattès, 1933.
PLUNKETT Patrice de, *L'Opus Dei (Enquête sur le « monstre »)*, Presses de la Renaissance, 2006.

14. Le saint suaire de Turin

CORDONNIER Gérard, *Le Christ dans sa Passion révélé par le saint suaire de Turin*, Nova et Vetera, Carmel de l'Action de Grâce, 1935.
DESFORGES Denis, *L'Affaire du linceul de Turin*, Albin Michel, 2005.
MARION André et LUCOTTE Gérard, *Le linceul de Turin (et la tunique d'Argenteuil).* Presses de la Renaissance, 2006.
RAFFARD DE BRIENNE Daniel, *Le Secret du saint suaire*, édition de Chiré, 1993.
VAN CAUWELAERT Didier, *Cloner le Christ ?*, Albin Michel/Canal + éditions, 2005.

15. Son Excellence le « banquier de Dieu »

CORNWELL John, *Comme un voleur dans la nuit*, Robert Laffont, 1989.
PLUNKETT Patrice de, *L'Opus Dei*, Presses de la Renaissance, 2006.
WENGER Antoine, *Le Cardinal Villot (1905-1979)*, Desclée de Brouwer, 1989.
Yallop David, *Au nom de Dieu*, Christian Bourgois, 1984.

16. Le troisième secret de Fatima

BERTONE Tarcisio (cardinal), *La Dernière voyante de Fatima (Ce que m'a dit sœur Lucie)*, avec Giuseppe De Carli, Bayard, 2008.
COSTELLE Daniel, *Apparitions à Fatima*, Presses du Châtelet, 2007.
FELICI Icilio, *Fatima*, Clovis, 2000.
MIGUEL Aura, *Le Secret de Jean-Paul II*, Mame-Plon, 2000.

17. La surprise Ratzinger

GUENOIS Jean-Marie, *Benoît XVI, le pape qui ne devait pas être élu*, JC Lattès, 2005.
KUBLER Michel, *Benoît XVI, pape de la Contre-réforme ?*, Bayard, 2005.
LECOMTE Bernard, *Benoît XVI, le dernier pape européen*, Perrin, 2005.
LEVILLAIN Philippe, *Le Moment Benoît XVI*, Fayard, 2008.
PLUNKETT Patrice de, *Benoît XVI et le plan de Dieu*, Presses de la Renaissance, 2005.

Index des noms cités

Table

La photocomposition de cet ouvrage
a été réalisée par
GRAPHIC HAINAUT
59163 Condé-sur-l'Escaut

Cet ouvrage a été imprimé par
CPI Firmin Didot à Mesnil-sur-l'Estrée
pour le compte des Éditions Perrin
11, rue de Grenelle
Paris 7e
en janvier 2009

Imprimé en France
Dépôt légal : janvier 2009
N° d'édition : 2565 – N° d'impression : 93611